企業組織と
コーポレート・ファイナンス

滝川好夫
［著］

ミネルヴァ書房

はしがき

　2012年1月1日の『日本経済新聞』の「年間予定（2012年）」を見ると，「パナソニック，パナソニック電工を吸収合併し三洋電機を含め3社の事業を統合」「関東自動車工業とトヨタ車体がトヨタ自動車の完全子会社に」（1月），「ユニクロが東京・銀座に世界最大の店舗を開業」「三洋電機，白物家電事業の中国ハイアールへの売却を完了」（3月），「中央三井信託銀行，中央三井アセット信託銀行，住友信託銀行が合併し『三井住友信託銀行』発足」「三井住友フィナンシャルグループがプロミスを完全子会社化」「大和証券と大和証券キャピタル・マーケッツが合併し大和証券に」「東芝，日立製作所，ソニーが中小型液晶事業を統合し『ジャパンディスプレイ』設立」（4月），「三井化学，愛知県で国内最大規模のメガソーラー建設に着工」（6月），「関西国際空港と大阪国際（伊丹）空港が経営統合」「東京証券取引所グループが大阪証券取引所へTOB開始」（7月），「新日本製鉄と住友金属工業が合併し『新日鉄住金』発足」「日新製鋼と日本金属工業，持ち株会社方式で経営統合」「王子製紙が純粋持ち株会社に」（10月）などといった項目があり，それらはすべて企業組織やコーポレート・ファイナンスに関するものである。吸収合併，完全子会社，店舗開業，合併，経営統合，TOB，持ち株会社方式，純粋持ち株会社などといったニュースはふだん頻繁に見聞きするが，これらの話題を本書により一度，体系的に学べば，「あのニュースはあの話なんだな。このニュースはこの話なんだな。」ということで整理しながら理解できるようになると思う。

　読者のみなさんは何らかの組織に属しているはずであるが，その組織の所有者は誰であり，組織のコントロール（支配）はどのようにしてなされているのか。また，組織の金融構造（資金調達構造）はどのようになっているのか。近年，企業の所有，コントロール，金融構造に関しては劇的な変化が生じつつあり，読者のみなさんが所属している組織もその変化から逃れることはできず，組織

の所有,コントロール,金融構造のあり方の検討は緊急課題になっている。企業組織やコーポレート・ファイナンスに関するこのような課題は国際間で広範な大論争を巻き起こし,「社会主義 vs. 資本主義」「英米流の資本主義 vs. 日独流の資本主義」「グローバルスタンダード vs. 第3の資本主義」といった,国々のレジームの相違に対する認識を新たにさせるものになっている。

本書は「企業組織の経済学」「コーポレート・ファイナンス論」の一般書であり,ほとんど毎日のように新聞掲載されている,企業の組織やファイナンスに関する記事を体系的に理解することをめざしている。筆者は,大学でファイナンスの講義を担当し,学生たちのモティベーションを高めるためにさまざまな試行錯誤を行っているが,本書執筆の直接のきっかけは平成19年度後期に担当した夜間主コースでの金融論の講義であった。受講生の中には多数の有職社会人学生がいて,彼らからの実経験をもとにした質問は本書作成のきっかけになり,本書内容を読者目線に向けるうえで大いに役立った。本書の特徴は,実際事例を多数取り入れていることであり,それは読者のモティベーションを高め,生きた「企業組織の経済学」「コーポレート・ファイナンス論」を効率良く学習するための工夫である。

本書の2本柱は,第Ⅱ部「企業組織の理論と実際」と第Ⅲ部「コーポレート・ファイナンスの理論 vs. 実際」であり,第Ⅰ部「企業の財務諸表分析」は第Ⅱ部,第Ⅲ部および第Ⅳ部の基礎である。第Ⅳ部「ライブドア vs. フジテレビ問題に学ぶ」は,本書の2大テーマである「企業組織」「コーポレート・ファイナンス」のダイナミズムを例証として体系的に学ぶことのできる格好の歴史的大事件(「ライブドア vs. フジテレビ問題」)を取り上げている。ライブドアグループを率いる堀江貴文社長と,フジサンケイグループの中核企業フジテレビジョンの日枝久会長のニッポン放送株買い取り合戦の問題は東京地裁,東京高裁に持ち込まれ,この裁判は企業価値をめぐる日本ではじめての裁判と言われている。2011年から12年にかけてのオリンパスの上場維持・廃止の話題においても「ライブドアを徹底的にたたいたのに,オリンパスには甘い新聞報道」と言われ,ライブドア vs. フジテレビ問題は企業組織やコーポレート・ファイ

はしがき

ナンスの実際問題の1つのメルクマールになっている。第Ⅳ部ではこの歴史的な事件を時系列で記述することに重点を置いており，他の部とは体裁が若干異なるが趣旨の違いによるものである。ご了承いただければ幸いである。

「百年に一度の金融危機」と言われるリーマンショックの原因であるサブプライムローン問題は，07年7月31日の仏大手銀行傘下ファンドの経営破綻以降ニュースで大きく取り上げられるようになったが，サブプライム金融危機は，08年3月16日の米国第5位の投資銀行ベアー・スターンズの実質経営破綻までは水面下で進行し，ベアー・スターンズの実質経営破綻によりさざ波が立ち，同年9月15日の米国第4位の投資銀行リーマン・ブラザーズの経営破綻により荒波になった。以後は，水面は大荒れとなり，大波が陸地（実体経済）に繰り返し押し寄せてきている。まさに，グリーンスパン前FRB議長の言う「百年に一度の津波」である。さらに，2011年3月11日は「千年に一度の地震」と言われる東日本大震災が起こり，日本の経済社会は地震・津波・東京電力福島第一原子力発電所事故のトリプルダメージを受け，日本の企業は「百年に一度」・「千年に一度」の大きな試練に立たされている。07年以降は世界金融経済危機の期間であり，11年は東日本大震災の年であり，そこでの「企業組織とコーポレート・ファイナンス」の実際は正常なものではない。本書は実際の事例を多数取り入れているが，このような事情で，あえて世界金融経済危機以前の06年，07年前半のものを多用している。東日本大震災生起で日本の経済社会は復旧・復興を急いでいるが，日本企業の復旧の1つのメルクマールは06年，07年前半への回復である。読者の皆さんには，本書内容を日本企業の1つの正常状態ととらえ，「企業組織の経済学」「コーポレート・ファイナンス論」を学んでもらいたい。ミネルヴァ書房編集部の東寿浩氏には私の願望と本書の企図を理解していただき，出版の機会を得られたことを，ここに記して感謝の意を表する。

2012年1月20日

神戸大学大学院経済学研究科教授

滝川　好夫

企業組織とコーポレート・ファイナンス

目　次

はしがき

第Ⅰ部　企業の財務諸表分析

第1章　企業の経営成績と財政状態 ……………………………… 3
――トヨタ自動車の平成21年3月期決算――

1　貸借対照表　4
2　損益計算書　8
3　株主持分計算書（株主資本等変動計算書）　11
4　キャッシュ・フロー計算書　14
5　トヨタ自動車のセグメント情報　20
6　税効果会計――当期純利益と課税所得　22

第2章　企業の収益性指標 ……………………………………… 26
――トヨタ自動車の株主の視点――

1　EPS（1株当たり当期純利益）　27
2　潜在株式調整後 EPS（希薄化後1株当たり当期純利益）　29
3　収益性の財務指標―― ROA と ROE　30
4　財務レバレッジ　33
5　ROE の分解――3指標分解 vs. 5指標分解　34

第3章　企業の安全性指標 ……………………………………… 36
――トヨタ自動車の債権者の視点――

1　静的安全性――財務構造の健全性　36
2　動的安全性――資金繰りの健全性　39
3　損益分岐点売上高と損益分岐点比率　39
4　安全余裕度　43
5　格付け　44

目 次

第Ⅱ部　企業組織の理論と実際

第4章　コーディネーションと企業組織 …………………………… 49

1　集権的意思決定 vs. 分権的意思決定——コーディネーション　49

2　持ち株会社・傘下企業と本部・事業部のコーディネーション
　　——セブン＆アイ HD　50

3　企業提携——イオン　52

4　フランチャイズ制度
　　——マクドナルド，セブン－イレブン・ジャパン　54

5　親会社と子会社——東映と東映興行不動産　57

6　企業結合の会計処理（のれんまたは負ののれん）
　　——メディセオ・パル HD と第一山共　59

第5章　インセンティブとコーポレート・ガバナンス ………… 64

1　モラルハザード　65

2　内部統制——新日本製鉄と旭化成　66

3　モニタリングと社外取締役
　　——セイコーインスツル，ヤフー，ニッセン　67

4　インセンティブ契約　69

5　株主のモニタリング・インセンティブ——ライブドア　70

6　債権者のモニタリング・インセンティブ　72

7　業績評価とインセンティブ報酬　73

8　効率性賃金 vs. インセンティブ報酬　74

9　評　判　75

第6章　インフルエンス・コストと M&A ………………………… 77

1　レントと準レント　78

2　インフルエンス・コスト　79

3　選択と集中——東芝と第一三共　81

4　M&A の種類と M&A レシオ　83
　　5　M&A と企業買収価値　85
　　6　M&A の取引形態——TOB と株式交換　88
　　7　株高を利用した買収方法——ライブドア　92
　　8　三角合併——日興コーディアルとシティ　94
　　9　MBO——レックス HD とポッカ　97
　　10　買収ファンドと買収防衛策　101

第7章　コーポレート・コントロール……104

　　1　企業を所有する——残余コントロール権と残余利益　104
　　2　公開企業の株主——実質株主　106
　　3　コーポレート・コントロール——日本株式会社の大株主　108
　　4　企業の社会的責任　111
　　5　債務不履行と破産費用　112
　　6　債権者 vs. 株主——利害の対立　114
　　7　経営者 vs. 株主——利害の対立　115
　　8　役員持ち株会と従業員持ち株制度　117
　　9　株式の持ち合い——新日本製鉄とパナソニック　118
　　10　近視眼的市場と近視眼的経営　120

第Ⅲ部　コーポレート・ファイナンスの理論と実際

第8章　NPV と資本コスト……125

　　1　NPV——バリュエーション　126
　　2　資本構成と資本コスト　127
　　3　他人資本のコスト vs. 自己資本のコスト——ソフトバンク　129
　　4　CAPM（資本資産評価モデル）——ライブドアと花王　131
　　5　WACC（加重平均資本コスト）
　　　　——パナソニック，キリンビール，大阪ガス　134

目 次

第9章　企業価値評価 … 137

1　公開企業の企業価値　138
2　割引キャッシュ・フロー（DCF）法——阪神HDとソフトバンク　140
3　非公開企業の企業価値　143
4　マルチプル法——北越製紙　147
5　割引キャッシュ・フロー（DCF）法とマルチプル法の併用　149
6　MM命題　151
7　MMの第1命題に対する批判　154
8　EVA（Economic Value Added：経済付加価値）——花王　155
9　MVA（Market Value Added：市場付加価値）　158
10　IRR（内部収益率）——ウィルコムとカーライル　159

第10章　企業の財務政策 … 163

1　財務のリストラクチャリング——東京急行電鉄　163
2　配当政策——大和住銀投信　166
3　自社株買いと自社株消却——セブン＆アイHD，旭化成，太陽酸素　167
4　DOE（株主資本配当率）——山武とエーザイ　169
5　総還元性向（総配分性向）
　　——武田薬品工業，アステラス製薬，第一三共　171
6　資本構造と配当のシグナルとしての役割　172
7　企業の資金運用——キヤノン　174
8　企業の資金調達
　　——リコー，新日本製鉄，シャープ，イオン，東芝　176
9　事業証券化——ソフトバンクとUCOM　180
10　株主資本と新配当ルール——USEN　181

ix

第Ⅳ部　ライブドア vs. フジテレビ問題に学ぶ

第11章　ライブドアのニッポン放送株買い付け ……………… 187
1. 堀江貴文社長 vs. 日枝久会長　188
2. ニッポン放送はどんな会社なのか　191
3. ニッポン放送買収合戦は株式市場にどのように映ったのか　193
4. なぜフジはニッポン放送株の TOB を行っていたのか　194
5. ライブドアは 2 月 8 日に何をしたのか　196
6. ライブドアはニッポン放送株を誰から取得したのか　198
7. なぜライブドアはニッポン放送株を買い集めているのか　200
8. ライブドアのニッポン放送株買い付け資金は
   どこから出ているのか　201

第12章　フジテレビジョンのニッポン放送株 TOB ……………… 204
1. ニッポン放送の企業価値はいくらか　205
2. フジのニッポン放送株 TOB 価格 5,950 円は妥当か　207
3. フジのニッポン放送株 TOB はどうなったのか　208
4. TOB 第 1 幕（1 月18日）
   ──「フジが親、日本放送が子」への TOB　209
5. TOB 第 2 幕（2 月10日）
   ──子であるフジは親であるニッポン放送との縁を切る　210
6. TOB 第 3 幕（2 月23日）──親子関係のねじれの解消　212
7. フジを引受先とするニッポン放送の新株予約権は
   どうなったのか　215

第13章　ライブドアとフジテレビジョンの和解 ……………… 221
1. ライブドアのニッポン放送株買い集めはどうなるのか　222
2. ライブドア vs. フジ問題はどのように決着するのか　223
3. フジを支配しようとしたライブドアはリーマンによって
   支配されるのか　226

目　次

- 4　3月25日がニッポン放送株取得最終日，
  あとは6月の株主総会　　227
- 5　ライブドアがフジを買収するのか、フジがライブドアを
  買収するのか　　229
- 6　ソフトバンクグループはフジサンケイグループの
  ホワイトナイトか　　235
- 7　フジはライブドアとついに和解した　　239

参考文献　　249
索　　引　　253

図表一覧

第Ⅰ部　企業の財務諸表分析
表1部-1　産業別財務データ
出所：日本政策投資銀行設備投資研究所[2008]より作成

第1章　企業の経営成績と財政状態——トヨタ自動車の平成21年3月期決算
表1-1　トヨタ自動車の連結貸借対照表（平成21年3月31日現在）
出所：トヨタ自動車の平成21年3月期決算短信より作成
表1-2　トヨタ自動車の連結損益計算書（平成20年度）
出所：トヨタ自動車の平成21年3月期決算短信より作成
表1-3　トヨタ自動車の連結株主持分計算書（平成20年度）
出所：トヨタ自動車の平成21年3月期決算短信より作成
表1-4　損益計算書と貸借対照表——産業別1社平均実額
出所：日本政策投資銀行設備投資研究所[2008]より作成
表1-5　トヨタ自動車の連結キャッシュ・フロー計算書（平成20年度）
出所：トヨタ自動車の平成21年3月期決算短信より作成
表1-6　営業活動からのキャッシュ・フロー——直接法
表1-7　キャッシュフロー計算書——産業別1社平均実額
出所：日本政策投資銀行設備投資研究所［2008］より作成
表1-8　トヨタ自動車の事業の種類別セグメント情報（平成20年度：生産実績）
出所：トヨタ自動車の平成21年3月期決算短信より作成
表1-9　トヨタ自動車の所在地別セグメント情報（平成20年度：販売実績）
出所：トヨタ自動車の平成21年3月期決算短信より作成
表1-10　トヨタ自動車の海外売上高（平成20年度）
出所：トヨタ自動車の平成21年3月期決算短信より作成

第2章　企業の収益性指標——トヨタ自動車の株主の視点
図2-1　株価と財務指標の関係
表2-1　A社の合併，公募増資のケース
表2-2　B社の株式分割のケース
表2-3　トヨタ自動車のEPS（平成20年度）

出所:トヨタ自動車の平成21年3月期決算短信より作成
図2-2　日本企業のROA
出所:『日本経済新聞』2009年6月13日より作成
図2-3　財務レバレッジの効果
出所:滝川［2007］, p.115
図2-4　ROEの5指標分解

第3章　企業の安全性指標――トヨタ自動車の債権者の視点
図3-1　企業の安全性を評価する財務指標
出所:滝川［2007］, p.111
図3-2　企業の静的安全性を評価する財務指標
出所:滝川［2007］, p.111
表3-1　固定長期適合率
出所:『日本経済新聞』2009年5月30日より作成
表3-2　損益分岐点比率と売上高固定費比率
出所:『日本経済新聞』2009年1月17日より作成
図3-3　損益分岐点売上高

第Ⅱ部　企業組織の理論と実際
第4章　コーディネーションと企業組織
図4-1　東映の主なグループ会社の持ち合い構造
出所:『日本経済新聞』2007年2月8日より作成
表4-1　親子上場の利点と欠点
出所:『日本経済新聞』2006年10月6日より作成
図4-2　「(正の) のれん」と「負ののれん」
図4-3　山崎製パンの不二家への連結子会社化
出所:『日本経済新聞』2009年3月13日より作成

第6章　インフルエンス・コストとM&A
表6-1　M&Aレシオ
出所:『日本経済新聞』2007年1月14日より作成
表6-2　ライブドアの買収方法
出所:『日本経済新聞』2006年1月22日より作成
図6-1　三角合併の仕組み
出所:『日本経済新聞』2007年4月30日より作成

表6-3　三角合併に対する経団連の主張と実際のルール
出所：『日本経済新聞』2007年4月18日より作成
図6-2　三角合併——日興コーディアルとシティ
出所：『日本経済新聞』2007年12月19日より作成

第7章　コーポレート・コントロール
表7-1　東京証券取引所第一部上場企業の株主名簿
出所：『日本経済新聞』2006年10月25日より作成
図7-1　上場企業の持ち合い株比率
出所：『日本経済新聞』2006年12月12日より作成

第Ⅲ部　コーポレート・ファイナンスの理論と実際
第8章　NPVと資本コスト
図8-1　NPVと資本コスト
出所：滝川［2007］, p. 125
図8-2　他人資本のコスト vs. 自己資本のコスト
出所：滝川［2007］, p. 119
図8-3　株価変動と事業リスク
出所：『日本経済新聞』2007年6月27日より作成
表8-1　CAPM（資本資産評価モデル）の例示
出所：滝川［2007］, p. 59
図8-4　資本の区分の変更例
出所：『日本経済新聞』2007年6月6日より作成

第9章　企業価値評価
表9-1　阪神HDの事業ごとの企業価値
出所：『日本経済新聞』2006年10月14日より作成
図9-1　FCFについての2つのシナリオ——ソフトバンク
出所：『日本経済新聞』2006年10月12日より作成
図9-2　資本コストについての2つのシナリオ——花王
出所：『日本経済新聞』2006年10月13日より作成
表9-2　上場企業のセグメントの事業価値
出所：『日本経済新聞』2006年11月18日より作成
図9-3　資本構成と資本コスト（完全競争市場）
図9-4　最適資本構成の決定

図表一覧

図9-5　EVA と MVA
図9-6　IRR（内部収益率）――ウィルコムとカーライル
出所：『日本経済新聞』2007年1月19日より作成

第10章　企業の財務政策
表10-1　株主配分基準を掲げる企業
出所：『日本経済新聞』2006年9月22日より作成
図10-1　日米欧の DOE（株主資本配当率）
出所：『日本経済新聞』2006年2月16日より作成
表10-2　医薬品業界大手の総還元性向
出所：『日本経済新聞』2007年2月23日より作成
図10-2　キヤノンのフリーキャッシュフローとネット現預金
出所：『日本経済新聞』2007年1月6日より作成
図10-3　キヤノンの ROE，売上高および純利益
出所：『日本経済新聞』2007年1月6日より作成
図10-4　企業の資金調達方法
図10-5　USEN の株主資本と配当原資
出所：『日本経済新聞』2006年12月19日より作成

第Ⅳ部　ライブドア vs. フジテレビ問題に学ぶ
第11章　ライブドアのニッポン放送株買い付け
表11-1　ライブドア vs. フジテレビ問題
出所：『日本経済新聞』2005年3月26日，4月19日より作成
図11-1　フジサンケイグループの資本関係
出所：『日本経済新聞』2005年2月9日より作成
図11-2　ライブドアが発行する CB と貸株
出所：『日本経済新聞』2005年2月23日より作成

第12章　フジテレビジョンのニッポン放送株 TOB
図12-1　ニッポン放送の企業価値
出所：『日本経済新聞』2005年3月3日より作成
図12-2　ニッポン放送を巡る買収戦の経過
出所：『日本経済新聞』2005年2月27日より作成
図12-3　議決権と経営への発言力
出所：『日本経済新聞』2005年3月9日より作成

xv

図12-4　ニッポン放送買収戦の構図
出所：『日本経済新聞』2005年2月24日より作成
図12-5　新株予約権がすべて行使されると……
出所：『日本経済新聞』2005年2月24日より作成
表12-1　ライブドアとフジテレビの法廷闘争の論点
出所：『日本経済新聞』2005年3月2日より作成
表12-2　高裁と地裁の判断
出所：『日本経済新聞』2005年3月24日より作成

第13章　ライブドアとフジテレビジョンの和解
図13-1　株式保有比率と主な株主の権限
出所：『日本経済新聞』2005年2月17日より作成
図13-2　フジサンケイグループの資本関係
出所：『日本経済新聞』2005年3月15日より作成
図13-3　ライブドアがフジにLBOを仕掛けた場合のイメージ
出所：『日本経済新聞』2005年3月18日より作成
図13-4　今後予想されるライブドアとフジテレビの動き
出所：『日本経済新聞』2005年3月24日より作成
図13-5　フジテレビ，ライブドア，ニッポン放送の資本関係
出所：『日本経済新聞』2005年4月19日より作成
表13-1　フジテレビとライブドアの損得勘定
出所：『日本経済新聞』2005年4月19日より作成

第Ⅰ部
企業の財務諸表分析

guidance

　第Ⅰ部では，実際事例としてトヨタ自動車株式会社を取り上げ，トヨタ自動車のホームページ（http://www.toyota.co.jp）からの「平成21年3月期決算」（平成21年5月8日開示）に基づいて，企業の「貸借対照表」「損益計算書」「株主持分計算書（株主資本等変動計算書）」「キャッシュ・フロー計算書」を概説する。平成21年3月期決算はフローベースでは平成20年4月1日から21年3月31日までの期間（20年度），ストックベースでは平成21年3月31日の時点についてのものである。

　「貸借対照表」「損益計算書」にはそれぞれ単独と連結の2つがあるが，「（参考）個別業績の概要」には「（個別）損益計算書」「（個別）貸借対照表」についてのものが記載されている。個別損益計算書は個別経営成績，個別貸借対照表は個別財政状態をそれぞれ示し，個別経営成績には「売上高」「営業利益」「経常利益」「当期純利益」など，個別財政状態には「総資産」「純資産」「自己資本比率」などがそれぞれ記載されている。財務諸表データから，企業の「収益性」「安全性」「成長性」などを分析することは「企業の財務諸表分析」と呼ばれている。

表Ⅰ部-1　産業別財務データ

		全産業		製造業		非製造業	
		1997年	2007年	1997年	2007年	1997年	2007年
成長指数	売上高	100.0	115.9	100.0	144.6	100.0	86.0
	税引後当期損益	100.0	450.1	100.0	376.4	100.0	861.3
	使用総資本	100.0	115.8	100.0	128.5	100.0	101.4
	自己資本	100.0	160.5	100.0	156.6	100.0	168.9
百分比損益計算書（％）	売上高	100.0	100.0	100.0	100.0	100.0	100.0
	売上総損益	19.3	22.9	25.1	24.4	13.3	20.2
	販売費・一般管理費	15.3	16.4	20.5	17.4	10.0	14.7
	営業損益	4.0	6.5	4.7	7.0	3.3	5.5
	受取利息・配当金	0.5	0.4	0.5	0.4	0.5	0.4
	事業損益	4.5	6.9	5.2	7.5	3.8	6.0
	支払利息・割引料	1.4	0.6	1.0	0.4	1.9	0.9
	（利払能力（倍））	3.2	12.3	5.3	19.8	2.0	6.8
	経常損益	2.9	6.3	4.0	6.9	1.8	5.3
	税引前損益	2.4	6.0	3.5	6.7	1.2	4.9
	法人税，住民税，事業税	1.38	2.37	1.85	2.58	0.89	1.99
	少数株主損益	0.06	0.24	0.08	0.24	0.03	0.24
	税引後損益	0.9	3.6	1.5	4.0	0.3	2.9
	配当金	0.5	0.9	0.6	1.0	0.4	0.8
	社内留保	0.4	2.6	0.9	3.0	−0.1	2.1
損益指標（％）	使用総資本事業利益率	4.3	6.8	4.9	7.9	3.7	5.2
	（同上：個別決算）	4.3	5.9	4.7	7.2	3.8	4.5
	経営資本営業利益率	4.6	7.8	5.1	9.2	3.9	5.9
	（同上：個別決算）	4.5	6.6	5.0	8.4	4.1	4.8
	自己資本税引後利益率	3.4	9.3	4.2	9.9	1.6	8.2
	（同上：個別決算）	3.0	7.5	3.9	8.1	1.0	6.3
	利子対有利子負債比率	3.2	1.8	2.7	1.7	3.5	1.9
	配当性向	52.4	26.3	37.8	25.7	133.7	27.7
百分比貸借対照表（％）	流動資産	47.1	42.8	54.2	48.6	39.0	34.5
	（現預金・有価証券等）	12.8	9.0	15.1	10.6	10.2	6.7
	（売上債権）	17.5	16.3	20.2	17.4	14.4	14.6
	（棚卸資産）	11.9	10.8	13.9	12.6	9.6	8.2
	固定資産	52.9	57.2	45.8	51.4	61.0	65.5
	（有形固定資産）	39.1	35.4	32.0	28.4	47.1	45.5
	（投資その他）	12.9	18.4	12.9	19.1	12.8	17.3
	合計	100.0	100.0	100.0	100.0	100.0	100.0
	流動負債	41.4	34.0	42.3	36.1	40.3	31.1
	（買入債務）	12.6	12.8	13.4	13.0	11.6	12.5
	固定負債	30.8	26.8	21.7	19.6	41.2	37.3
	少数株主持分（旧）	1.2	1.1	1.8	1.1	0.7	1.2
	資本・純資産	26.6	38.0	34.3	43.3	17.8	30.5
	（資本金・資本準備金）	12.3	0.0	14.4	0.0	10.0	0.0
	（資本金・資本剰余金）	0.0	12.8	0.0	13.7	0.0	11.5
	（その他）	14.2	25.2	19.9	29.6	7.8	19.0
	有利子負債残高	43.9	29.2	33.6	22.7	55.7	38.7
財務比率（％）	負債比率	271.9	166.2	186.7	134.0	457.5	231.2
	（同上：個別決算）	208.4	143.7	124.0	99.2	403.4	235.3
	固定比率	199.2	156.2	133.5	123.8	342.1	221.6
	流動比率	113.8	125.8	128.1	134.8	96.8	110.9
	総キャピタリゼーション比率	61.3	42.8	48.2	33.8	75.1	55.0
	使用総資本回転率（回）	0.96	0.95	0.92	1.03	0.99	0.84
	経営資本回転率（回）	1.13	1.20	1.08	1.30	1.20	1.05
	棚卸資産回転期間（月）	1.47	1.32	1.77	1.44	1.17	1.12
	売上債権（含手形）回転期間（月）	2.30	2.07	2.76	2.06	1.82	2.10
	買入債務回転期間（月）	1.60	1.63	1.76	1.54	1.43	1.79
連単倍率	売上高の連単倍率	1.49	1.65	1.59	1.89	1.41	1.35
	営業損益の連単倍率	1.59	2.18	1.74	2.30	1.42	1.97
	税引後損益の連単倍率	1.39	1.80	1.31	1.75	2.18	1.91
	使用総資本の連単倍率	1.52	1.64	1.59	1.75	1.45	1.49
	自己資本の連単倍率	1.25	1.46	1.23	1.45	1.30	1.48
CFO関連指標	営業キャッシュフロー・売上収入比率（％）	―	7.4	―	7.8	―	6.7
	営業キャッシュフロー・純設備投資比率（％）	―	140.4	―	149.4	―	125.1
	営業・投資キャッシュフロー売上収入比率（％）	―	0.7	―	0.6	―	0.7
	純利益・減価償却費構成比率（％）	―	44.2	―	47.5	―	37.7
	営業キャッシュフロー・有利子負債比率（％）	―	23.9	―	35.0	―	14.6
	営業キャッシュフロー・流動負債比率（％）	―	20.5	―	22.0	―	18.1
	営業キャッシュフロー・長期債務比率（％）	―	35.5	―	59.5	―	19.8
	利払能力（キャッシュフローインタレストカバレッジ）（倍）	―	20.2	―	29.2	―	12.7
	キャッシュフロー配当性向（％）	―	13.6	―	14.2	―	12.6

出所：日本政策投資銀行設備投資研究所[2008]より作成

第1章

企業の経営成績と財政状態
—— トヨタ自動車の平成21年3月期決算 ——

　財務諸表は「貸借対照表」「損益計算書」「株主持分計算書（株主資本等変動計算書）」「キャッシュ・フロー計算書」「附属明細書」の5つから構成され，「財務諸表」には単独と連結の2つがある。単独の損益計算書において，親会社の個別経営成績は良い，子会社の個別経営成績は悪いとしよう。これが親会社の子会社への押し込み販売によるものである場合，親会社単体の財務諸表を見ていただけではその状況を把握することはできず，誤った財務分析を行ってしまうことになる。したがって，企業集団の業績に関する判断を誤らせないためにも，連結財務諸表を見る必要がある。「連結財務諸表」は，支配従属関係にある2つ以上の会社からなる企業集団を単一の組織体とみなして，親会社が当該企業集団の経営成績と財政状態を総合的に報告するために作成されたものである。

　【こんな知識も】　企業再編で米国在住株主の持ち株比率が10％を超える場合
　新日本石油と新日鉱ホールディングスは09年10月に予定していた共同持ち株会社の設立を「作業量を読み違えた」との理由で10年4月に延期すると発表した。予想外の作業負担の発生は，米国に上場していない日本企業同士の経営統合であるにもかかわらず，米国のルールでは，企業再編で米国在住株主の持ち株比率が10％を超える場合，米国会計基準による財務書類をSEC（米証券取引委員会）へ提出しなければならなくなったことによるものである。このルールは，株式交換や合併などで株式を発行する再編が対象であり，自国株主を保護する米国独自のこのような情報開示ルールは，外国人株主が多い日本企業によるM&A（合併・買収）の大きな負担になっている。

【こんな知識も】 個別財務諸表 vs. 連結財務諸表

① 個別財務諸表にあるが，連結財務諸表にないもの：製造原価明細書

「製造原価明細書」は，製造業における製品の製造原価の内訳を示している。製造原価明細書を用いて，生産性分析や損益分岐点分析を行う。

② 個別財務諸表にないが，連結財務諸表にあるもの：キャッシュ・フロー計算書，セグメント情報

「キャッシュ・フロー計算書」は，当該企業の現金及び現金同等物を獲得する能力を評価するための情報として有用である。「セグメント情報」は，事業の種類別や所在地別などの業績を把握するために作成されている。

【こんな知識も】 平成21年3月期決算短信

トヨタ自動車の損益計算書と貸借対照表は「決算短信」に掲載されている。「決算短信」には「上場取引所　東大名札福」と書かれているが，それは，東京，大阪，名古屋，札幌，福岡の5つの株式市場に上場していることを意味している。定時株主総会開催予定日平成21年6月23日，有価証券報告書提出予定日平成21年6月24日，配当支払開始予定日平成21年6月24日とそれぞれ記載されている。

【こんな知識も】 財務諸表の四半期開示

2008年4月1日に開始する事業年度（2008年度）からは，四半期財務諸表の公表が義務づけられている。四半期財務諸表は「貸借対照表」「損益計算書」「キャッシュ・フロー計算書」の3つから構成されている。なお，四半期連結財務諸表を開示する企業は四半期個別財務諸表を開示する必要はない。

【こんな知識も】 米国会計基準の決算短信

米国会計基準は純利益の定義を変更し，従来は除いていた「少数株主利益」を純利益に含めることにした。これに伴って，米国会計基準を採用する日本企業（30数社）の決算短信の純利益の記載方法が，3月期決算企業では2009年4～6月期から変更される。従来基準の純利益は「当社株主に帰属する純利益」などと呼ばれるようになる。

1　貸借対照表

連結ベースでは，トヨタ自動車は自動車事業，金融事業，その他の事業（住

宅事業，情報通信事業，その他）を行っている。企業一般の連結貸借対照表は，
　資産合計＝負債合計＋純資産合計
であり，資産の部，負債の部，純資産の部はそれぞれ次の通りである。
資産の部：
　資産合計＝流動資産＋固定資産＋繰延資産
　固定資産合計＝有形固定資産＋無形固定資産＋投資その他の資産
負債の部：
　負債合計＝流動負債＋固定負債
純資産の部：
　純資産合計＝株主資本＋評価・換算差額等＋新株予約権＋少数株主持分
　株主資本合計＝資本金＋資本剰余金＋利益剰余金＋自己株式

　トヨタ自動車の連結貸借対照表（表1-1）は，
資産合計＝負債合計＋少数株主持分＋資本合計
であり，資産の部，負債の部，資本の部はそれぞれ次の通りである。
資産の部：
　資産合計＝流動資産＋長期金融債権（純額）＋固定資産
　流動資産合計＝現金及び現金同等物＋定期預金＋有価証券＋受取手形及び売掛金
　　　　　　　＋金融債権（純額）＋未収入金＋たな卸資産＋繰延税金資産
　　　　　　　＋前払費用及びその他
　固定資産合計＝投資及びその他の資産＋有形固定資産
負債の部：
　負債合計＝流動負債＋固定負債
　固定負債合計＝長期借入債務＋未払退職・年金費用＋繰延税金負債＋その他
資本の部：
　資本合計＝資本金＋資本剰余金＋利益剰余金＋その他の包括利益・損失累計額
　　　　　＋自己株式
連結貸借対照表に関する注意事項は，以下のものである。

第Ⅰ部　企業の財務諸表分析

表1-1　トヨタ自動車の連結
(単位：百万円)

	前連結会計年度 (平成20年3月31日現在)	当連結会計年度 (平成21年3月31日現在)	増　　減
資産の部			
流動資産			
現金及び現金同等物	1,628,547	2,444,280	815,733
定期預金	134,773	45,178	△ 89,595
有価証券	542,210	495,326	△ 46,884
受取手形及び売掛金 　　〈貸倒引当金控除後〉	2,040,233	1,392,749	△ 647,484
貸倒引当金残高：			
平成20年3月31日現在			
17,471百万円			
平成21年3月31日現在			
15,034百万円			
金融債権〈純額〉	4,301,142	3,891,406	△ 409,736
未収入金	523,533	332,722	△ 190,811
たな卸資産	1,825,716	1,459,394	△ 366,322
繰延税金資産	563,220	605,331	42,111
前払費用及びその他	526,853	632,543	105,690
流動資産合計	12,086,227	11,298,929	△ 787,298
長期金融債権〈純額〉	5,974,756	5,655,545	△ 319,211
投資及びその他の資産			
有価証券及びその他の 　　投資有価証券	3,429,238	2,102,874	△ 1,326,364
関連会社に対する投資及び 　　その他の資産	2,098,556	1,826,375	△ 272,181
従業員に対する長期貸付金	70,776	69,523	△ 1,253
その他	986,765	707,110	△ 279,655
投資及びその他の資産合計	6,585,335	4,705,882	△ 1,879,453
有形固定資産			
土地	1,262,034	1,257,409	△ 4,625
建物	3,580,607	3,633,954	53,347
機械装置	9,270,650	9,201,093	△ 69,557
賃貸用車両及び器具	2,922,325	2,836,881	△ 85,444
建設仮勘定	360,620	263,602	△ 97,018
小計	17,396,236	17,192,939	△ 203,297
減価償却累計額〈控除〉	△ 9,584,234	△ 9,791,258	△ 207,024
有形固定資産合計	7,812,002	7,401,681	△ 410,321
資産合計	32,458,320	29,062,037	△ 3,396,283

出所：トヨタ自動車の平成21年3月期決算短信より作成

第1章　企業の経営成績と財政状態

貸借対照表（平成21年3月31日現在）

(単位：百万円)

	前連結会計年度 (平成20年3月31日現在)	当連結会計年度 (平成21年3月31日現在)	増　　減
負債の部			
流動負債			
短期借入債務	3,552,721	3,617,672	64,951
1年以内に返済予定の 　　長期借入債務	2,675,431	2,699,512	24,081
支払手形及び買掛金	2,212,773	1,299,455	△ 913,318
未払金	806,514	670,634	△ 135,880
未払費用	1,606,964	1,540,681	△ 66,283
未払法人税等	305,592	51,298	△ 254,294
その他	780,747	710,041	△ 70,706
流動負債合計	11,940,742	10,589,293	△ 1,351,449
固定負債			
長期借入債務	5,981,931	6,301,469	319,538
未払退職・年金費用	632,297	634,612	2,315
繰延税金負債	1,099,006	642,293	△ 456,713
その他	278,150	293,633	15,483
固定負債合計	7,991,384	7,872,007	△ 119,377
負債合計	19,932,126	18,461,300	△ 1,470,826
少数株主持分			
少数株主持分	656,667	539,530	△ 117,137
資本の部			
資本金	397,050	397,050	—
発行可能株式総数：			
平成20年3月31日および			
平成21年3月31日現在			
10,000,000,000株			
発行済株式総数：			
平成20年3月31日および			
平成21年3月31日現在			
3,447,997,492株			
資本剰余金	497,569	501,211	3,642
利益剰余金	12,408,550	11,531,622	△ 876,928
その他の包括利益・ 　損失(△)累計額	△ 241,205	△ 1,107,781	△ 866,576
自己株式	△ 1,192,437	△ 1,260,895	△ 68,458
自己株式数：			
平成20年3月31日現在			
298,717,640株			
平成21年3月31日現在			
312,115,017株			
資本合計	11,869,527	10,061,207	△ 1,808,320
契約債務及び偶発債務			
負債，少数株主持分及び資本合計	32,458,320	29,062,037	△ 3,396,283

① 単独（個別）貸借対照表と連結貸借対照表では異なる点があり，連結貸借対照表の特有の科目として「少数株主持分」「のれん（または負ののれん）」「為替換算調整勘定」がある。「少数株主持分」「為替換算調整勘定」は，一般には純資産の部に計上されるが，トヨタ自動車の連結貸借対照表では，「少数株主持分」は負債の部，資本の部に別建てに計上され，「為替換算調整勘定」は「その他の包括利益・損失累計額」の中で「外貨換算調整額」として計上されている。「為替換算調整勘定」は在外子会社の貸借対照表の換算に伴って生じる換算差額である。
② 「のれん」は固定資産（無形固定資産），「負ののれん」は固定負債にそれぞれ計上されている。「のれん」「負ののれん」は相殺表示されることがある。
③ 税効果会計にかかる繰延税金資産・繰延税金負債は，その性格に応じて，流動資産・負債および固定資産・負債に掲記される。

【こんな知識も】　リース取引と新会計基準
　リース取引を経済実態に合わせて財務諸表に反映させる新会計基準が2009年3月期決算から導入された。資産負債として計上すべきリース取引の範囲が広がり，財務の透明性が向上できると言われている。「ファイナンスリース」は，リース取引のうち，期間中に中途解約できず自己所有と同程度のコストを負担する取引のことである。会計上はリース会社から借金で物件を購入したとみなし，資産負債計上する。一方，それ以外の取引はオペレーティングリースと呼ばれ，現行では賃貸借取引としてリース料を費用計上するだけで済むため，オフバランス取引として企業の利用が広がっている。

2　損益計算書

　企業一般の連結損益計算書には「売上総利益」「営業利益」「経常利益」「当期純利益」といった4つの利益がある。すなわち，
① 　売上総利益＝売上高－売上原価
② 　営業利益＝売上総利益－販売費及び一般管理費（のれん償却額を含む）

ここで,「のれん償却額」は資産の部に計上されている「のれん」である。
③ 経常利益＝営業利益＋（営業外利益－営業外費用）
　ここで,営業外利益は「負ののれん償却額（負債の部に計上されている『負ののれん』）」「持分法による投資利益」,営業外費用は「持分法による投資損失」をそれぞれ含んでいる。ただし,「のれん償却額」と「負ののれん償却額」,「持分法による投資利益」と「持分法による投資損失」はそれぞれ相殺表示が可能である。
④ 税金等調整前当期純利益（当期純損失）＝経常利益＋（特別利益－特別損失）
　さらに,
　　当期純利益＝税金等調整前当期純利益－法人税等調整額＋少数株主持分損益
　　　　　　　＋持分法投資損益
　トヨタ自動車の連結損益計算書（表1-2）には「営業利益」「当期純利益」といった2つの利益がある。すなわち,
① 営業利益＝売上高－売上原価並びに販売費及び一般管理費
　ここで,
　　売上高合計＝商品・製品売上高＋金融収益
　　売上原価並びに販売費及び一般管理費＝売上原価＋金融費用＋販売費及び
　　　　　　　　　　　　　　　　　　　一般管理費
② 税金等調整前当期純利益＝営業利益＋その他の収益・費用
　ここで,
　　その他の収益・費用＝受取利息及び受取配当金－支払利息＋為替差益・差損
　　　　　　　　　　　＋その他
　さらに,
　　当期純利益＝税金等調整前当期純利益－法人税等＋少数株主持分損益
　　　　　　　＋持分法投資損益
　単独（個別）損益計算書と連結損益計算書では異なる点があり,連結損益計算書の特有の科目として「少数株主利益（または少数株主損失）」「のれん償却額

9

第Ⅰ部　企業の財務諸表分析

表 1-2　トヨタ自動車の連結損益計算書（平成20年度）

（単位：百万円）

	前連結会計年度 (平成20年3月31日 に終了した1年間)	当連結会計年度 (平成21年3月31日 に終了した1年間)	増　　減
売上高			
商品・製品売上高	24,820,510	19,173,720	△ 5,646,790
金融収益	1,468,730	1,355,850	△ 112,880
売上高合計	26,289,240	20,529,570	△ 5,759,670
売上原価並びに販売費及び 一般管理費			
売上原価	20,452,338	17,468,416	△ 2,983,922
金融費用	1,068,015	987,384	△ 80,631
販売費及び一般管理費	2,498,512	2,534,781	36,269
売上原価並びに販売費及び 　一般管理費合計	24,018,865	20,990,581	△ 3,028,284
営業利益・損失(△)	2,270,375	△ 461,011	△ 2,731,386
その他の収益・費用(△)			
受取利息及び受取配当金	165,676	138,467	△ 27,209
支払利息	△ 46,113	△ 46,882	△ 769
為替差益・差損(△)〈純額〉	9,172	△ 1,815	△ 10,987
その他〈純額〉	38,112	△ 189,140	△ 227,252
その他の収益・費用(△)合計	166,847	△ 99,370	△ 266,217
税金等調整前当期純利益・損失(△)	2,437,222	△ 560,381	△ 2,997,603
法人税等	911,495	△ 56,442	△ 967,937
少数株主持分損益及び持分法 投資損益前当期純利益・損失(△)	1,525,727	△ 503,939	△ 2,029,666
少数株主持分損益	△ 77,962	24,278	102,240
持分法投資損益	270,114	42,724	△ 227,390
当期純利益・損失(△)	1,717,879	△ 436,937	△ 2,154,816
1株当たり当期純利益・損失(△)			
基　本	540円　65銭	△ 139円　13銭	△ 679円　78銭
希薄化後	540円　44銭	△ 139円　13銭	△ 679円　57銭

出所：トヨタ自動車の平成21年3月期決算短信より作成

（または負ののれん償却額）」「持分法による投資利益（または持分法による投資損失）」がある。「少数株主利益」は税金等調整前当期純利益から減算され，「少数株主損失」は税金等調整前当期純利益に加算される。「のれん償却額」は販

売費及び一般管理費に,「負ののれん償却額」は営業外収益にそれぞれ計上される。「持分法による投資利益」は営業外収益に,「持分法による投資損失」は営業外費用にそれぞれ計上される。

3　株主持分計算書（株主資本等変動計算書）

　企業一般の連結貸借対照表の純資産の部は,
　　純資産合計＝株主資本＋評価・換算差額等＋新株予約権＋少数株主持分
　　株主資本合計＝資本金＋資本剰余金＋利益剰余金＋自己株式
であり,トヨタ自動車の連結貸借対照表の資本の部は,
　　資本合計＝資本金＋資本剰余金＋利益剰余金＋その他の包括利益・損失累計額
　　　　　　＋自己株式
であった。株主持分計算書（株主資本等変動計算書）の概要は,次の通りである（表1-3）。

① 当期発行額（新株の発行）は,資本金と資本剰余金に計上される。
② 当期純利益は,利益剰余金に計上される。
③ その他の包括利益・損失（＝評価・換算差額等＋新株予約権＋少数株主持分）は,株主資本以外の項目の連結会計年度中変動額である。
④ 配当金支払額（剰余金の配当）は,利益剰余金に計上される。
⑤ 自己株式の取得及び処分は,自己資本に計上される。自己株式の消却は,一方で自己株式に,他方で資本剰余金＋利益剰余金に計上される。すなわち,資本剰余金,利益剰余金を原資として自己株式を消却する。

　【こんな知識も】　少数株主持分
　　親会社が子会社の発行済み議決権株式の100％を所有している場合には,連結集団における株主は親会社だけである。しかし,100％を所有していない場合には,連結集団において,親会社以外の株主が存在することになる。この親会社以外の株主は,連結上「少数株主」と呼ばれる。株式取得日における当該子会社の純資産額,すなわち資本金および剰余金は,当該日において,株式の持分比率により親会社に

第Ⅰ部　企業の財務諸表分析

表1-3　トヨタ自動車の連結株主持分計算書（平成20年度）

(単位：百万円)

	前連結会計年度 (平成20年3月31日に終了した1年間)					
	資本金	資本剰余金	利益剰余金	その他の包括利益・損益(△)累計額	自己株式	資本合計
平成19年3月31日現在残高	397,050	497,593	11,764,713	701,390	△1,524,654	11,836,092
当期発行額		3,475				3,475
包括利益						
当期純利益			1,717,879			1,717,879
その他の包括利益・損益(△)						
外貨換算調整額				△461,189		△461,189
未実現有価証券評価損〈組替修正考慮後〉				△347,829		△347,829
年金債務調整額				△133,577		△133,577
包括利益合計						775,284
配当金支払額			△430,860			△430,860
自己株式の取得及び処分					△314,464	△314,464
自己株式の消却		△3,499	△643,182		646,681	—
平成20年3月31日現在残高	397,050	497,569	12,408,550	△241,205	△1,192,437	11,869,527

(単位：百万円)

	当連結会計年度 (平成21年3月31日に終了した1年間)					
	資本金	資本剰余金	利益剰余金	その他の包括利益・損益(△)累計額	自己株式	資本合計
平成20年3月31日現在残高	397,050	497,569	12,408,550	△241,205	△1,192,437	11,869,527
当期発行額		3,642				3,642
包括損失(△)			△436,937			
当期純損失(△)						△436,937
その他の包括利益・損益(△)						
外貨換算調整額				△381,303		△381,303
未実現有価証券評価損〈組替修正考慮後〉				△293,101		△293,101
年金債務調整額				△192,172		△192,172
包括損失(△)合計						△1,303,513
配当金支払額			△439,991			△439,991
自己株式の取得及び処分					△68,458	△68,458
平成21年3月31日現在残高	397,050	501,211	11,531,622	△1,107,781	△1,260,895	10,061,207

出所：トヨタ自動車の平成21年3月期決算短信より作成

第1章　企業の経営成績と財政状態

表1-4　損益計算書と貸借対照表——産業別1社平均実額

	実額 （1社当り，百万円）	全産業 1442社		製造業 896社		非製造業 546社	
		2006年	2007年	2006年	2007年	2006年	2007年
損益計算書	売 上 高	364,315	388,458	369,978	397,511	355,022	373,602
	売 上 総 損 益	85,161	88,827	91,573	96,874	74,639	75,621
	販売費・一般管理費	61,477	63,761	66,288	69,116	53,581	54,973
	営 業 損 益	23,684	25,066	25,285	27,758	21,058	20,648
	受取利息・配当金	1,418	1,628	1,417	1,696	1,420	1,516
	事 業 損 益	25,188	26,873	26,768	29,618	22,595	22,367
	支払利息・割引料	2,075	2,182	1,322	1,493	3,311	3,312
	営 業 外 収 益	3,164	2,725	3,307	2,891	2,929	2,453
	営 業 外 費 用	2,069	2,707	2,574	3,492	1,240	1,420
	経 常 損 益	24,122	24,530	26,113	27,360	20,856	19,885
	特 別 利 益	2,259	2,219	2,008	1,926	2,670	2,701
	特 別 損 失	2,856	3,357	2,420	2,713	3,571	4,415
	税 引 前 損 益	23,525	23,392	25,701	26,573	19,955	18,172
	法人税，住民税，事業税	9,132	9,200	9,824	10,268	7,998	7,449
	少 数 株 主 損 益	850	937	822	965	896	891
	税 引 後 損 益	13,563	13,925	15,081	15,893	11,073	10,696
	配 当 金	3,112	3,665	3,456	4,090	2,546	2,966
	役 員 賞 与	0	0	0	0	0	0
	社 内 留 保	10,452	10,261	11,625	11,803	8,526	7,730
貸借対照表	流 動 資 産	174,870	175,547	187,668	189,237	153,870	153,082
	当 座 資 産	111,991	109,934	120,566	118,489	97,920	95,895
	（現預金・有価証券等）	38,127	37,046	42,715	41,445	30,596	29,829
	（売上債権）	67,383	66,779	68,496	67,839	65,555	65,041
	棚 卸 資 産	41,441	44,204	46,395	48,985	33,312	36,357
	その他流動資産	21,438	21,409	20,707	21,763	22,637	20,829
	固 定 資 産	232,210	234,504	197,639	200,053	288,943	291,038
	有 形 固 定 資 産	141,959	145,330	108,255	110,746	197,267	202,085
	無 形 固 定 資 産	10,625	13,798	10,440	14,883	10,928	12,018
	投資その他の資産	79,626	75,374	78,943	74,424	80,747	76,934
	繰 延 資 産	21	21	9	12	39	35
	合 計	407,101	410,072	385,316	389,303	442,852	444,155
	流 動 負 債	139,217	139,511	138,476	140,423	140,434	138,014
	（買入債務）	52,989	52,424	51,198	50,614	55,928	55,394
	固 定 負 債	109,579	110,103	76,830	76,208	163,320	165,727
	少数株主持分（旧）	4,272	4,593	3,834	4,263	4,991	5,134
	資 本・純 資 産	154,032	155,865	166,175	168,409	134,106	135,280
	資 本 金	24,079	24,309	23,390	23,717	25,209	25,280
	資 本 剰 余 金	27,511	28,105	28,960	29,639	25,133	25,587
	利 益 剰 余 金 等	91,374	100,320	103,040	113,086	72,229	79,372
	△ 自 己 株 式 等	-5,838	-6,880	-6,803	-7,952	-4,253	-5,119
	評価・換算差額等	11,531	4,310	11,241	3,139	12,006	6,231
	新 株 予 約 権	11	23	14	28	5	14
	少 数 株 主 持 分	5,364	5,677	6,333	6,751	3,776	3,915
残高	有利子負債残高	116,808	119,870	85,249	88,259	168,595	171,743
	（うち長借・社債残高）	81,401	83,285	54,173	55,502	126,083	128,876
	税効果会計適用社数	1,438	1,440	896	896	542	544

出所：日本政策投資銀行設備投資研究所[2008]より作成

属する分と少数株主に属する分とに分割し，前者は親会社の投資勘定と相殺消去され，後者は「少数株主持分」として処理される。例えば，60％を出資する子会社が100億円の純利益をあげた場合，親会社の連結純利益に加えるのは60億円である。残りの40億円は少数株主の持ち分であるため，少数株主利益として連結損益計算書で差し引く。親子上場で少数株主へ価値が流出するというのは，この現象を指す。

4　キャッシュ・フロー計算書

　キャッシュ・フロー計算書と損益計算書・貸借対照表は，それぞれ異なる情報を提供し，両者はともに企業のディスクロージャーにとって有用である。キャッシュ・フロー計算書の「キャッシュ」概念は「現金及び現金同等物」であり，具体的には，現金は手許現金や要求払い預金（当座預金，通知預金，普通預金など），現金同等物は満期3カ月以内の短期金融資産（定期預金，CD，CP，公社債投資信託等）である。

　連結キャッシュ・フロー計算書は，一会計期間に発生したキャッシュ・フローを企業集団という会計単位でとらえたものであり，「利益の質（当期純利益にキャッシュの裏付けがあるか否か）の評価」「資金繰りの評価」「企業価値の評価」のために活用される。キャッシュ・フロー計算書は，キャッシュの流れを「営業活動」「投資活動」「財務活動」といった3つの活動ごとに表示することにより，損益計算書と貸借対照表を有効に連結しているが，損益計算書・貸借対照表と比べて，次の特徴を有している。すなわち，損益計算書は発生主義会計に基づいて算定されているので，それは会計方針の選択により，同一の会計事象に異なる会計数値が算定されるという性質を持っている。つまり，同じ業績でも，会計処理の選択により異なる利益が算出される。それに対して，キャッシュ・フロー計算書は，キャッシュの流入と流出の事実に基づいているので，会計処理の違いや会社側の操作の影響を排除でき，企業間比較をより正確に行うことができる。

　キャッシュ・フロー計算書は，「営業活動」「投資活動」「財務活動」といっ

第1章　企業の経営成績と財政状態

表1-5　トヨタ自動車の連結キャッシュ・フロー計算書（平成20年度）

（単位：百万円）

	前連結会計年度 （平成20年3月31日） に終了した1年間	当連結会計年度 （平成21年3月31日） に終了した1年間
営業活動からのキャッシュ・フロー		
当期純利益・損失（△）	1,717,879	△ 436,937
営業活動から得た現金〈純額〉への 　当期純利益・損失（△）の調整		
減価償却費	1,491,135	1,495,170
貸倒引当金及び金融損失引当金繰入額	122,790	257,433
退職・年金費用〈支払額控除後〉	△ 54,341	△ 20,958
固定資産処分損	45,437	68,682
売却可能有価証券の未実現評価損〈純額〉	11,346	220,920
繰延税額	81,458	△ 194,990
少数株主持分損益	77,962	△ 24,278
持分法投資損益	△ 270,114	△ 42,724
資産及び負債の増減ほか	△ 241,928	154,587
営業活動から得た現金〈純額〉	2,981,624	1,476,9005
投資活動からのキャッシュ・フロー		
金融債権の増加	△ 8,647,717	△ 7,700,459
金融債権の回収及び売却	7,332,697	7,243,442
有形固定資産の購入〈賃貸資産を除く〉	△ 1,480,570	△ 1,364,582
賃貸資産の購入	△ 1,279,405	△ 960,315
有形固定資産の売却〈賃貸資産を除く〉	67,551	47,386
賃貸資産の売却	375,881	528,749
有価証券及び投資有価証券の購入	△ 1,151,640	△ 636,030
有価証券及び投資有価証券の売却及び満期償還	987,410	1,475,877
関連会社への追加投資支払〈当該関連会社保有現金控除後〉	△ 4,406	△ 45
投資及びその他の資産の増減ほか	△ 74,687	135,757
投資活動に使用した現金〈純額〉	△ 3,874,886	△ 1,230,220
財務活動からのキャッシュ・フロー		
自己株式の取得	△ 311,667	△ 70,587
長期借入債務の増加	3,349,812	3,506,990
長期借入債務の返済	△ 2,310,008	△ 2,704,078
短期借入債務の増加	408,912	406,507
配当金支払額	△ 430,860	△ 439,991
財務活動から得た現金〈純額〉	706,189	698,841
為替相場変動の現金及び現金同等物に対する影響額	△ 84,759	△ 129,793
現金及び現金同等物純増加・減少（△）額	△ 271,832	815,733
現金及び現金同等物期首残高	1,900,379	1,628,547
現金及び現金同等物期末残高	1,628,547	2,444,280

出所：トヨタ自動車の平成21年3月期決算短信より作成

た3つの活動ごとのキャッシュの流れを整理している（**表1-5**）。

（1）営業活動からのキャッシュ・フロー

「営業活動からのキャッシュ・フロー」は，企業の営業活動がどのくらいキャッシュ・フローを生み出しているかを表している。科目表示方法には直接法と間接法の2つがあり，継続適用を条件として，直接法，間接法の選択が認められている。直接法はキャッシュの流入と流出について主要項目ごとに表示する方法である。「営業活動からのキャッシュ・フロー」の間接法表示は，当期純利益をベースとして，収益と収入および費用と支出の不一致を調整するものであり，例えば，減価償却費は支出の事実はないが，収益から控除されているため，当期純利益に加算する。

「表1-5 トヨタ自動車の連結キャッシュ・フロー計算書」は間接法で表示されたものであり，間接法は当期純利益をベースとして，キャッシュの流出を伴わない費用の加算や，キャッシュの流入を伴わない収益の減算，投資活動や財務活動に関連する損失と利益の調整，営業活動に関連して生じた流動資産や流動負債の増減額の調整を通じてキャッシュ・フローを計算する方法である。トヨタ自動車の「営業活動から得た現金（純額）」の計算においては，「当期純利益」「減価償却費」「貸倒引当金及び金融損失引当金繰入額」「固定資産処分損」「売却可能有価証券の未実現評価損」がキャッシュの流入項目，「退職・年金費用」がキャッシュの流出項目である。

【こんな知識も】 営業活動に関するキャッシュ・フローの区分表示
① 直接法
　キャッシュの流入と流出とを粗ベースで計上する。そのため，直感的にわかりやすい点は長所であるが，親会社及び子会社において主要な取引ごとのキャッシュ・フローに関する基礎データを用意することが必要であり，実務上手数を要する。直接法によって求められた「営業活動からのキャッシュ・フロー」は税引後経常利益に近似している。
② 間接法

第1章　企業の経営成績と財政状態

表1-6　営業活動からのキャッシュ・フロー――直接法

営業活動によるキャッシュ・フロー	
営業収入	×××
原材料または商品の仕入による支出	△×××
人件費の支出	△×××
その他の営業支出	△×××
小計	×××
利息及び配当金の受取額	×××
利息の支払額	△×××
損害賠償金の支払額	△×××
…………	×××
法人税等の支払額	△×××
営業活動によるキャッシュ・フロー	×××

　当期純利益と営業活動にかかるキャッシュ・フローとの関係が明示される点は長所であるが，算出に複雑な面もある。一般には，税金等調整前当期純利益から開始する形式になっているが，トヨタ自動車の連結キャッシュ・フロー計算書は「当期純利益・損失」から開始している（表1-6）。

【こんな知識も】　当期純利益の質
　損益計算書上の当期純利益は，同額のキャッシュが増加したことを必ずしも意味するとは限らない。例えば，当期純利益が100億円の2社（A社とB社）で，「営業活動からのキャッシュ・フロー」はA社が100億円，B社が70億円であったとする。この場合，A社はB社より「利益の質」が高いといわれる。

【こんな知識も】　「営業活動からのキャッシュ・フロー」（営業CF）の赤字
　損益計算書から分かるのは売れた製品とそれにかかった費用の差し引きである損益である。営業CFは在庫の増加も反映し，在庫がたまれば，損益は黒字なのに営業CFは赤字で苦しいということもありうる。通常は営業CFの黒字で投資を賄うが，営業CFが赤字なので企業の貯金（現預金）を維持するため，投資抑制を余儀なくされる。営業CFの赤字は事業活動での現金の流出を意味し，経営にとって黄信号である。

（2）投資活動からのキャッシュ・フロー
　投資活動とは，固定資産や，有価証券など現金同等物に含まれない投資項目

の購入・売却のことである。購入はキャッシュの流出，売却はキャッシュの流入である。トヨタ自動車の「投資活動に使用した現金（純額）」の計算においては，「金融債権の増加」「有形固定資産の購入」「賃貸資産の購入」「有価証券及び投資有価証券の購入」「関連会社への追加投資支払」がキャッシュの流出項目，「金融債権の回収及び売却」「有形固定資産の売却」「賃貸資産の売却」「有価証券及び投資有価証券の売却及び満期償還」がキャッシュの流入項目である。「投資及びその他の資産の増加ほか」はキャッシュの流出項目，「投資及びその他の資産の減少ほか」はキャッシュの流入項目である。

（3）財務活動からのキャッシュ・フロー

企業は外部から資金を調達し，返済している。外部資金は他人資本（社債，借入）や自己資本（株式）からなり，財務活動とは，資金の調達・返済や利子・配当の支払いのことである。資金の調達はキャッシュの流入，返済はキャッシュの流出である。トヨタ自動車の「財務活動から得た現金（純額）」の計算においては，「長期借入債務の増加」「短期借入債務の増加」がキャッシュの流入項目，「自己株式の取得」「長期借入債務の返済」「配当金支払額」がキャッシュの流出項目である。

【こんな知識も】 フリー・キャッシュ・フロー

　企業が事業プロジェクトの遂行を通じて得たネットベースのキャッシュ・フローは「フリー・キャッシュ・フロー」と呼ばれ，財務諸表分析では一般に，「投資からの成果のキャッシュ流入（営業活動からのキャッシュ・フロー）」－「投資のキャッシュ流出（投資活動からのキャッシュ・フロー）」と定義されている。フリー・キャッシュ・フローが一時的にマイナスになることは必ずしも悪いことではないが，中長期的にプラスであることが望ましい。フリー・キャッシュ・フローは「純現金収支」と訳され，現金の出入りでみた企業の期間収支である。

第1章 企業の経営成績と財政状態

表1-7 キャッシュ・フロー計算書——産業別1社平均実額

実　額 （1社当り，百万円）	全産業 1442社		製造業 896社		非製造業 546社	
	2006年	2007年	2006年	2007年	2006年	2007年
調整前営業キャッシュ・フロー算出方式						
（直接法会社数）	1	1	1	1	0	0
（間接法会社数）	1441	1441	895	895	546	546
営業活動によるキャッシュ・フロー	27,691	28,666	28,846	30,904	25,796	24,994
調整前営業キャッシュ・フロー	34,395	35,746	35,482	37,810	32,611	32,359
利息及び配当金の受取額	1,051	1,246	1,180	1,492	839	841
△利息の支払額	-1,722	-1,827	-1,151	-1,344	-2,660	-2,620
法人税等の支払額（△）・同還付額	-5,939	-6,451	-6,532	-6,996	-4,965	-5,556
その他営業活動収支差額	-93	-47	-132	-58	-30	-29
投資活動によるキャッシュ・フロー	-23,654	-26,126	-26,028	-28,449	-19,758	-22,315
有価証券の取得・売却差額	582	1,276	877	2,168	99	-187
有形固定資産の取得・売却差額	-18,650	-20,420	-20,012	-20,692	-16,413	-19,972
投資有価証券の取得・売却差額	-925	-1,022	-990	-1,270	-819	-616
連結範囲変更子会社株式取得・売却差額	-786	-1,743	-849	-2,749	-682	-91
貸付金の貸付・回収差額	-582	-1,568	-1,013	-2,720	124	322
その他投資活動収支差額	-3,300	-2,650	-4,040	-3,186	-2,086	-1,770
財務活動によるキャッシュ・フロー	-2,764	-2,340	-611	-1,837	-6,297	-3,165
短期借入金の借入・返済差額	459	1,295	1,825	1,782	-1,784	497
長期借入金の借入・返済差額	1,325	1,220	2,422	1,504	-474	753
社債の発行・償還差額	-41	777	-153	371	144	1,442
株式発行・自己株式取得収支差額	-1,169	-1,779	-1,708	-2,123	-285	-1,214
（親会社）配当金支払	-3,113	-3,673	-3,462	-4,102	-2,540	-2,970
少数株主への配当金支払	-201	-239	-244	-271	-129	-186
その他財務活動収支差額	-38	60	710	1,002	-1,265	-1,487
現金及び現金同等物に係る換算差額	432	-895	594	-1,261	167	-293
現金及び現金同等物の増加額	1,740	-765	2,806	-759	-8	-775
現金及び同等物の期首残高	33,042	34,937	35,425	38,339	29,131	29,354
現金及び同等物の期末残高	35,073	34,244	38,352	37,748	29,691	28,493
（フリー・キャッシュ・フロー額）	9,042	8,247	8,834	10,212	9,382	5,022
〈直接法適用会社〉						
営業収入	3,444	3,909	3,444	3,909	—	—
原材料・商品仕入支出	-1,575	-1,860	-1,575	-1,860	—	—
人件費支出	-1,241	-1,369	-1,241	-1,369	—	—
その他営業支出	-771	-731	-771	-731	—	—
調整前営業CFO内訳　〈間接法適用会社〉						
税金等調整前当期純利益・同損失（△）	20,623	20,802	22,614	23,565	17,341	16,272
減価償却費	16,521	18,072	16,423	18,386	16,682	17,556
減損損失	857	882	577	779	1,317	1,052
のれん償却額	113	169	102	166	130	173
引当金の増加額・同減少額（△）	-241	-61	-448	-272	99	285
営業外・特別損益控除額	19	2	-1,371	-817	2,311	1,345
売上債権増加額（△）・減少額	-4,724	97	-4,347	165	-5,346	-14
棚卸資産増加額（△）・減少額	-3,135	-3,112	-3,477	-3,211	-2,572	-2,951
仕入債務増加額・減少額（△）	3,881	-353	3,900	-174	3,850	-646
その他運転資本増加額（△）・減少額	707	-272	1,271	-285	-223	-251
その他加減算額	-131	-456	278	-452	-806	-464

出所：日本政策投資銀行設備投資研究所［2008］より作成

5　トヨタ自動車のセグメント情報

　トヨタ自動車は自動車事業，金融事業，その他の事業（住宅事業，情報通信事業，その他）を行っていて，トヨタ自動車の連結財務諸表はこれらすべての事業の財政状態，経営成績およびキャッシュ・フローの状況を"どんぶり勘定"で表示している。しかし，例えば，自動車事業の業績が悪く，金融事業の業績が良いとき，それらは連結財務諸表上では相殺されてしまうので，"どんぶり勘定"では企業集団としてのトヨタ自動車の実態を把握できない。また，自動車事業について，日本での業績が悪く，北米での業績が良いとき，それらは連結財務諸表上では相殺されてしまうので，"どんぶり勘定"では企業集団としてのトヨタ自動車の実態を把握できない。多角化企業としてのトヨタ自動車の実態を把握するためには，連結財務諸表の情報を事業別や地域別に分割することが不可欠であり，以下では，連結財務諸表を事業別に分割した「事業の種類別セグメント情報」，地域別に分割した「所在地別セグメント情報」の2つを取り上げる。

　セグメント情報を分析するに際しては，「配賦不能営業費用の有無，その金額，及び主な内容」「全社資産の有無，その金額，及び主な内容」を確認しておかなければならない。

（1）事業の種類別セグメント情報

　特定のセグメントの売上高が売上高合計の90％超であること等の条件を満たせば，「事業の種類別セグメント情報」を記載しないことができる。「事業の種類別セグメント情報」の記載については，経営の多角化の実態を把握できるように，各種の事業区分が行われなければならない。以下では，「事業の種類別セグメント情報」と「貸借対照表（B/S）」「損益計算書（P/L）」「キャッシュ・フロー計算書（CF）」の対応を記しておく。

第1章 企業の経営成績と財政状態

表1-8 トヨタ自動車の事業の種類別セグメント情報（平成20年度：生産実績） (単位：百万円)

事業の種類別セグメントの名称		前連結会計年度 (自 平成19年4月1日 至 平成20年3月31日)	当連結会計年度 (自 平成20年4月1日 至 平成21年3月31日)	増 減
自動車事業	日　本	5,160,293 台	4,254,984 台	△ 905,309 台
	北　米	1,267,639	919,125	△ 348,514
	欧　州	710,895	481,512	△ 229,383
	アジア	961,207	946,806	△ 14,401
	その他	447,166	448,605	1,439
	計	8,547,200	7,051,032	△ 1,496,168
その他の事業	住宅事業	5,123 戸	4,856 戸	△ 267 戸

注：1 「自動車事業」における生産実績は，車両（新車）生産台数を示しています。
　　2 「自動車事業」における「その他」は，中南米，オセアニア，アフリカからなります。
出所：トヨタ自動車の平成21年3月期決算短信より作成

表1-9 トヨタ自動車の所在地別セグメント情報（平成20年度：販売実績） (単位：百万円)

事業の種類別セグメントの名称		前連結会計年度 (自 平成19年4月1日 至 平成20年3月31日)	当連結会計年度 (自 平成20年4月1日 至 平成21年3月31日)	増 減
自動車事業	日　本	2,188,389 台	1,944,823 台	△ 243,566 台
	北　米	2,958,314	2,212,254	△ 746,060
	欧　州	1,283,793	1,061,954	△ 221,839
	アジア	956,509	904,892	△ 51,617
	その他	1,526,934	1,443,433	△ 83,501
	計	8,913,939	7,567,356	△ 1,346,583
その他の事業	住宅事業	5,431 戸	5,442 戸	11 戸

注：1 「自動車事業」における販売実績は，車両（新車）販売台数を示しています。
　　2 「自動車事業」における「その他」は，中南米，オセアニア，アフリカ，中近東ほかからなります。
出所：トヨタ自動車の平成21年3月期決算短信より作成

「事業の種類別セグメント情報」	B/S，P/L，CF
外部顧客に対する売上高	P/L の売上高合計
営業費用	P/L の売上原価並びに販売費及び一般管理費合計
営業利益	P/L の営業利益
総資産	B/S の資産合計
減価償却費	CF の減価償却費

表1-10 トヨタ自動車の海外売上高（平成20年度）

	北米	欧州	アジア	その他	計
Ⅰ 海外売上高（百万円）	6,294,230	2,861,351	2,530,352	3,421,881	15,107,814
Ⅱ 連結売上高（百万円）	—	—	—	—	20,529,570
Ⅲ 連結売上高に占める海外売上高の割合（％）	30.7	13.9	12.3	16.7	73.6

注：「その他」は，中南米，オセアニア，アフリカ，中近東ほかからなります。
出所：トヨタ自動車の平成21年3月期決算短信より作成

「資本的支出」は新規の設備投資（有形固定資産の取得）のことである。

（2）所在地別セグメント情報

特定のセグメントの売上高合計（セグメント間の内部売上高を除く）が連結売上高の10％以上である場合等に「所在地別セグメント情報」の開示が求められる。国または地域は販売元を基準にしている（表1-8，表1-9）。

【こんな知識も】　海外売上高

海外売上高が連結売上高（P/Lの売上高合計）の10％以上である場合には，海外売上高および連結売上高に占める海外売上高の割合を開示することが求められている。なお，「海外売上高」で表示されている国または地域は，所在地別セグメント情報と異なり，海外の販売先を基準に表示されている（表1-10）。

【こんな知識も】　セグメント分析の問題点

営業利益は内部売上高ないし振替高の影響を受ける。つまり，セグメント間の振替価格の設定次第でセグメント別の営業利益が変わりうる。

6　税効果会計——当期純利益と課税所得

「税効果会計」は，企業会計上の資産・負債の額と，課税所得上の資産・負債の額とに相違がある場合において，法人税等の額を適切に期間配分することにより，法人税等を控除する前の税引前当期純利益と法人税等とを合理的に対

応させることを目的とするものである。

　損益計算書に計上される法人税等の額は，法人税法にしたがって計算された課税所得にもとづく法人税等の額（実際に納付する額）である。そのため，法人税等を控除する前の企業会計（損益計算書）上の利益（当期純利益）と課税所得とに差異があるときは，「税効果会計」を適用しないと，当期純利益と法人税等の額（実際に納付する額）が税率を反映しないことになる。損益計算書上で，法人税等を控除する前の当期純利益と，法人税等の額（実際に納付する額）との関係が税率を反映させるようにするためには，「税効果会計」が必要である。

　当期純利益と課税所得とに差異があるとしても，一致している部分の方が圧倒的に多いため，当期純利益をベースとして，これに一定の調整項目を考慮（税務調整）して課税所得を算定し，これに税率を乗じて税額を計算する。すなわち，

　　企業会計上の当期純利益＝収益－費用
　　法人税法上の課税所得＝益金－損金
　　　　　　　　　　　　＝企業会計上の利益±税務調整項目

であり，税務調整項目には加算調整項目と減算調整項目がある。加算調整項目は，当期純利益に加算する項目であり，それには「収益でないが，益金と認められるもの」と「費用であるが，損金と認められないもの」がある。減算調整項目は，当期純利益から減算する項目であり，それには「収益であるが，益金と認められないもの」と「費用でないが，損金と認められるもの」がある。

　企業会計の目的は業績評価を財務諸表において表示することであり，税効果会計は，加算・減算がなかった場合における会計上の利益と対応関係を持つ「法人税，住民税及び事業税」を表示しようとするものであるので，課税所得と税引前当期純利益の差異の部分に「法定実効税率」を乗じて，法人税等の表示の調整を図るものである。税効果会計において，財務諸表に表示される科目には，以下の3つのものがある。

① 繰延税金資産

　「課税所得＞税引前当期純利益」のとき，法人税等の納付税額が当期に負担

すべき税金費用（企業会計上の法人税等）よりも多く算定されることになる。この差額にかかる法人税等の金額は，次期以降に負担すべき税金費用の前払いとして考えられるため，当期の法人税等からマイナスするとともに，「繰延税金資産」という資産科目を計上して次期以降に繰り越す。結果として，将来の法人税等の支払額を減額する効果が得られる。

② 繰延税金負債

「課税所得＜税引前当期純利益」のとき，法人税等の納付税額が当期に負担すべき税金費用（企業会計上の法人税等）よりも少なく算定されることになる。この差額にかかる法人税等の金額は，当期に負担すべき税金費用の未払いと考えられるため，当期の法人税等にプラスするとともに，「繰延税金負債」という負債科目を計上して次期以降に繰り越す。結果として，将来の法人税等の支払額を増額する効果が得られる。

③ 法人税等調整額

税効果会計における法人税等の調整は，「法人税等調整額」という科目をもって処理されている。法人税等調整額は，損益計算書の末尾において「法人税等」に加減する形式で表示されている。法人税等の減額処理の場合は金額に「△」がつけられる。

【こんな知識も】 繰延税金資産・繰延税金負債の表示

繰延税金資産は流動資産または投資その他の資産として，繰延税金負債は流動負債または固定負債としてそれぞれ表示される。なお，流動項目に繰延税金資産と繰延税金負債が同時にある場合は，原則として，相殺した後の純額が表示される。固定項目についても同様である。

【こんな知識も】 税効果会計で用いられる税率──法定実効税率

企業は法人税，住民税および事業税を負担しなければならず，企業が最終的に税金をいくら支払ったかを示す指標として「法定実効税率」というものがある。住民税は法人税の金額を課税標準とし，事業税は支払いを行った年度の損金に算入されるので，まず損金算入される前の税金を求めると，

（法人税率＋法人税率×住民税率＋事業税率）×所得

$= \{$法人税率×$(1+$住民税率$)+$事業税率$\}$×所得

であり,次に x = 法人税率×$(1+$住民税率$)+$事業税率,y = 法定実効税率とすると,

  y×所得 = $(x - y$×事業税率$)$×所得

であるので,

  法定実効税率 = $\dfrac{\{法人税率×(1+住民税率)+事業税率\}}{(1+事業税率)}$

と定義される(右辺にさらに100を掛ければパーセント表示になる)。

第2章

企業の収益性指標
――トヨタ自動車の株主の視点――

　株主と債権者の利害は異なっている。株主は，株価・配当に関心をもち，株価・配当は業績次第で変動する。債権者（社債投資家など）は，元本・金利に関心をもち，元本・金利は企業が経営破綻しない限り，業績に左右されない。したがって，どちらかと言えば，株主は企業の収益性を，債権者は企業の安全性をそれぞれ重要視している。言い換えれば，株主は業績のアップサイドに期待するのに対して，債権者は業績のダウンサイドに懸念を抱いている。

　株価と財務指標の関係は，以下の通りである（図2-1）。

$$株価 = EPS \times \left(\frac{株価}{EPS}\right)$$
$$= EPS \times PER$$
$$EPS（1株当たり当期純利益）= \frac{当期純利益}{株数}$$
$$= \left(\frac{当期純利益}{自己資本}\right) \times \left(\frac{自己資本}{株数}\right)$$
$$= ROE \times BPS$$
$$ROE（自己資本純利益率）= \frac{当期純利益}{自己資本}$$
$$= \left(\frac{当期純利益}{売上高}\right) \times \left(\frac{売上高}{総資本}\right) \times \left(\frac{総資本}{自己資本}\right)$$
$$= 売上高純利益率 \times 総資本回転率 \times 財務レバレッジ$$

　株主は企業の収益性を，債権者は企業の安全性をそれぞれより重要視しているが，ともにリターンを得るために企業に資本を提供しているのであり，株主はハイリスク覚悟のうえでのハイリターン，債権者はローリスクであるがゆえのローリターンをねらっている。ROA（総資本利益率）は総資本（他人資本と自己資本）の収益性を表す指標であり，株主と債権者がともに関心をもつ財務指

第2章　企業の収益性指標

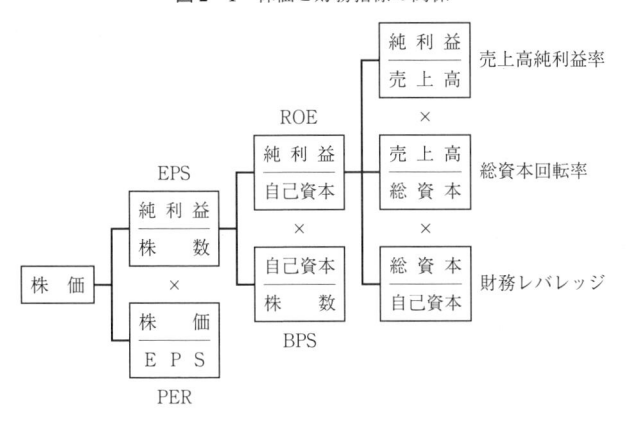

図2-1　株価と財務指標の関係

$$株価 = \frac{純利益}{株数} \times \frac{株価}{EPS}$$

$$ROE = \frac{純利益}{自己資本} \times \frac{自己資本}{株数}$$

$$\frac{純利益}{自己資本} = \frac{純利益}{売上高} \times \frac{売上高}{総資本} \times \frac{総資本}{自己資本}$$

（EPS＝純利益／株数、PER＝株価／EPS、BPS＝自己資本／株数、売上高純利益率、総資本回転率、財務レバレッジ）

標である．ROE（自己資本利益率）は自己資本の収益性を表す指標であり，株主が関心をもつ財務指標である．

1　EPS（1株当たり当期純利益）

EPS（Earnings Per Share）は「1株当たり当期純利益」のことであり，普通株主に関する一会計期間における企業の成果を示している．EPSは，次のようにして計算されている．

$$EPS = \frac{（当期純利益 - 普通株主に帰属しない金額）}{（普通株式の期中平均発行済株式数 - 普通株式の期中平均自己株式数）}$$

$$= \frac{普通株式にかかる当期純利益}{（普通株式の期中平均発行済株式数 - 普通株式の期中平均自己株式数）}$$

ここで，「普通株主に帰属しない金額」とは配当優先株式の配当額のことである．

「決算短信」に掲載されているEPSは，当該期間に関する上記計算式の分子・分母から計算されているが，各期間の生のEPSのままでは時系列比較を行うことができない．EPSの時系列分析を行う際には，以下の2つのケースを区別しなければならない．

第Ⅰ部　企業の財務諸表分析

表2-1　A社の合併，公募増資のケース

	発行済株式数 (億株)	純利益総額 (億円)	配当総額 (億円)	1株当たり利益 (円)	1株当たり配当金 (円)
07年3月	40.0	1,000	240	25.00	6.00
08年3月	48.0 (注1)	1,080	288	22.50	6.00
09年3月	60.0 (注2)	1,200	360	20.00	6.00
09年3月 / 07年3月	1.50倍	1.20倍	1.50倍	0.80倍	1.00倍

注：1　公募時価発行増資：発行済株式数増加率20%
　　2　合併：発行済株式数増加率25%

表2-2　B社の株式分割のケース

	発行済株式数 (億株)	純利益総額 (億円)	配当総額 (億円)	1株当たり利益 (円)	1株当たり配当金 (円)
07年3月	80.0	1,200	400	15.00	5.00
08年3月	96.0 (注1)	1,320	480	13.75	5.00
09年3月	144.0 (注2)	1,500	720	10.42	5.00
09年3月 / 07年3月	1.80倍	1.25倍	1.80倍	0.69倍	1.00倍

注：1　株式分割：1株→1.2株
　　2　株式分割：1株→1.5株

(遡及修正計算)

	発行済株式数 (億株)	分割比率	修正発行済株式数 (億株)	純利益	修正1株当たり利益 (円)
07年3月	80	—	144＝80×1.5×1.2	1,200	8.33
08年3月	96	1：1.2の株式分割	144＝80×1.5	1,320	9.17
09年3月	144	1：1.5の株式分割	144	1,500	10.42

① 当該企業への資金の流出入を伴う，発行済株式数の増減のケース——合併，公募増資，自社株の買戻消却

　合併，公募増資，自社株の買戻消却は発行済株式数を増減させるが，同時に当該企業への資金の流出入を伴う。合併，公募増資は新規株主の参入を伴って発行済株式数を増加させるが，同時に当該企業への資金の流入を伴う。設例として，A社の発行済株式数，当期純利益，配当総額の推移が，表2-1のようであったとしよう。ここでは，発行済株式数は08年3月期の公募増資によって

20％増加し，09年3月期の合併によって25％増加していると想定している。このときは，EPSの時系列を調整する必要はない。

② 当該企業への資金の流入を伴わない，発行済株式数の増加のケース——株式分割

株式分割は，当該企業への資金の流入を伴わないので，企業の配当政策が不変であれば，企業価値には何らの影響を与えない。設例として，B社の発行済株式数，当期純利益，配当総額の推移が，**表2-2**のようであったとしよう。ここでは，発行済株式数は08年3月期の「1株→1.2株」の株式分割によって20％増加し，09年3月期の「1株→1.5株」の株式分割によって50％増加していると想定している。株式分割があった場合には，過年度の発行済株式数を修正して「修正1株当たり当期純利益」を計算しなければならず，このようにして求められた「修正1株当たり当期純利益」は，時系列比較を行うことができる。

2 潜在株式調整後EPS（希薄化後1株当たり当期純利益）

ワラントは「新株予約権」，転換社債は「転換社債型新株予約権付社債」のことであり，ワラントや転換社債は権利行使されれば，株式数は増加し，1株当たり当期純利益は希薄化する。わが国では，1996年3月期から，有価証券報告書において，「潜在株式調整後1株当たり当期純利益」，すなわち期中に全ての権利行使が行われた場合のEPSの開示が義務づけられている。ただし，潜在株式調整後EPSは，「潜在株式が存在しない」「潜在株式が存在しても希薄化効果を有しない」「1株当たり当期純損失」の場合には開示の必要はない。

(1) 転換社債の潜在株式の調整

$$\text{潜在株式調整後EPS} = \frac{（普通株式にかかる当期純利益＋当期純利益調整額）}{（普通株式の期中平均株式数＋普通株式増加数）}$$

ここで，「当期純利益調整額」とは，転換社債が権利行使されることによって，社債利息を支払う必要がなくなることによる（税金負担増を考慮したうえでの）

表2-3 トヨタ自動車のEPS（平成20年度）

	売上高		営業利益		税引前当期純利益		当期純利益	
	百万円	%	百万円	%	百万円	%	百万円	%
21年3月期	20,529,570	△21.9	△461,011	—	△560,381	—	△436,937	—
20年3月期	26,289,240	9.8	2,270,375	1.4	2,437,222	2.3	1,717,879	4.5

	1株当たり当期純利益	希薄化後1株あたり当期純利益	自己資本当期純利益率	総資産税引前当期純利益率	売上高営業利益率
	円 銭	円 銭	%	%	%
21年3月期	△139.13	△139.13	△4.0	△1.8	△2.2
20年3月期	540.65	540.44	14.5	7.5	8.6

出所：トヨタ自動車の平成21年3月期決算短信より作成

当期純利益の増加額のことである。「普通株式増加数」は，①希薄化効果がある転換社債が期首に存在する場合は，期首にすべて転換されたと仮定した株式数を，②希薄化効果がある転換社債が期中に発行された場合は，発行時にすべて転換されたと仮定した株式数，のことである。

（2）ワラントの潜在株式の調整

期中株価がワラントの行使価格を上回る場合に希薄化効果を有する。

潜在株式調整後EPS

$$= \frac{普通株式にかかる当期純利益}{（普通株式の期中平均株式数＋希薄化効果がある普通株式増加数）}$$

ここで，「希薄化効果がある普通株式増加数」は，まず①希薄化効果があるワラントが期首に存在する場合は，期首にすべて転換されたと仮定した株式数，②希薄化効果があるワラントが期中に発行された場合は，発行時にすべて転換されたと仮定した株式数をそれぞれ求め，次にその株式数から，期中平均株価で株式を買い戻したと仮定した場合の株式数を差し引いたもののことである。

3　収益性の財務指標―― ROAとROE

財務諸表データから，企業の「収益性」「安全性」「成長性」などを分析することは「企業の財務諸表分析」と呼ばれている。収益性の財務指標の代表は

ROA（総資本利益率）とROE（自己資本利益率）である。ROAとROEは「投下資本利益率」と呼ばれ，「$\dfrac{利益}{資本}$」比率である。分子の利益と分母の資本との対応関係は整合的でなければならず，資本が総資本（他人資本と自己資本）であれば利益は事業利益であり，資本が自己資本であれば利益は当期純利益である。

（1）ROA ──総資本事業利益率

ROA（Return on Asset）は「総資本事業利益率」と呼ばれ，「$\dfrac{事業利益}{総資本}$」比率である。ROAは投下した総資本（他人資本と自己資本）に対して，どれだけの事業利益を上げているかを示す財務指標である。ここで，事業利益＝営業利益＋受取利息・配当金＋有価証券利息＋持分法による投資損益，金融費用＝支払利息・割引料＋社債利息＋CP利息である。連結ベースのROAを計算するときには，次の2点に留意しなければならない。第1に，総資本には「関連会社に対する投資及びその他の資産」も含まれるので，利益には「持分法投資損益」を加減しなければならない。第2に，総資本には「少数株主持分」が含まれ，利益には「少数株主持分損益」が含まれている。

（2）ROE ──自己資本純利益率

ROE（Return on Equity）は「自己資本純利益率」と呼ばれ，「$\dfrac{当期純利益}{自己資本}$」比率である。ROEは，企業の総資本のうち，株主の持分である自己資本に対して，どれだけの当期純利益を上げているかを示す財務指標である。

【こんな知識も】 ROEと特別損益
「当期純利益」は自己資本を提供している株主に属する利益であるが，当期純利益は特別損益の影響を受けるので，特別損益の影響が大きい場合には，当期純利益の代わりに，「経常利益×（1－税率）」を用いることがある。

（3）ROAとROEの関係

D＝負債（他人資本），E＝自己資本，i＝負債利子率，t＝法人税率とすると，ROAとROEの関係式は，次の通りである。

第Ⅰ部　企業の財務諸表分析

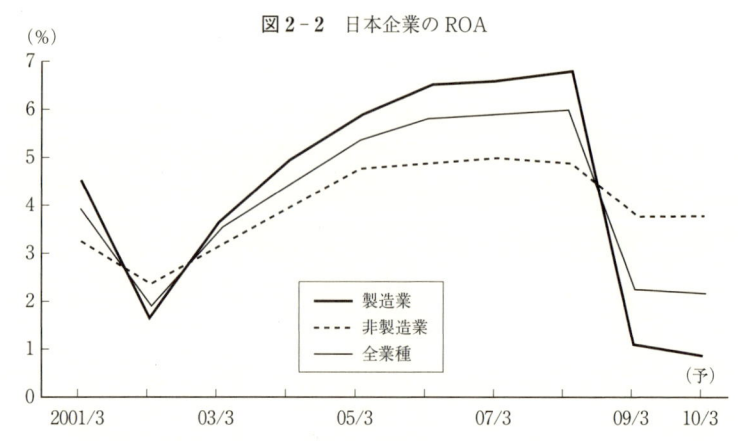

図 2-2　日本企業の ROA

注：新興市場，金融などを除く 3 月期決算企業が対象。10年 3 月期は経常利益予想を前期末時点の総資産で割って算出した。
出所：『日本経済新聞』2009年 6 月13日より作成

$$ROE = \{ROA + (ROA - i) \times (\frac{D}{E})\} \times (1 - t)$$

$(\frac{D}{E})$ は「負債比率」と呼ばれ，次の 2 点を銘記しておかなければならない。
① ROA＞i であるならば，負債比率 $(\frac{D}{E})$ の上昇は ROE の水準を高める。
② 負債比率 $(\frac{D}{E})$ の上昇は ROE の変動を高め，それは「財務リスク」と呼ばれている。負債に対する金利支払いは固定費用の一つであり，資本構成に占める負債の割合が大きければ大きいほど，ROE の変動幅は大きくなる。

トヨタ自動車の平成21年 3 月期決算短信には「補足資料（連結決算）」があり，「補足資料（連結決算）」と「貸借対照表（B/S）」「損益計算書（P/L）」の対応は以下の通りである。

「補足資料（連結決算）」	B/S，P/L
総資産	B/S の資産合計
純資産	B/S の資本合計
自己資本当期純利益率	$\frac{\text{P/L の当期純利益}}{\text{B/S の資本合計}}$
総資産当期純利益率	$\frac{\text{P/L の当期純利益}}{\text{B/S の資産合計}}$

トヨタ自動車の決算短信には，総資本事業利益率 ($\frac{事業利益}{総資本}$) ではなく，総資産当期純利益率 ($\frac{当期純利益}{総資本}$) が掲載されている。

4　財務レバレッジ

企業の収益性を表す指標として，

$$総資産利益率（ROA）= \frac{利益}{(負債＋自己資本)}$$

$$自己資本利益率（ROE）= \frac{利益}{自己資本}$$

の2つが一般的に用いられている。ROEとROAは，

$$ROE = ROA + (ROA － 負債利子率) \times (\frac{負債}{自己資本})$$

$$ROEの標準偏差 = ROAの標準偏差 + ROAの標準偏差 \times (\frac{負債}{自己資本})$$

の関係にあり，ROEの水準は，ROA（事業の収益性）のみならず，企業の財務政策 ($\frac{負債}{自己資本}$) からも影響を受ける。

「$\frac{負債}{自己資本}$」は「負債比率」と呼ばれ，負債比率の上昇により，ROEおよびROEの標準偏差が高まることは「財務レバレッジの効果」と呼ばれている（図2-3）。ROEおよびROEの標準偏差は株主から見た企業のリターンとリスクであり，負債比率の上昇により，株主から見た企業のリターンとリスクは高まる。

【こんな知識も】　借入による資本再構成（レバレッジド・リキャピタリゼーション）
株主が投下したエクイティに対する企業の総価値額の比率 [$\frac{(負債＋自己資本)}{自己資本}$] は「ファイナンシャル・レバレッジ」と呼ばれている。借入を原資とする，企業取得や従業員持株制度（ESOPs）に繰り入れるための自社株買戻しは「借入による資本再構成」（レバレッジド・リキャピタリゼーション）と呼ばれ，ファイナンシャル・レバレッジを高める。

【こんな知識も】　ビジネスリスクとファイナンシャルリスク
ROEの標準偏差 = ROAの標準偏差 + ROAの標準偏差 × ($\frac{負債}{自己資本}$) において，ROAの標準偏差は，事業そのものに起因するという意味で「ビジネスリスク」，ROAの標準偏差 × ($\frac{負債}{自己資本}$) は，財務政策に起因するという意味で

第Ⅰ部　企業の財務諸表分析

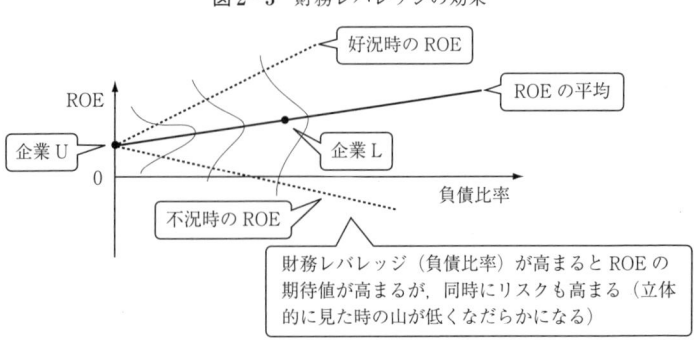

図 2-3　財務レバレッジの効果

好況時の ROE
ROE の平均
企業 U
企業 L
不況時の ROE
負債比率

財務レバレッジ（負債比率）が高まると ROE の期待値が高まるが、同時にリスクも高まる（立体的に見た時の山が低くなだらかになる）

出所：滝川［2007］, p. 115

「ファイナンシャルリスク」とそれぞれ呼ばれている。

【こんな知識も】「$\dfrac{負債}{自己資本}$」と株価

　企業の発行株数が増加すると株価は下がり（株数の減少は株価を上げる）、負債の増加は株価を高めるという傾向が実証的に確立されている。

5　ROE の分解——3指標分解 vs. 5指標分解

（1）ROE の3指標分解——デュポン・システム

$$\text{ROE（自己資本純利益率）} = \frac{当期純利益}{自己資本}$$
$$= \left(\frac{当期純利益}{売上高}\right) \times \left(\frac{売上高}{総資本}\right) \times \left(\frac{総資本}{自己資本}\right)$$
$$= 売上高純利益率 \times 総資本回転率 \times 財務レバレッジ$$

であり、ROE は「売上高純利益率」「総資本回転率」「財務レバレッジ」の3つに分解される。ROA と ROE の関係式は、

$$\text{ROE} = \left\{\text{ROA} + (\text{ROA} - i) \times \left(\frac{D}{E}\right)\right\} \times (1 - t)$$

であり、「$\dfrac{負債}{自己資本}$」($\dfrac{D}{E}$) も財務レバレッジの指標である。「$\dfrac{総資本}{自己資本}$」［$\dfrac{D+E}{E}$］と「$\dfrac{負債}{自己資本}$」($\dfrac{D}{E}$) はともに財務レバレッジの指標であり、財務レバレッジが ROE に対してプラスの作用をするのは、(ROA − i) > 0、つ

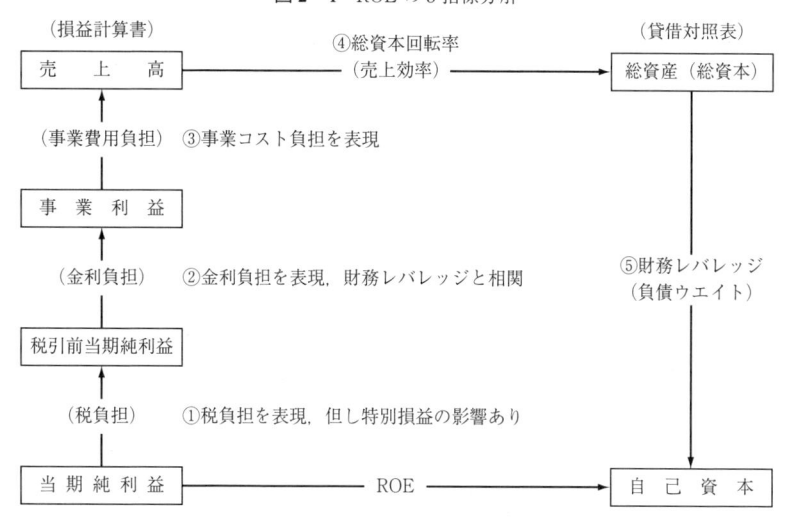

図2-4 ROEの5指標分解

```
(損益計算書)                    ④総資本回転率              (貸借対照表)
  売  上  高  ──────────(売上効率)──────────→  総資産(総資本)
     ↑
 (事業費用負担)  ③事業コスト負担を表現
     │
  事 業 利 益
     ↑
 (金利負担)    ②金利負担を表現,財務レバレッジと相関          ⑤財務レバレッジ
     │                                                    (負債ウエイト)
 税引前当期純利益                                              │
     ↑                                                       │
 (税負担)     ①税負担を表現,但し特別損益の影響あり              │
     │                                                       ↓
  当 期 純 利 益  ──────────ROE──────────→   自 己 資 本
```

まり「総資本事業利益率＞負債利子率」の場合に限られることに留意しなければならない。

(2) ROEの5指標分解

$$\text{ROE(自己資本純利益率)} = \frac{当期純利益}{自己資本}$$

$$= \left(\frac{当期純利益}{税引前当期純利益}\right) \times \left(\frac{税引前当期純利益}{事業利益}\right)$$

$$\times \left(\frac{事業利益}{売上高}\right) \times \left(\frac{売上高}{総資本}\right) \times \left(\frac{総資本}{自己資本}\right)$$

$$= (1-税率) \times 金利負担効果 \times 売上高事業利益率 \times 総資本回転率 \times 財務レバレッジ$$

であり,それを図式化したものが**図2-4**である。

他の条件が一定であれば,財務レバレッジはROEに対してプラスの作用を及ぼすが,金利負担効果が財務レバレッジを打ち消す効果を有しているので,ネットの財務レバレッジは「金利負担効果×財務レバレッジ」である。

第3章

企業の安全性指標
——トヨタ自動車の債権者の視点——

　企業の安全性は，マクロ経済外部要因とミクロ経済内部要因に依存している。ミクロ経済内部要因は財務諸表から読み取ることができる。「企業が安全である」とは，財務構造や資金繰りが健全であり，倒産に陥る危険がないことを意味している。財務構造の健全性は「静的安全性」と呼ばれ，資金の調達と運用のバランス，あるいは調達された資金の構成に関して，短期的安全性と長期的安全性の2つがある。資金繰りの健全性は「動的安全性」と呼ばれている（図3-1）。

1　静的安全性——財務構造の健全性

　財務構造の健全性は「静的安全性」と呼ばれ，資金の調達と運用のバランス，あるいは調達された資金の構成に関して，短期的安全性と長期的安全性の2つがある（図3-2）。

① 短期的安全性の指標
・流動比率 $= \dfrac{\text{流動資産}}{\text{流動負債}}$
・当座比率 $= \dfrac{\text{当座資産}}{\text{流動負債}}$

② 長期的安全性の指標
・固定比率 $= \dfrac{\text{固定資産}}{\text{自己資本}}$
・固定長期適合率 $= \dfrac{\text{固定資産}}{\text{自己資本}+\text{固定負債}}$
・負債比率 $= \dfrac{\text{他人資本}}{\text{自己資本}}$

第3章　企業の安全性指標

図3-1　企業の安全性を評価する財務指標

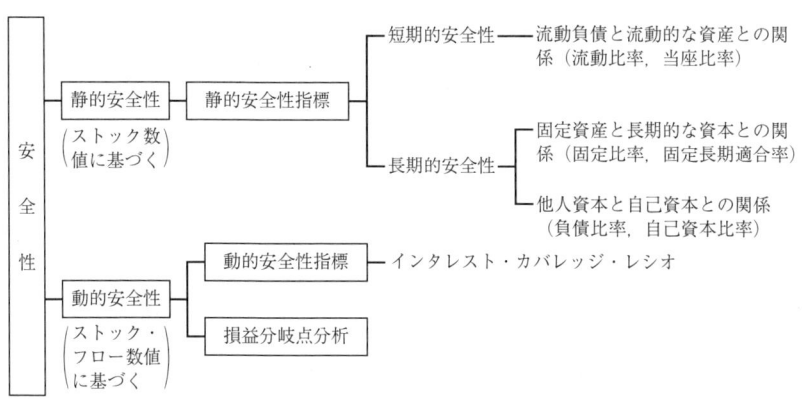

```
                                          ┌─ 短期的安全性 ── 流動負債と流動的な資産との関係
                                          │                 （流動比率，当座比率）
                      ┌ 静的安全性 ─ 静的安全性指標 ┤
                      │ (ストック数値に基づく)     │
                      │                          │                 ┌─ 固定資産と長期的な資本との関係
  安                  │                          └─ 長期的安全性 ─┤   （固定比率，固定長期適合率）
  全 ─┤                                                            │
  性                  │                                            └─ 他人資本と自己資本との関係
                      │                                                （負債比率，自己資本比率）
                      │                      ┌ 動的安全性指標 ── インタレスト・カバレッジ・レシオ
                      └ 動的安全性 ─────────┤
                        (ストック・フロー       └ 損益分岐点分析
                         数値に基づく)
```

出所：滝川［2007］, p.111

図3-2　企業の静的安全性を評価する財務指標

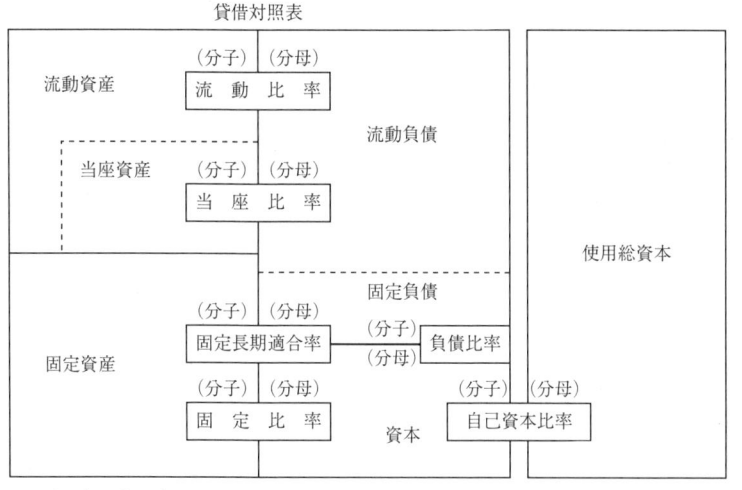

貸借対照表

```
┌─────────────────────────────────────────────┬────────────────┐
│                  （分子）（分母）              │                │
│   流動資産        流 動 比 率                  │                │
│                                   流動負債     │                │
│ ┄┄┄┄┄┄┄┄┄┄                                   │                │
│                  （分子）（分母）              │                │
│   当座資産        当 座 比 率                  │                │
│                                                │   使用総資本   │
├─────────────────────────────┄┄┄┄┄┄┄┄┄┄┄┄┄┄┄┤                │
│                                   固定負債     │                │
│                  （分子）（分母）（分子）        │                │
│                  固定長期適合率   負債比率      │                │
│   固定資産                        （分母）     │                │
│                  （分子）（分母）  （分子）（分母） │                │
│                  固 定 比 率      自己資本比率 │                │
│                                   資本         │                │
└─────────────────────────────────────────────┴────────────────┘
```

出所：滝川［2007］, p.111

37

第Ⅰ部　企業の財務諸表分析

表3-1　固定長期適合率

順位	社名	固定長期適合率(%)	自己資本比率(%)	PBR(倍)	順位	社名	固定長期適合率(%)	自己資本比率(%)	PBR(倍)	順位	社名	固定長期適合率(%)	自己資本比率(%)	PBR(倍)
1	任天堂	12.8	69.2	2.9	11	東エレク	28.7	77.5	1.5	21	SANKYO	34.0	78.0	1.3
2	ディーエヌエ	20.3	64.5	6.6	12	スクエニHD	29.1	69.1	1.6	22	もしもしHL	34.8	76.4	2.1
3	リョーサン	21.0	78.1	0.6	13	NSSOL	31.1	60.1	0.9	23	CTC	35.0	64.7	1.1
4	ネットワン	21.1	65.3	1.6	14	日立工	31.4	73.0	1.0	24	日本光電	35.1	66.6	1.0
5	ユニチャムペ	21.8	60.4	5.1	15	ファナック	32.2	89.4	2.1	25	ミスミG	35.5	83.3	1.6
6	カカクコム	22.2	54.0	14.5	16	マキタ	32.8	84.2	1.0	26	アステラス	36.2	76.3	1.6
7	エムスリー	23.7	80.0	8.7	17	日立国際	33.3	58.6	0.8	27	NECフィル	37.1	53.0	0.9
8	アドテスト	24.8	81.0	2.1	18	日立ハイテク	33.4	54.7	0.9	28	電産サンキョ	37.5	75.5	1.1
9	ワコム	25.7	69.4	3.9	19	ヒロセ電	33.5	93.9	1.8	29	大日本住友	37.8	82.9	1.0
10	船井電	26.0	67.6	0.9	20	ミツミ	33.9	75.0	1.1	30	参天薬	38.9	82.9	2.0

注：対象は東証1部・2部上場、時価総額が500億円以上の3月期決算企業（金融除く）。自己資本比率が50％未満の銘柄は除外した。固定長期適合率は3月末の固定資産／（自己資本＋固定負債）に100を乗じて求めた。PBRは29日終値ベース。小数点2位以下は四捨五入
出所：『日本経済新聞』2009年5月30日より作成

・自己資本比率 ＝ $\dfrac{自己資本}{(他人資本＋自己資本)}$

【こんな知識も】　固定長期適合率

　「世界的な金融危機の影響で、企業の資金調達環境は厳しさも残る。信用収縮に対する企業の財務的な抵抗力をみるため、2009年3月期末の固定長期適合率をランキングしたところ、安定性が高いとされる低適合率の企業にはゲームやインターネット、半導体関連が並んだ。」（『日本経済新聞』2009年5月30日）という新聞記事があった（表3-1）。

【こんな知識も】　DEレシオ

　DEレシオ（デット・エクイティ・レシオ）は「負債資本倍率」と訳され、純有利子負債が自己資本の何倍あるのかを示している。金融を除く全産業のDEレシオは、2007年3月末で0.53倍と2000年3月期以降で最低水準であったが、それは利益の拡大を背景に自己資本が有利子負債を上回るペースで増加しているためである。業績悪化で財務に影響はという質問に対して、ソニーの財務部門長は「今期はキャッシュフロー（現金収支）は赤字だが、自己資本は金融部門を除いても3兆円程度と厚みがある。DEレシオは今期末でも0.3倍ほどの見通しで、0.4倍以下ならシングルAの格付けは維持できるとみている」（『日本経済新聞』2009年3月3日）と答えている。

自己資本比率は「株主資本比率」とも呼ばれ，返済不要な株主資本で，資産をどれだけ賄えているのかを示している。安全性の目安は，業種などで異なるが，一般には流動比率が200％以上（100％を割れば黄信号），固定比率が100％以下，株主資本比率が50％以上である。

2　動的安全性——資金繰りの健全性

資金繰りの健全性は「動的安全性」と呼ばれている。

① 安全余裕率 $= \dfrac{(実際売上高 - 損益分岐点売上高)}{実際売上高}$

② インタレスト・カバレッジ・レシオ $= \dfrac{事業利益}{金融費用}$

ここで，事業利益＝営業利益＋受取利息・配当金＋有価証券利息＋持分法による投資損益，金融費用＝支払利息・割引料＋社債利息＋CP利息である。

③ キャッシュ・フロー比率 $= \dfrac{(社内留保 + 減価償却費)}{長期負債}$

④ 総キャッシュ・フロー比率 $= \dfrac{(社内留保 + 減価償却費)}{(短期借入金 + 長期負債)}$

3　損益分岐点売上高と損益分岐点比率

（1）損益分岐点分析

「損益分岐点（損益分岐点売上高）」とは，売上高と費用（固定費用と変動費用の合計）が一致し，利益がゼロになる売上高のことであり，「損益分岐点比率」とは損益分岐点売上高を売上高で割ったものである。損益分岐点比率が低いほど，利益が出やすい（表3-2）。

【こんな知識も】　ホンダの損益分岐点生産比率

「『今期の損益分岐点生産比率は80％程度』。ホンダの北條陽一取締役は，同社の世界年産能力の8割に当たる約340万台を生産しないと，営業赤字に転落しかねないと打ち明ける。」（『日本経済新聞』2009年3月12日）と報道されている。2009年3月期は約350万台を生産しているが，2010年3月期は315万台前後の生産とみられ，

表3-2 損益分岐点比率と売上高固定費比率

	社名	損益分岐点比率	売上高固定費比率	株価騰落率		社名	損益分岐点比率	売上高固定費比率	株価騰落率		社名	損益分岐点比率	売上高固定費比率	株価騰落率
1	任天堂	15.1	5.2	33.2	11	SANKYO	44.7	22.3	16.5	21	ホシデン	52.4	4.2	50.9
2	ファナック	25.4	14.9	12.5	12	OBC	45.2	38.0	6.8	22	ダイビル	52.7	39.5	35.0
3	ゴールドクレ	27.0	11.4	90.0	13	オービック	45.3	31.6	13.9	23	アズワン	52.8	14.0	4.8
4	キーエンス	27.8	22.3	19.8	14	日電硝	46.6	27.6	8.8	24	鳥精機	52.9	28.9	35.0
5	ナガイレーベ	29.9	10.1	1.1	15	阪和興	46.6	1.2	49.0	25	ダイセキ	53.4	29.9	▲25.1
6	ヒロセ電	34.5	11.3	40.5	16	日本オラクル	47.7	31.3	▲5.7	26	テーオーシー	53.6	41.7	36.4
7	立飛企	34.5	33.7	4.4	17	SMC	49.1	25.6	9.4	27	日製鋼	54.1	18.8	149.5
8	ヤフー	39.7	36.3	13.9	18	メガチップス	49.6	6.8	43.2	28	日伝	55.7	8.1	25.1
9	コーエー	40.1	26.1	0.6	19	JSR	49.7	17.7	36.8	29	日写印	55.8	14.4	▲20.9
10	エムスリー	42.0	41.2	▲3.7	20	アステラス	51.8	32.8	▲8.0	30	住金物産	56.1	1.7	61.1

注:単位%,▲は減少。単独ベース。直近の期で計算。対象は東証1・2部上場(金融,鉄鋼,非鉄,石油,海運と決算未発表会社を除く)で時価総額が300億円以上,単独決算会社と連結決算のうち売上高と営業利益の連単倍率が2倍以下,予想PER(16日終値ベース)が過去3年間の平均予想PER(月末終値ベース)を下回る企業。株価騰落率は08年10月27日から1月16日までの騰落率。QUICKの金融情報データベースAMSUSなどを使い集計
出所:『日本経済新聞』2009年1月17日より作成

連結全体で1,000億円前後の営業赤字転落が憂慮されている。ホンダは営業赤字転落を避けるため,固定費削減に本腰を入れ,「人」「車種」「開発」の3分野の効率化を掲げている。

利益=収入-費用=収入-(変動費用+固定費用)

であり,生産減で,収入,変動費用は減少するが,固定費用は減少しないので,利益圧迫要因になっている。「人」については,1992年の現給与制度導入以来初の管理職給与の5%削減,09年4月末までに期間従業員をゼロにするなどによる労務費500億円の削減である。「車種」については,車種を絞り込むことによる「少車種大量生産」の強化である。「開発」については,新車の開発期間短縮などによる減価償却費と労務費の合計600~700億円の削減である。

「損益分岐点売上高」を中心概念とする分析は「損益分岐点分析」と呼ばれ,損益分岐点分析は費用(総費用)を変動費用と固定費用に分解できることを前提としている。

(2) 変動費用 vs. 固定費用

トヨタ自動車の平成21年3月期決算短信には,変動費用と固定費用の区別は

ない。費用（総費用）を変動費用と固定費用に分解することは「固変分解」と呼ばれ，その方法としては以下の3つの方法がある。
① 総費用法
　変動費率を売上高の対前年変化額に対する費用の対前年変化額の比率で導出する。そして，「固定費＝総費用－変動費率×売上高」として求める。
② 最小二乗法による推定
　総費用を被説明変数，売上高を説明変数とする，定数項を有する単回帰式を最小二乗法で推定する。定数項の推定値を固定費用，売上高の係数の推定値を変動費率とみなすことができる。
③ 費用別法（勘定科目法）
　費用の内容明細が開示されていれば，その性質に従って変動費用と固定費用に分解する。

　売上高(S) = 変動費用(V) + 固定費用(F) + 営業利益(P)
である。v = 変動費率（変動費用 = $v \cdot S$）とすると，
　$P = S - (v \cdot S + F) = S \cdot (1 - v) - F$
である。つまり，
　営業利益＝売上高×(1－変動費率)－固定費用
である。

　営業利益は売上高に依存し，売上高は景気（マクロ経済外部要因）に依存している。当該企業の売上高が景気にどの程度感応的であるのかといった事業特性の問題はあるが，売上高の変動の営業利益への影響は費用構造（ミクロ経済内部要因：変動費 vs. 固定費用）に依存している。すなわち，売上高で測定した操業度が変化したとき，固定費用は一定のままであるが，変動費用は増減するので，総費用の増減率は売上高の増減率より小さく，したがって営業利益の増減率は売上高の増減率より大きい。営業利益の増減率が売上高の増減率より大きいことは「営業レバレッジ」と呼ばれている。「営業レバレッジ」は，他の条件が同じであれば，固定費用が大きければ大きいほど大きい。また，変動費率が小さければ小さいほど大きい。

図3-3 損益分岐点売上高

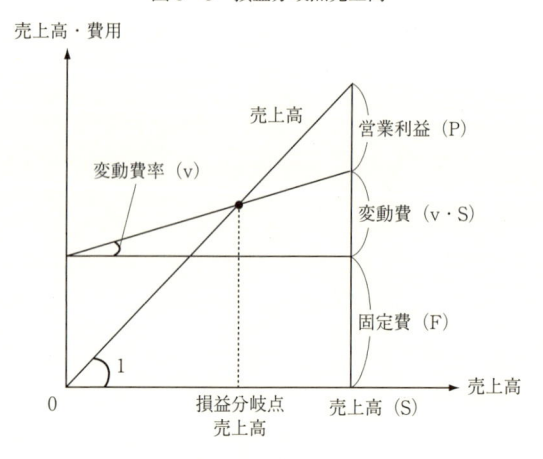

(図:売上高・費用のグラフ。売上高線と変動費線、固定費線が描かれ、交点が損益分岐点売上高。変動費率(v)、営業利益(P)、変動費(v·S)、固定費(F)、売上高(S)が示されている。)

損益ゼロ,つまり「営業利益＝売上高−(変動費用＋固定費用)＝ 0 」になる売上高は「損益分岐点売上高（S^*）」と呼ばれ,

$$S^* = v \cdot S^* + F$$

であるので,

$$S^* = \frac{F}{(1-v)}$$

である。つまり,損益分岐点売上高＝$\frac{固定費用}{(1-変動費率)}$ である（図3-3）。

（3）固定費用の増減の損益分岐点売上高への影響

ΔF＝固定費用の増減とおく。

$$S^* = v \cdot S^* + F + \Delta F$$

であるので,

$$S^* = \frac{(F + \Delta F)}{(1-v)}$$

である。固定費用の増加は損益分岐点売上高を高め,固定費用の減少は損益分岐点売上高を低める。

（4）変動費率のa％変化の損益分岐点売上高への影響

$v' = \{1 + (\frac{a}{100})\}v$ とおく。

$S^* = v' \cdot S^* + F$

であるので,

$$S^* = \frac{F}{(1-v')} = \frac{F}{[1-\{1+(\frac{a}{100})\}v]}$$

である。変動費率の上昇は損益分岐点売上高を高め，変動費率の下落は損益分岐点売上高を低める。

【こんな知識も】 限界利益と限界利益率

限界利益＝売上高－変動費用＝固定費用＋営業利益

限界利益率＝1－変動費率

「限界利益」は売上が1単位増えることで増える利益のことであり，固定費の回収に貢献することから「貢献利益」とも呼ばれている。限界利益を上げるためには，売上単価を上げる（同じ変動費用で商品を高く売る）か，固定費用の削減が有効である。限界利益がプラスの商品は，売上高が増加すればするほど営業利益が増加していく。「限界利益率」は限界利益を売上高で割ったものであり，限界利益率を上げるためには，変動費率を下げることが有効である。限界利益率を計算することで，売上高を比較するだけでは分からない営業利益への寄与が明らかになる。

4　安全余裕度

（1）損益分岐点比率

$$損益分岐点比率 = \left(\frac{損益分岐点売上高}{実際売上高}\right) \times 100$$

損益分岐点比率は低ければ低いほど，企業は安全であるとみなされる。

（2）安全余裕度

$$安全余裕度 = \left\{\frac{(実際売上高 - 損益分岐点売上高)}{実際売上高}\right\} \times 100$$
$$= 1 - 損益分岐点比率$$

安全余裕度は高ければ高いほど，企業は安全であるとみなされる。

【こんな知識も】 営業レバレッジ

$$営業レバレッジ = \frac{(売上高 - 変動費)}{営業利益} = \frac{1}{安全余裕度}$$

「営業レバレッジ」は「業務レバレッジ」とも呼ばれ，操業度（売上高）の増減に応じて固定費用がテコ（レバー）の支点のような役割を果たしていることを示している指標である。営業レバレッジの値の大きい企業が損益分岐点の近傍で営業を行っていると，売上高のわずかな変化によって営業利益は大幅に変動する。

5 格付け

「デフォルト・リスク」は債務不履行リスク，倒産リスクあるいは信用リスクと訳されている。

「格付け」は，債券の元本の償還や利子の支払いが約定通りに行われないリスクを中立的な第三者の立場から正確な情報に基づき評価して，債券の信用リスクの大小を記号で表したものである。すなわち，日本の格付投資情報センター（R&I），日本格付研究所（JCR）や海外のスタンダード＆プアーズ（S&P）といった格付け機関は，最上の格付けをAAA，次いでAA，A，BBB，BB，B，CCC，CC，C……で表示している。さらに，AA以下の格付けについては，それぞれ上位から順に「＋」「符号なし」「－」のノッチ記号で細分化している。海外のムーディーズ（Moody's）は，最上の格付けをAaa，次いでAa，A，Baa，Ba，B，Caa，Ca，C……で表示している。さらに，Aa以下の格付けについては，それぞれ上位から順に「1」「2」「3」のノッチ記号で細分化している。BBB格以上の格付けは「投資適格」，BB格以下の格付けは「投機的等級」とそれぞれ呼ばれている。

「格付け」の主な対象は社債である。1930年代の大恐慌時に市場に流通していた社債の3〜4割がデフォルトに陥ったが，高い格付けの社債ほどデフォルト率が低かったことが格付けの信頼性を高め，格付け格差が信用リスクの大小を反映するとの認識が定着した。わが国においては，適債基準が1995年限りをもって撤廃され投資家が真に信用リスクをとるようになって以来，格付け機関の社債格付けが信用リスクの判断の目安として重要視されてきている。

格付け機関は，社債発行体の信用力を定量面および定性面から分析を行った

上で，格付けを決定する。定量面については，発行体の財務諸表から主要な経営分析指標（自己資本額，デット・エクイティ・レシオ，インタレスト・カバレッジ・レシオなど）を算出して分析が行われている。定性面については，発行体企業の数字で説明できない，もしくは数値化するのが必ずしも適切でない評価項目（業界動向，経営方針，取引関係，株主構成，研究開発など）について分析が行われている。

第Ⅱ部
企業組織の理論と実際

guidance

「企業組織」は個人や集団の経済的目的を達成するよう人為的に創られた活動体である。経営統合，合併，完全子会社化，内部統制，民営化，企業提携，敵対的買収など，新聞には企業組織に関する記事が毎日のように載っている。

読者のみなさんは何らかの組織に属しているはずであるが，組織がうまく運営されるためには「コーディネーション」と「インセンティブ」の2つが必要である。つまり，組織の基本問題は，組織の構成員が整合的に，そして全員に共通した利益の増進を目的として働くように，コーディネーションを図り，インセンティブを与えるという問題である。

第4章
コーディネーションと企業組織

コーディネーションには「市場メカニズム」「組織」といった2つのきわめて対照的な方法がある。市場メカニズムは価格という「見えざる手」，組織は「見える手」を通じて，コーディネーションを図るものであり，組織は「市場の失敗」に対する対策とみなすことができるが，多くの大組織はその内部でコーディネーションのための手段として価格メカニズムを利用している。

【こんな知識も】　本書のねらいと構成
　現実の「組織」や「企業」を体系的に取り扱った最初の教科書は，Milgrom, P. and J. Roberts, *Economics, Organization & Management*, Prentice Hall, Inc., 1992（奥野正寛・伊藤秀史・今井晴雄・西村理・八木甫『組織の経済学』NTT出版，1997年11月）であり，同書を大いに参考にしながら，同様のねらいで，拙著は「企業組織」と「コーポレート・ファイナンス」のそれぞれの問題を取り扱っている。

1　集権的意思決定 vs. 分権的意思決定——コーディネーション

　ある意思決定が，組織の上層部，下層部のいかんにかかわりなく個人のレベルに委ねられているならば，「分権化」されていると言う。対照的に，それが上層部で決定され，下層部の個人に押しつけられるならば，「集権化」されていると言う。

　企業組織における複雑な意思決定の場合，意思決定のすべてを分権化することも，また集権化することも最適ではない。問題は，第1に意思決定全体のどの部分を個人レベルに委ね，どの部分を上層部に委ねるべきか，第2に上層部

に委ねるとすれば，誰が上層部の決定を行うべきか，第3に個人レベルに委ねるとすれば，個々の意思決定担当者にどんな情報を伝達すべきか，上層部に委ねるとすれば，どんな情報源を利用すべきかを決めることである．

　意思決定のすべてを上層部に委ね，集権化すると，重要な局所的な情報はつねに個人が持っているので，情報を上層部の意思決定担当者に伝達するにはコストがかかる．一方，意思決定のすべてを実際に行動する個人に委ねると，それらの決定の「コーディネーション」が行われなければならない．

2　持ち株会社・傘下企業と本部・事業部の　　コーディネーション——セブン&アイHD

　「持ち株会社」は，いくつかの独立した企業を，株式保有を通じてきわめて分権的に管理している．持ち株会社の本社は，経営にはほとんど関与せず，傘下の企業の利潤を徴収するだけである．「事業部制組織」は，企業内に特定の製品，地域，あるいは技術について責任を負うミニ企業，つまり事業部をつくることで生まれ，特定部門に関する広範な意思決定権限が各事業部責任者に与えられている．ただし，事業部制組織は，きわめて分権的な持ち株会社と比べると，各事業部の活動をコーディネートするために比較的強力な本部を持っている．

　持ち株会社・傘下企業あるいは本部・事業部といった組織では，組織内部で1つの傘下企業から他の傘下企業（あるいは1つの事業部から他の事業部）へ財貨・サービスが供給されるので，各傘下企業あるいは各事業部の業績を評価するには，取引価格を決定しておかなければならない．

　「取引価格」は，各傘下企業あるいは各事業部の責任者にとって決定的な重要性を持つものであり，第1に，組織内部での取引量が不変であれば，傘下企業間あるいは各事業部間の取引価格は組織全体の利潤には影響を与えないが，各傘下企業あるいは各事業部の業績を決定する．第2に，各傘下企業あるいは各事業部の責任者が組織の内部あるいは外部との取引量を決定することができ

るならば，組織全体の利潤は傘下企業間あるいは各事業部門間の取引価格に大きく左右されることになる。第3に，各傘下企業あるいは各事業部の責任者がどことどれだけの取引を行うかの決定権を持っていない場合でも，傘下企業間あるいは各事業部門間の取引価格が不適切であると，組織の意思決定を誤らせることになる。第4に，組織外部との取引が不可能である場合でも，各傘下企業あるいは各事業部の責任者が傘下企業間あるいは各事業部門間の取引量を自由に決定できるならば，傘下企業間あるいは各事業部門間の取引価格が不適切であると，各傘下企業あるいは各事業部の責任者は組織全体の利潤を最大化するのに必要な取引を行いたくなくなるかもしれない。第5に，傘下企業間あるいは各事業部門間の取引価格を変更すると，ある傘下企業あるいはある事業部門がきわめて収益性が高いとか，とてつもなく収益性が低いという印象を与えることになる。

【こんな知識も】　傘下企業間あるいは各事業部門間の取引価格
　　傘下企業間あるいは各事業部門間の取引価格が使われるもっとも一般的なケースは，必要とする市場が存在しない場合や，市場が存在しても理想的な競争状態からほど遠い場合である。

【こんな知識も】　外部市場の価格を傘下企業間あるいは各事業部門間の取引価格として採用する
　　傘下企業間あるいは各事業部門間で取引される財貨・サービスの市場が組織外部にもあるとしよう。すべての取引が組織外部の所与の完全競争市場（当該企業が参加しても完全競争市場であり続ける市場）価格の下で各傘下企業あるいは各事業部の利潤を最大にしているかぎり，財貨・サービスの売買が組織内部で行われようが組織外部で行われようが，組織の利潤に影響しない。ただし，外部市場を利用すると情報量の差によって大きな取引費用がかかるかもしれない。

　2005年9月にイトーヨーカ堂，セブン-イレブン・ジャパン，デニーズジャパンの3社が経営統合して「セブン＆アイ・ホールディングス」が発足し，その際当時のイトーヨーカ堂が保有していたセブン-イレブン・ジャパン株など

を持ち株会社株に転換したことによって，セブン&アイHDは多数の金庫株を保有することになった。持ち株会社化の背景には，親会社であるイトーヨーカ堂よりも，子会社であるセブン-イレブン・ジャパンの方が時価総額が大きいという"親子間のねじれ"を解消するねらいがあり，金庫株は"ねじれ"解消の過程で，あぶり出された親子上場に伴う「重複価値」にあたるものである。時価総額の計算について，市場には「企業が保有する金庫株を含める」「企業が保有する金庫株を含めない」といった2つの考え方がある。セブン&アイは発行済み株式数5兆1,000億円の3割強にあたる約4億3,000万株を金庫株として保有していたが，06年7月に金庫株になっていた自己株式を消却し，その結果時価総額が1兆5,000億円減少し，3兆6,000億円になった。金庫株は配当の対象でなく，議決権もないので，金庫株が減っても実質的な1株利益や株主の持ち分には影響がない。もちろん，金庫株になっていた自己株式の消却は企業価値を減らすことはない。

3　企業提携——イオン

独立した企業間のさまざまな特別の取り決めは「企業提携」と呼ばれ，企業提携（2社間提携あるいは多社間提携）が結ばれる理由には，次のようなものがある。

① 事業変革のための提携

企業提携は，参加する各企業が相手に欠けている資源やコンピテンスを持っている場合に結ばれることが多い。しかし，この種の提携における最大の問題点は，参加各社が他社の事業手法を十分に学んで，ルーチンや固有のコンピテンスを自分のものとしてしまい，有力な競争相手となることである。

② 規模の経済

これは共同プロジェクトに対する重要な呼び水となる。

③ 範囲の経済

販売面での範囲の経済は，共通の顧客の利便を図るものである。

【こんな知識も】 コア・コンピテンス

　異なった製品を生産するための共通のインプットがある場合，その共通インプットは「コア・コンピテンス」と呼ばれている。特定の製品部門の経営者は，もっぱらその製品を開発することの費用と便益だけに注目するため，その製品が企業のコア・コンピテンス形成に貢献するという重要な可能性を無視しがちである。一見したところ収益につながらない投資や製品にかかわる意思決定も，企業が将来より収益性のある製品を導入しうるよう，企業のコンピテンスを確保し拡大するならば，高い収益を生み出すかもしれない。

【こんな知識も】 規模の経済性と範囲の経済性

　事業規模が規模の経済性を享受するには小さすぎる場合でも，異なる製品それぞれに使用される部品を共通化することで規模の経済性を享受できるかもしれない。このような場合，企業は「範囲の経済性」を享受していると言われる。

【こんな知識も】 系列

　「系列」は関連しあう企業の集団のことであり，企業集団は密接なつながりを保ち，グループ名を社名に冠することが多い。メンバー企業の社長は，定期的に会合を持ち，情報や事業のアイデアを交換している。系列企業は2つの方法で資金的に結びついている。第1にグループ企業は株式を相互に所有しあっている。第2に共通のメインバンクを利用している。企業グループ（系列）が果たす役割としては，情報ネットワークの機能と，合弁事業のパートナー候補のプールという機能がある。
　イオンの規模拡大路線（買収・提携戦略）には「経営破綻企業の買収（例えば，マイカル，旧ヤオハン）」「少額の出資によって協力関係を築き，自主企画商品の販路を拡大など（例えば，ダイエー）」といった2つの特徴がある。

【こんな知識も】 マイカルと旧ヤオハン

　イオンはマイカルを300億円弱，旧ヤオハン（2002年に債務弁済を完了してマックスバリュ東海に社名変更）を5億円で買収した。2006年2月期の営業利益はマイカル162億円，旧ヤオハン40億円であった。

　メーカーとの直接取引は卸業者を介した通常取引より粗利益率が4ポイント程度高いと言われている。イオンは，加工食品・日用雑貨の仕入れの2割程度をメーカーから直接仕入れ，メーカーとの直接取引に積極的である。イオンの

岡田元也社長は「規模を拡大するのは、あくまでメーカーに対するバイイングパワー（購買力：買手としての交渉力）を高めるためである」と説明しているが、「小売業がメーカーとの協調関係をつくり、収益力を大幅に高められる節目はシェア10％である」と言われている。2006年2月期、加工食品・日用雑貨の仕入額は原価ベースで、イオンは約6,800億円であり、多数の有力メーカーにとって6〜7％を占める販売先である。ダイエーは約2,200億円、その関連会社のマルエツは約1,600億円であるので、イオンがダイエーへの出資を機に商品仕入を束ねることができれば、1兆円超になり、シェアは10％を超える。

【こんな知識も】　連結売上高営業利益率
　2006年2月期の連結ベースでの売上高営業利益率（＝営業利益／売上高）は、セブン＆アイ・ホールディングス6.3％、米国のウォルマート・ストアーズ4.9％であるのに対して、イオンは3.7％である。「売上高営業利益率」は本業の収益率、転じて本業の競争力を示す指標である。売上高営業利益率は高ければ高いほどよく、イオンは同業他社と比べれば本業の収益率が弱いことが分かる。

4　フランチャイズ制度——マクドナルド、セブン–イレブン・ジャパン

　コンビニエンスストア業界での公正取引委員会による立ち入り検査をきっかけに、フランチャイズチェーン（FC）の契約や商慣習が注目されている。「フランチャイズ制」は、店主が店舗を所有したうえで、フランチャイズ本部企業のブランド（例えば、マクドナルド、セブン–イレブン・ジャパン）を用いて、本部企業から仕入れた材料や製品を再販売する仕組みである。
　店主と本部企業の間で交わされるフランチャイズ協定には、事業にかかわる各当事者に与えられる権利、義務の一部が明文化されている。また、事業の進行の中で、何が標準で、何が期待される行動かに関する指針が与えられている。チェーン本部企業は、傘下のフランチャイズ店に対して特定商標・商号やシステムの使用を許諾し、物品販売やサービスについての経営ノウハウを提供し、また、訓練、広告、その他のサービスを行い、その上で、ブランド使用料やロ

イヤルティを徴収している。

【こんな知識も】 公正取引委員会のフランチャイズ・ガイドライン

FC契約は一般に，本部の定めた内容を包括的に承認する契約が多く，個々の条項は変更できない。チェーン本部企業は一定の基準を課し，強制する権利を有しているので，中小小売商業振興法では，小売業と飲食業について，加盟希望者が十分に理解して契約できるよう開示項目を定め，本部に説明するよう義務づけている。公正取引委員会のフランチャイズ・ガイドラインの主な内容は次のとおりである。

① FC契約または本部の行為が，FCシステムによる営業を的確に実施する限度を超え，加盟者に対して正常な商慣習に照らし，不当に不利益となるような場合は優越的地位の乱用になることがある。

② 加盟者を不当に拘束するものである場合には，抱き合わせ販売等や拘束条件付き取引に該当することがある。

フランチャイズ制では，店主（所有者＝経営者）が有する，「費用を低く抑え」「店舗環境を整え」「集客する」といったインセンティブをそのまま利用でき，FC経営は，本部企業と店主の両者が独立した事業者として契約を結び，共存共栄を目指している。FCの事業モデルは，本部が店舗展開を一気に進められる一方，FC加盟者にとってもノウハウを一括提供してもらえるなど利点が多いが，フランチャイズ店は，次の3つの問題に直面している。

① 特殊的資産

店舗は，特殊な設計や装備が施されていて，他用途への転用価値は低い。また，加えて，店主（所有者＝経営者）はシステム習得に特殊的投資を行っている。フランチャイズ店主の時間と金銭の支出は，本部企業から見れば当人の事業に対するコミットメントを表すシグナルであるが，フランチャイズ店から見ればホールド・アップの危険を伴う投資である。フランチャイズ店が共通して訴える不満は，店側が市場開発のために投資した後で，本部企業が同じ地区にもう1つ競合的な店舗を開くというホールド・アップ行動をとることである。フランチャイズ店による連合組織は，このような争いの可能性を減らすために，地域内で操業可能なフランチャイズ店数の基準についての合意を求めて，しばし

ば本部企業と協議している。

② インセンティブ

　フランチャイズ・チェーン全体の評判は貴重な財産である。FC のいずれかの店がチェーンの規準を満たせない場合, FC 全体の評判が損なわれてしまう。個々のフランチャイズ店には, ブランドの全体的な評判にフリー・ライドして手を抜くインセンティブが生じる。というのは, 手を抜くことによる費用節約はすべてフランチャイズ店が得ることができるが, チェーン全体のブランド・ダメージはすべてのフランチャイズ店と本部企業によって広く負担されるからである。

③ コーディネーション

　フランチャイズ制の下では, 各店舗で提供される内容の均一性が販売のうえで重要である。というのは, 人々は, 期待どおりのものが得られるとわかっていることに価値を見出すからである。また, 一律の運営システムを採ることによって, 規模の経済性を発揮できる。運営システムの変更には, 綿密なコーディネーションと, 個々のフランチャイズ店に対して決定事項を強制するメカニズムが必要である。

【こんな知識も】　店舗形態――コンビニの変身

　　コンビニエンスストアは「いつでもどこでも同じものが同じように売られている」をモットーにしていたが, 店舗飽和によって既存店売上高が伸び悩んでいる。全国の大手コンビニの店舗数は43,000店を超え, 既存店の月間売上高は2006年6月を除いて04年8月以来, 前年割れが続いており, コンビニエンスストア最大手のセブン-イレブン・ジャパンを傘下に置く鈴木敏文セブン＆アイ・ホールディングス会長は「店を出せばもうかった時代は終わった。消費者のニーズに地域ごとに合わせることが重要である」と指摘し, いまコンビニの店舗形態が変身しつつある。

① セブン-イレブン・ジャパン

　書籍取り次ぎ「トーハン」と提携し, 2006年夏からハードカバーの新刊本の店頭販売を始めた。

② ローソン

　2006年, 高齢者向けのコンビニ店舗の出店を開始した。

③　サークルKサンクス
　パスタなどを店内調理する女性向けの「フォークトーク」を出店した。

5　親会社と子会社——東映と東映興行不動産

　2006年5月施行の会社法で「子会社」の範囲を拡大したことが，企業間の資本提携の呼び水となっている。旧商法は議決権が過半数の場合だけを「子会社」としていたが，新会社法では議決権が50％以下でも実質的に支配している場合は子会社とみなすことになった。また，会社法は子会社が親会社株を取得することを原則禁止している。
　子会社が保有する親会社株は処分されなければならないが，会社法は処分の期限を明示していない。東映と東映興行不動産の両社は，東映が「東映興行不動産」の発行済み株式数の25.0％を直接保有し，逆に東映興行不動産が「東映」の発行済み株式数の25.1％を直接保有するという株式持ち合いの関係にあった。旧商法では，東映は東映興行不動産を子会社とせずにすんでいたが，支配力で判定する新会社法では，東映興行不動産は東映の子会社とみなされることになり，東映興行不動産が保有する東映株は「子会社が保有する親会社株」にあたるので，新会社法の規定により，東映興行不動産は保有している東映株を処分しなければならなくなった。そこで，東映は06年11月に「東映興行不動産」を吸収合併し，東映興行不動産が保有していた東映株をいったん自社株として保有し，これを資本提携やグループ再編に活用することにした。つまり，東映は07年3月末までに，従来から資本関係のあるテレビ朝日に加えて，フジテレビジョン，日本テレビ放送網，TBSとの新たな資本提携などのために合計50億円程度の株式を引き受けてもらった（図4-1）。
　「上場子会社は親会社と少数株主の両方を意識しなければならず，機動的なグループ経営の足かせになりかねない。」「子会社がいくら稼いでも，親会社はその手元資金を自由に使えないのも問題である。」といった理由から，親会社と連結子会社がともに上場している「親子上場」の減少に拍車がかかっている。

図 4-1 東映の主なグループ会社の持ち合い構造

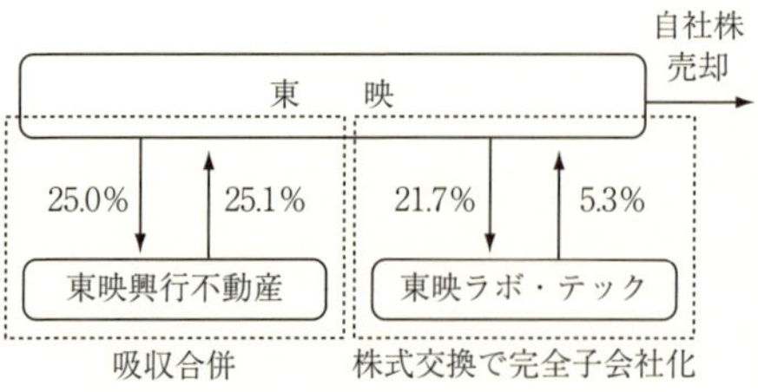

```
              自社株
              売却
    ┌─── 東　映 ───┐↑
    │              │
 25.0%↓↑25.1%  21.7%↓↑5.3%
    │              │
 東映興行不動産   東映ラボ・テック
   吸収合併    株式交換で完全子会社化
```

注：数字は直接保有比率，06年3月末時点
出所：『日本経済新聞』2007年2月8日より作成

表 4-1 親子上場の利点と欠点

	利　点	欠　点
親会社	子会社株式売却による資金調達・売却益	子会社のキャッシュフローを自由に使えない
	子会社価値の顕在化	少数株主利益が差し引かれ連結純利益が減少
	経営権の維持	支配力が弱まり一体性の低下
子会社	資金調達力・信用力の向上	少数株主との利益相反
	知名度向上による人材確保	開示義務などに伴う事務負担
		株式を買い集められるリスク

出所：『日本経済新聞』2009年1月17日より作成

　上場子会社に100％出資することは事業再編を加速したり，少数株主に流出する利益を取り込むねらいがあるが，そもそも企業を連結で評価する時代に，子会社を上場させる資本政策は矛盾をはらんでいる（表4-1）。

【こんな知識も】　親子上場

　上場親会社の子会社が上場（株式公開）する，いわゆる「親子上場」は日本特有のものであると言われている。上場親会社の子会社の上場は，「同じ事業の子会社は上場できない」「親会社から出向者を受け入れている子会社は上場できない」などの厳しい上場基準により制度的に抑止されていた。しかし，「1996年の親子上場基準の緩和」「1999年のITバブル」「2000年からの連結財務諸表制度の改正に伴う連結対象子会社範囲の拡大」などの要因により，親子上場を維持する企業（日立製作所など），促進する企業（日本航空）などがある。ただし，08年度末の上場子会社数は1年前より14社少ない398社と，2年連続して減っている。経営環境悪化で，親会社が企業価値の向上のために上場子会社の全株式を取得し上場廃止にするなど，グループを再編する例が増えている。08年度末までに親子上場を解消した子会社数は45社と，M＆A（合併・買収）などで新たに親子関係になった31社を上回っている。

6　企業結合の会計処理（のれんまたは負ののれん）
　　——メディセオ・パルHDと第一山共

　企業結合の会計処理には「パーチェス法」と「持分プーリング法」があった。「企業結合に係る会計基準」は，取得（または買収）とみなされる場合には「パーチェス法」，持分の結合（または共有）とみなされる場合には「持分プーリング法」をそれぞれ採用していた。しかし，日本の会計基準を国際会計基準へ近づけるコンバージェンス（共通化）の一環で，M&A（合併・買収）に関する会計基準が2010年4月から変わり，持分プーリング法は廃止された。持分プーリング法の廃止で，企業結合の会計処理は，買手企業を明確にして相手企業の資産・負債を時価で引き継ぐパーチェス法に一本化された。

　【こんな知識も】　企業結合会計
　　企業結合会計は，合併などの組織再編成による会計と，支配を獲得することを目的とした連結会計に分けることができる。

　【こんな知識も】　取得（または買収）vs. 持分の結合（または共有）
　　取得（または買収）と持分の結合（または共有）の判定は，次の3つの要件に照らして行われ，3つの要件をすべて満たせば持分の結合（または共有），1つでも満たすことができなければ取得（または買収）とそれぞれ判定される。
　(1)　対価の種類
　　①　企業結合に際して支払われた対価のすべてが，原則として，議決権のある株式であること。
　(2)　支　配
　　②　結合後，企業に対して各結合当事会社の株主が総体として有することになった議決権比率が等しいこと。
　　③　議決権比率以外の支配関係を示す一定の事実が存在しないこと。

　パーチェス法においては，一方に被結合企業から受け入れる資産・負債の取得原価があり，他方に被結合企業から「取得した資産」と「引き受けた負債」

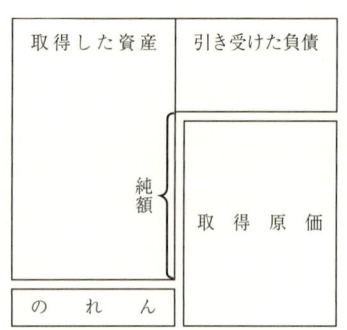

図 4-2 「(正の) のれん」と「負ののれん」

を時価で評価替えしたものがある。取得原価(投資金額)が時価評価で求められた純額(投資金額に対応する純資産の金額)を上回る場合には,その超過額は「(正の)のれん」として無形固定資産に計上される。逆に,取得原価が時価評価で求められた純額を下回る場合には,その超過額は「負ののれん」として固定負債に計上される(図 4-2)。

「のれん」の会計処理には,「のれんの効果の及ぶ期間にわたり規則的な償却を行う方法」と「規則的な償却を行わず,のれんの価値が損なわれた時に減損処理を行う方法」の2つの方法がある。「(正の)のれん」については,20年以内のその効果の及ぶ期間にわたって,定額法その他の合理的な方法により規則的に償却する。ただし,のれんの金額に重要性が乏しい場合には,当該のれんが生じた事業年度の費用(販売費及び一般管理費)として処理することができる。「負ののれん」についても,20年以内の取得の実態に基づいた適切な期間で規則的に償却する。ただし,負ののれんの金額に重要性が乏しい場合には,当該負ののれんが生じた事業年度の利益(営業外利益)として処理することができる。

【こんな知識も】 資本連結手続きと「のれん(連結調整勘定)」
　　支配獲得時における資本連結(投資と純資産の相殺消去)は,次の順序で行われる。
　① 子会社の資産・負債を時価評価する。
　② 子会社の純資産のうち,親会社持分に相当する部分については親会社の子会社

に対する投資と相殺消去し，親会社以外の株主の持分については少数株主持分に振り替える。
③　親会社の投資と子会社の純資産は相殺消去されるが，両者が一致することはまれであり，消去されずに借方または貸方に残った差額はのれん（連結調整勘定）として処理する。

【こんな知識も】　合併の会計処理と「のれん」
　合併会社が被合併会社の株主に新株式を交付することにより増加する払込資本の合計額が，合併会社が受け入れた純資産額を上回る場合には，その超過額を「のれん」として無形固定資産に計上する。逆に，合併会社が受け入れた純資産額を下回る場合には，その不足額を「負ののれん」として固定負債に計上する。

（1）「負ののれん」

　メディセオ・パルタックホールディングス（メディセオ・パルHD）は04年に株式交換で完全子会社化した九州地盤のアトルなど2社による「負ののれん」が年70億円強の営業外利益を生み，利益を底上げしている。06年9月末の連結の「負ののれん」は180億円と東証第一部上場企業で最大級である。

（2）「正ののれん」

　「第一山共が2009年3月期に特別損失として計上するインド製薬最大手ランバクシー・ラボラトリーズののれん代償却費用が，従来見通しより400億円程度多い4,000億円弱に膨らみそうだ。昨秋に5,000億円弱で買収したランバクシーの株価が年明け以降も大幅に下落しているためだ。第一山共はランバクシー株を1株737ルピー（1ルピー＝2円弱）で取得したが，品質問題を理由に昨秋以降急落。昨年末には取得価格を66％下回る252ルピーまで下落した。そのため第一山共は08年4-12月期に単独ベースで3,595億円の株式評価損，連結ベースで3,540億円ののれん代一時償却費用を計上すると発表していた。3月末のランバクシー株の終値は165ルピーと，昨年末の株価をさらに90ルピー近く下回った。そのため株式評価損（単独ベース）と，のれん代の一時償却費用（連結ベース）がそれぞれ400億円程度想定よりも膨らむ見通しだ。第一山共の前期

の連結最終損益はのれん代の一時償却が響き3,160億円の赤字(前の期は976億円の黒字)を見込むが,赤字がさらに拡大する可能性もある。ただ,09年3月期にのれん代の大半を特別損失として償却するため,今期以降の償却負担は大幅に軽減される。3月末時点でのれん代残高は300－400億円程度まで圧縮される見通し。従来計画通り20年間で償却すれば,年間の償却負担は今後十数億円程度にとどまりそうだ。」(『日本経済新聞』09年4月2日)と報じられている。

【こんな知識も】　新M&A基準と「のれん」「負ののれん」──山崎製パン

　　M&A(合併・買収)に関する新しい会計基準は,09年4月からの早期適用も可能で,買収価格を算定する際に時価をより重視するのが新基準の特徴である。新基準では,関連会社の買収において,相手企業の株価動向に注意しなければならなくなった。というのは,追加出資(株式の追加取得)時の株価が先行出資時に比べて下落すると特別損失が発生し,逆に株価が上昇すると特別利益が出るからである。山崎製パンは不二家の株式を07年4月に1株235円で取得し,不二家への出資比率を35％から51％へ引き上げて連結子会社化するために,08年11月に1株124円で追加取得した。グループ経営強化を狙って関連会社を連結子会社にするのは珍しいことではないが,新M&A基準を適用すると,山崎製パンの連結決算で45億円の特別損失が発生することになる(図4-3)。

【こんな知識も】　統合比率(合併比率)

　　割引キャッシュフロー(DCF)法に代表される企業価値評価の手法は浸透してきたが,会計制度や税制にも目配りしないと「企業の適正価値」を見誤ると言われている。日本の企業買収では,企業の値段である統合比率や合併比率を決めないまま発表するケースが少なくなかったが,2006年4月の企業結合会計基準適用で,買収する方か買収される方かがはっきりし,株主は「企業の値段(統合比率・合併比率)」に敏感になった。「負ののれん」は,買収先企業の資産に含み損があるなど,帳簿価格より安く取得した際に発生する。「負ののれん」は固定負債に計上され,会計上は20年以内で償却し,「負ののれん償却額」という営業外収益となる。2006年5月の会社法施行で国税庁は企業再編にからむ税制を明確化し,一定要件を満たさないと,負ののれんは会計処理とは別に5年間で均等償却することを義務付けられた。逆に,帳簿価格より高く取得した際には「正ののれん」が発生する。あまりの高値で買い過ぎると,買収先の収益状況次第で減損処理を迫られることがある。

第4章　コーディネーションと企業組織

図4-3　山崎製パンの不二家への連結子会社化

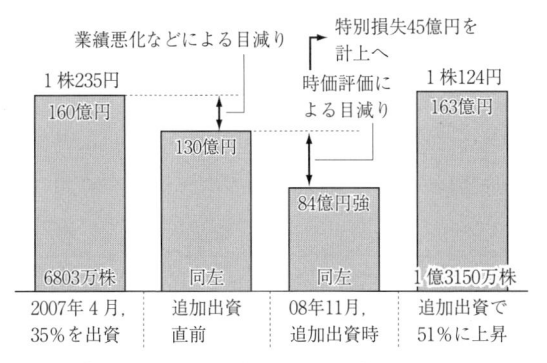

業績悪化などによる目減り

特別損失45億円を計上へ
時価評価による目減り

1株235円
160億円
6803万株
2007年4月，35％を出資

130億円
同左
追加出資直前

84億円強
同左
08年11月，追加出資時

1株124円
163億円
1億3150万株
追加出資で51％に上昇

出所：『日本経済新聞』2009年3月13日より作成

第5章
インセンティブとコーポレート・ガバナンス

　ある経済主体（エージェント：代理人）が他の経済主体（プリンシパル：依頼人）の代わりに行動して，プリンシパルの目標を遂行すると想定される状況は「プリンシパル＝エージェント関係」と呼ばれている。プリンシパルとエージェントとの間には情報の非対称性があるので，エージェントによる行動がプリンシパルの目的に沿って進められているのか，あるいは，自己利益を追求する不正行為なのかを，プリンシパルは容易には判断できない。このとき，エージェントのプリンシパルに対する「モラルハザード（moral hazard：倫理の欠如あるいは背信行為）の問題」が生じる。モラルハザード問題（社会的に非効率で利己的な行動）に対処する方法には「モニタリング」と「インセンティブ契約」の2つがある。

　企業内部の規律を強化させ，粉飾決算を防止するため，企業経営者に社内の管理体制の自己点検を義務づける「内部統制ルール」が2009年3月期（2008年度）から導入された。内部統制ルールは，エンロンの不正会計事件への反省から米国が創設したものであり，日本は2004年に発覚した西武鉄道による有価証券報告書の虚偽記載が契機になっている。決算書が企業の成績表であるのに対し，内部統制報告書は決算書のいわば品質保証書である。決算の信頼性を高めるため，上場企業が管理体制を自己点検する「内部統制報告制度」の開示が2009年6月から始まり，56社が「問題がある」との結果を公表している。

第5章 インセンティブとコーポレート・ガバナンス

1 モラルハザード

　組織に属する意思決定者が直面する問題は，決定的情報を握る者が意思決定者と利害を異にするとき，正しい決定に必要な情報が完全かつ正確に報告されないかもしれないという問題である。情報に通じている経済主体と情報に通じていない経済主体が存在し，経済主体によって保有する情報が異なる状況は「情報の非対称性」と呼ばれている。

　情報の非対称性には，「事前の情報の非対称性」と「事後の情報の非対称性」の2種類がある。事前の情報の非対称性とは契約前に隠された情報 (hidden information) があることであり，情報を「知っている人」「知らない人」がいる。事後の情報の非対称性とは契約後に隠された行動 (hidden action) があることであり，行動を「知っている人」「知らない人」がいる。情報を「知っている人」「知らない人」の間では，「知らない人」が「良いということを知っている人」ではなく「悪いということを知っている人」を選ぶという，逆の選択を行う「逆選択」が起こる。また，行動を「知っている人」「知らない人」の間では，「悪い行動を行っているということを知っている人」が「知らない人」に対して背信行為を行うという「モラルハザード」が生じる。

　モラルハザードは，行動（非効率的な行動）を実行する側の人間が，他人からその行動を簡単には観察されえないことを悪用して，他人の利益を犠牲にして自己利益を追求することから発生するものである。モラルハザードは，互いに利益をもたらす合意到達への障害となり，また合意されたとしても，他人のマイナスの利益と，自己のプラスの利益を合算したときマイナスであるという意味で社会全体の効率性を損ねている。

　モラルハザード問題の発生には，次の3つの条件の成立が必要である。
① 経済主体の間で利害が異なっていること。
② 異なる利害を持つ各経済主体を動かすだけの，利益をめざした経済主体間の交換取引が行われる余地があること。

③ 経済主体間の合意事項が守られたかどうかを判定し，契約事項の実施を強制することが実際に難しいこと。

行動の監視や強制が難しく，その結果，契約に有効な強制力を伴なわなければ，費用をかけて特定の行動を指定する契約（不完備契約）を作成しても意味はない。

> **【こんな知識も】　なぜモラルハザードを防げないのか**
> ①　「悪い行動を行っているということを知っている人」が契約に違反していることを，行動の監視が不可能であるか，コストを伴うために，人々は知らないからである。
> ②　「悪い行動を行っているということを知っている人」が契約に違反していることを人々が知っていたとしても，この事実を強制力を備えた第三者（裁判所もしくは調停者など）の前では立証不可能であるからである。

2　内部統制──新日本製鉄と旭化成

「金融商品取引法」は，決算書（財務諸表）に関連する内部統制（企業の内部管理体制）を経営者が自己点検し，その結果を公認会計士が監査することを全上場企業に義務づけている。企業は監査に備え，業務の流れや社内手続きなどを詳細に文書に記録する必要がある。

決算書の信頼性を高める半面，企業の事務コストの増加は必至である。米国では，エンロンなどの不正会計事件を未然に防げなかった反省から，2002年に「企業改革法（サーベンス・オクスレー法）」が成立し，内部統制ルールを導入した。米国主要1,000社のうち時価総額が7億ドル以上の大企業は，初年度の2004年に，1社平均約850万ドルの内部統制関連費用を負担している。日本企業の内部統制関連費用は，米国より評価の対象範囲を狭めたため，米国に比べ負担は少ないと言われている。監査法人へ支払う監査費用は米国では初年度に従来の2倍近くに膨らんだが，日本では5割増し程度であろうと予想されていた。

【こんな知識も】　米国で上場している日本企業の内部統制関連費用
　米国で上場している日立製作所には内部統制ルールが2006年度から適用され，1,200人の人手で「慣れない作業で試行錯誤もあり，人件費を考えると100億円のコストになった」と言われている。TDKは内部統制を文書化したところ，約1万種類の対応策を積み上げた結果，A4判で4万ページの分量になり，人件費を別にして約10億円の費用を要した。

　日本では，2007年1月に具体的な手順を定めた実施基準が公表され，上場企業約3,800社のうち，すでに一部の企業（新日本製鉄，旭化成）は準備を進めている。今でも企業統治がしっかりしていて財務諸表の信頼が高い企業は，そうでない企業より株価が約2割高く，それは「内部統制プレミアム」と呼ばれている。内部統制のいかんは株価や資本コストに差をもたらしている。

3　モニタリングと社外取締役
　　　——セイコーインスツル，ヤフー，ニッセン

　「モラルハザード」は，他人の利益を犠牲にして自己利益を追求しようとする"背信行為"であり，モラルハザード発生条件の1つは「経済主体間の合意事項が守られたかどうかを判定し，契約事項の実施を強制することが実際に難しいこと」であるので，モラルハザードを防ぐ1つの方法は，経済主体間の合意事項が守られているかどうかをモニタリングすることである。「モニタリング（実際の行動の監視）」は，モラルハザードが発生する前に，それを察知して防ぐことができるが，たんに費用（モニタリング費用）が高いという理由で実行に値しないことがある。一方，市場（価格）の情報提供機能は経済主体を無料でモニタリングしていることになる。モニタリングの結果に基づいて，事後的に悪い行動に罰則，良い行動に褒美を与えることもある。

　株主のパワーが増す中で，企業は株主を向いた経営を一段と迫られるようになっている。株主に代わって経営を直接監視する役割を担っているのが「社外取締役」であり，社外取締役は機能しているのであろうか。社外取締役はうま

く機能すれば「お目付け」として経営に緊張を生むが，経営陣が彼らを顧みなくなった瞬間，単なる「お飾り」になりかねない。全国社外取締役ネットワークの事務局長は「日本の企業社会は社外取締役の役割について自覚に乏しく，機能しているとは言い難い」と話している。

東京証券取引所に提出している『ガバナンス報告書』によれば，社外取締役を選任している企業は，東証第一部時価総額上位100社（2006年9月末，金融を除く）のうち61社あり，社外取締役は合計146人である。同報告書で社外取締役への報酬額を開示している12社の平均は1人当たり859万円である。

（1）セイコーインスツル（SII ──精密機器大手）

2006年11月16日，臨時取締役会が開かれ，創業家出身の服部純市会長兼社長代行の解任案が緊急動議として出された。解任理由は「服部純市氏の独断専行は従業員の著しい不信感を招いている」であったが，そのとき2人の社外取締役は，2人の社内取締役とともに賛成に回り，全員賛成で解任が決まった。純粋な株主の代表として社内取締役の暴走を牽制し，意思決定の過程にも目を光らせることができた事例である。

（2）ヤフー

日本のヤフーの親会社であるソフトバンクが英国の携帯大手ボーダフォンの日本法人を買収しようとし，1兆7,500億円に上る買収金額のうち，ヤフーは優先株1,200億円を引き受ける計画であった。ヤフーの取締役会で1人の社外取締役が「検討が不十分ではないか」と発言し，急遽，改めて臨時取締役会が開かれることとなり，議論を尽くした上で優先株を引き受けることになった。

（3）ニッセン

ニッセンは経済誌の優良企業統治ランキングで上位に名を連ねる企業であるが，2006年11月，社外取締役2人が，上限金利引き下げに揺れるグループの消費者金融会社の引当金計上をめぐって経営陣と意見が対立し，「このままでは

社外取締役としての責務を果たせないと思った」ということで辞表を提出した。

4 インセンティブ契約

「モラルハザード」は，他人の利益を犠牲にして自己利益を追求しようとする"背信行為"であり，モラルハザード発生条件の1つは「経済主体の間で利害が異なっていること」であるので，モラルハザードを防ぐ1つの方法は，個々の経済主体の目的を，契約設計者の目的にほぼ合致させるように，有効に変形することによって経済主体間の利害対立を除去することである。すなわち，悪い行動に罰則（例えば，"一定のパフォーマンスを確保するための預託保証金"の没収など），良い行動に褒美を与えること（インセンティブ制度）を事前に決めておくことにより，社会的に非効率で利己的な行動（モラルハザード）を，契約設計者の望む行動に近づくように修正することである。モラルハザードを起こさないような誘因をもつ契約は「インセンティブ契約」と呼ばれている。

【こんな知識も】 観察可能な結果と観察不可能な行動
　観察可能な結果と観察不可能な行動との間に一対一の関係があるという場合は非常に稀であり，行動がもたらす効果だけを正確に抽出することは不可能である。したがって，インセンティブ制度は，正しくは「悪い行動に罰則，良い行動に褒美を与えること」ではなく，「悪い結果に罰則，良い結果に褒美を与えること」である。

【こんな知識も】 LLC（合同会社）による起業――スマイル
　2006年7月，新潟県佐渡市の男性（43歳）は，佐渡島の企業や個人から1,226万円を募って，IT（情報技術）を活用した佐渡島への観光客誘致や地域振興を主業務とする企業を立ち上げた。株式会社形態であれば企業の出資額が多くなり，ウェブ構築などで貢献度が高い個人への利益配分を増やせないことからLLCを選択したとのことである。LLC（合同会社）は出資額に応じて権利が決まる株式会社と異なり，利益配分を自由に決められ，組織運営の自由度も高い。

5 株主のモニタリング・インセンティブ——ライブドア

　企業の重要な決定において，株主および他のステークホルダー（利害関係者）の利益が，代表されるように保証するのが取締役会の役割だと想定されている。株主・債権者といった外部の者がより効果的に監視できるのは，資本が著しく企業特殊的ないし経営者特殊的であるような企業よりも，いずれのタイプの特殊性もあまりない企業においてである。

　相当多くの株式を保有する投資家でないと，効力のある監視を行おうとはせず，持ち株数の少ない個人投資家には，経営者の行動や取締役会の機能を監視するコストを負担するインセンティブがほとんどない。株主は利益をともなわない，成長のための成長にはほとんど関心がなく，株式所有が集中すると，通常の意味での所有にともなう強いインセンティブが生じ，企業価値を高める。また，取引関係を強化するために株式を所有する他の企業は監視役ともなりうる。このような他企業は，当の企業の成功に直接の切実な利益があり，相互関係も密接なため監視を主導して行える。

【こんな知識も】　LBO協会
　監視にともなう全コストは個人で負担するが，その便益は他のすべての所有者と共有することになるため「フリー・ライダー問題」が生じる。企業の発行済み株式数が多く，所有権の単一主体への集中が困難な場合，株式の大半を借入に変えたうえで，債権者を組織化して，経営者を密着して監視するという方法は「LBO協会」と名づけられている。

【こんな知識も】　ベンチャー・キャピタリスト
　確立された会社にとっての大株主とほとんど同じ役割を，特定の分野や産業において事業を始めたばかりの会社に対して果たしているのが「ベンチャー・キャピタリスト」である。この投資家は，新会社が必要とする資金を提供し，また，提供した資金の有効利用を保証するため，内部にいないとわからないような，細かな主観的な情報をすら逃さないように，企業に密着しなければならない。ベンチャー・

第5章　インセンティブとコーポレート・ガバナンス

キャピタリストは，自社の従業員を新会社の要職（取締役会会長の場合が多い）に就かせて，一般投資家がこの会社の株式を買ってよいと確信できるだけの十分客観的な業績情報が出せるようになるまで，新会社に対して資金の面倒をみつづける。

ライブドアは上場会社として一度も配当を実施することなく株式市場から退場した。ライブドア事件について，「発行会社の違法行為は論外であり，株主は被害者に違いないが，投資家に責任がなかったとはいえない。」と言う人もいる。どうして，投資家に責任があるのであろうか。それはライブドア株が無配株であり続け，「無配株を買う合理的な理由を持つ投資家は事業と一心同体のパートナーか，経営者に全幅の信頼を寄せる投資家だろう。ホリエモンファンの固定株主もいただろうが，ライブドア株の売買回転率の高さは株主の多くが短期売買の投機家だったことを物語っている」（「日本経済新聞」2006年4月18日）からである。

他人のお金を運用する機関投資家は決算（期間成績）を意識せざるを得ないが，個人投資家は時間にとらわれることがないので，個人は長期保有に適した投資家と言われている。経営者は，配当に託して経営理念や業績見通しの分かりやすいメッセージを送っているのであり，「配当」は経営者と株主を結ぶ紐帯の役割を果たしている。まさに「たかが配当，されど配当」である。自社株買いは過剰な発行株式の調整手段として有効であるが，恒常的な株主分配としては配当が王道であろう。ライブドア事件から，経営者は配当で株主の期待に応え，投資家は配当を重視した長期投資の大切さを学ばなければならない。安定的な個人株主を増やすことは健全な資本主義を構築するために必要であろう。

【こんな知識も】　株主への利益配分
　上場企業が株主への利益配分を拡大している。2007年3月期に株主に支払う配当金の総額は，前期比10％増の4兆4,900億円と，過去最高を更新した。自社株買いも06年4－11月で5兆円を突破，すでに過去最高だった前期を上回っている。

6 債権者のモニタリング・インセンティブ

債権者の側にも，借手の業績を改善するために企業を監視するインセンティブがある。銀行は，企業の財務状況を審査し，返済が可能と判断した場合にのみ資金を貸し出す。

債券市場から社債を購入しただけの債権者には，情報を入手したり，意見を意思決定に反映させたりする直接の機会はずっと少ないであろう。社債については，企業の行動を制限する条項（コベナント）を社債約款に盛り込むよう債権者が求めることがありうる。そうした条項は，自身，ないしは，株主の利益を図った経営者による機会主義的な行動から，社債の価値を守るように設計されている。

【こんな知識も】 メイン・バンク

　企業が主に取引する金融機関を1行に定め，密接な関係（預金，貸出，取引先の紹介，役員の派遣など）を保つ慣行は「メインバンク制（主力取引銀行制）」と呼ばれている。メイン・バンクは企業の取締役会に代表を送る場合が多いし，経営陣と密接，かつ，継続的な接触を保っている。また，その会社の株式をある程度保有することが多い。銀行は企業の体力と貸出の安全性を十分に監視できる立場にある。

【こんな知識も】 担保融資と長期リース

　特定の大型資産の購入資金を，銀行その他の貸手（保険会社のような）が，その資産を担保に長期貸付することがある。不動産に設定される抵当権が周知の例であるが，他の資産でもこのような融資はありうる。このような慣行のよく用いられる一変形として長期リースがある。貸手が会社から資産を買い取り，その会社の事業用にこの資産をリースする取引様式であるが，それはほとんど融資と同じである。主な違いは，税務上の扱いと，破産の場合の処置である。

7 業績評価とインセンティブ報酬

経営者が従業員にインセンティブを与えるために,従業員報酬をその業績に依存させるとしよう。業績評価の基準を設定する上で,満足のいく程度に客観的といえる方法として,次の3つがある。

① タイム・アンド・モーション・スタディを用いる手法

特定作業に対する最も効率的な処理法と必要時間とを,技術者を使って詳細に調べる手法であり,機械的な事務処理や生産作業にのみ使われる方法である。このような調査は費用がかさみ,経験の積み重ねによって労働者が新たな技能を学習し,採択していくような作業の場合には,調査結果そのものがすぐに陳腐化する。

② 比較業績評価の手法

同タイプの職務にある他の人々による業績を基準に用いる。

③ 過去の業績を用いる方法

同一職務に留まっている同一人物の過去の業績を用いる。過去の業績を基準にとると,過去の優れた業績が報酬減をもたらし,悪かった場合に報酬増となってしまうことがある。

【こんな知識も】 ラチェット効果

　高い業績が得られた時期があると,その後で業績基準が引き上げられるという傾向は「ラチェット効果」と呼ばれている。しかし,現在の業績が将来の基準に影響を及ぼすという関係を従業員が予期したならば,生産性改善努力に対する協力を拒否するであろう。インフォーマティブ原理(過去の業績に基づく情報の利用は当期の努力測定にともなう分散を押し下げ,効率性改善をもたらす。)を援用した議論が成立するのは,違った時期に異なる従業員が同じ仕事をする場合の話である。同一の従業員が毎期同じ職務に就く場合には,同じ努力水準を毎期引き出すような契約に最初からコミットしてしまったほうが,全員の利益にかなうであろう。

第Ⅱ部　企業組織の理論と実際

【こんな知識も】　インセンティブとリスク・シェアリング

　インセンティブ契約のもとでは，各経済主体は自らの行動が招いた結末に対して，少なくとも一部は責任を負うことになる。効率的な契約は，リスク負担のコストとインセンティブを与えることから生じる便益とのあいだにちょうどバランスがとられている契約である。経営者が従業員にインセンティブを与えるために，従業員報酬をその業績に依存させるとしよう。業績指標依存という形になれば，従業員報酬に不確実性が入り込み，非効率なリスク・シェアリングに起因する損失が発生することになるかもしれない。損失額は，当の報酬制度がもたらす報酬のリスク・プレミアムから，効率的なリスク・シェアリングのもとでも必要なリスク・プレミアムを差し引いた値に等しいが，業績に基づいた報酬制度を用いる企業は，従業員からより優れた業績を引き出すことにより，この損失（そしてそれ以上の額を）取り戻せると考えている。

8　効率性賃金 vs. インセンティブ報酬

　経営者に対するモラルハザード（背信行為）を防止する最低限の報酬は「効率性賃金」と呼ばれている。インセンティブ報酬は，それが実行可能であるという想定のもとで，最適な契約の形態を計算して求めたものである。これに対して，効率性賃金は，インセンティブ報酬が実行不可能な場合により適切とされる。

　インセンティブ報酬がうまく機能しない理由には次の2つが考えられる。
① 　インセンティブ報酬のもとでは，低水準の業績に依存して決定される低報酬水準や，ときに契約上で必要とされる罰金支払いが，従業員にとって生活できないレベルであることがある。従業員に対する報酬のうち，業績に依存しない固定報酬額をかさ上げするように調整することによって，インセンティブ・メカニズムを維持することは可能であるが，経営者にとってこの方法は高くつきすぎるために，効率性賃金のほうを選ぶことがありうる。
② 　インセンティブ報酬は従業員報酬をその業績に依存させるものであるが，主観的な業績評価が用いられる場合には，経営者はインセンティブ報酬の支払いを節約する方向で，業績を過小評価しようとする。これは従業員の業績評価

を客観的には検証できないことから発生する経営者のモラルハザード問題であり，それを見越して，インセンティブ報酬に対する従業員の反応は鈍くなるであろう。効率性賃金方式のもとでは，同じ職に就いているすべての従業員に対して同じ賃金が支払われ，経営者サイドのモラルハザード問題は解決される。
「効率性賃金」の問題点は，企業が従業員に外部雇用機会と比較してより高い賃金を支払わねばならない点である。

【こんな知識も】　効率性賃金と失業
すべての企業が他企業より高い賃金を支払うことは不可能であり，このジレンマから逃れる可能性として失業の存在がある。高賃金は労働に対する総需要を減少させ，すべての企業が外部雇用機会と比してより高い賃金を設定できるように，失業が生まれる。

9　評　判

ビジネスの発展には，商取引に携わる人々の間で，互いに交わした合意が守られることに対する信頼関係が成立する必要がある。契約遵守を保証する最も重要なメカニズムとして「評判」の機能がある。また，依頼を引き受けたいと願う者にとって，信頼に応える者だという評判の確立は利益になる。評判は，業務，取引，その他の有益な活動を容易にする限りにおいて経済的価値がある。

特別な制度による助けなしでも，評判が有効に作用できるのは，評判の対象となる行動が評判の利用者によって直接観察できる場合だけである。したがって，当事者どうしが互いに過去の行動を認識できるような，長期的かつ双方的な関係において評判は最も効力を発揮する。評判が利用される機会が頻繁に訪れるほど，また，評判が利用される将来期間が長いほど，よい評判を獲得し維持しようとするインセンティブが強くなる。

評判メカニズムの問題点の第1は，評判を落とした者に対する制裁に第三者が参加するだけの利益が見当たらないかもしれないという点である。第2は，引退や契約関係の終了を間近に控えた人々にとって，契約相手との信頼関係を

維持する必要性は低くなり，合意を実現させるためには別の方法を求めなければならない点である。

> **【こんな知識も】 企業文化**
> 　取引の部外者にとって正しいのは誰かを知ることが不可能であるような規模の大きい社会では，評判に頼るシステムには限界があり，このような問題を克服するため，商人たちは行動基準を設定し，事実を解明し，係争を解決するための慣行や制度（企業文化など）を築き上げてきた。

第6章
インフルエンス・コストとM&A

　すべての経済活動がなぜ一企業内で行われないのであろうか。組織の効率的なサイズの限界は存在するのであろうか。企業のM&A（合併・買収）はなぜしばしば失敗に終わるのであろうか。別個の2組織が共通の指揮下に入ると，どんなコストが生じてくるのであろうか。インフルエンス活動はモラルハザードの一形態であり，インフルエンス・コストは，影響を受ける当事者が意思決定を操作しようと努力することから発生する。

　企業間競争が激化する中，各企業は経営効率を高め，競争力を備えることが求められている。そのためには，企業内の合理化にとどまることなく，組織の再編を含めた効率的な経営体制を構築し，市場の変化に柔軟かつ機敏に対応することが要請される。M&Aは経営戦略を迅速に遂行するための，きわめて有効な手段となりうるものである。M&Aは全体的経営戦略の展開や転換の手段として行われる場合が多く，投下資金も巨額になるため，単なる財務的意思決定の域を超えて，しばしば総合的な経営判断を要求されることになる。「日本は米国に比べて市場の成熟度が低く，M&Aの拡大余地は大きい」「大量退職するのは団塊の世代だけではない。戦後の経済成長期を駆け抜けた創業オーナーが高齢化し，代替わりが再編の呼び水になる」と言われている。

　M&A（合併・買収）に関する会計基準が変わり，強制適用は2010年4月からである。日本の会計基準を国際会計基準へ近づけるコンバージェンス（共通化）の一環で，買収価格を算定する際に時価をより重視したのが特徴である。

　買収対象となりやすい企業は大きく2つに分けられる。
① 市場での評価が本質価値より割安に放置されている場合である。利益が出

ているのに株価純資産倍率（PBR）が1倍を下回っているような企業は狙われやすい。

② 経営に問題があり，人材を含む経営資源を生かし切れていない場合である。同業他社や投資ファンドから見て，企業買収価値を引き上げる余地があるようなら要注意である。事業の再構築などで早急に企業買収価値を引き上げる必要がある。

1　レントと準レント

「レント」は職あるいは産業に新規参入する意思決定に即して定義され，「準レント」は退出意思決定に即して定義される。すなわち，報酬あるいは利潤のうちで，労働者に特定の職を引き受けさせる，あるいは，企業を特定の産業に参入させるために必要な最低限の報酬・利潤を超過して発生している差額部分は「レント」と呼ばれている。労働者がその職を辞めないようにする，あるいは，企業を産業から退出させないようにするために必要な最小限の額を上回る報酬・利潤の超過部分は「準レント」と呼ばれている。競争市場では，レントは短期間しか存在しないが，準レントの存在はより普遍的である。

> 【こんな知識も】　レントあるいは準レントの発生
> 　政府による独占権認可，公益料金決定，関税その他の貿易障壁設定などは，企業にとってレントあるいは準レント発生の可能性を創り出す。企業は，合法的政治活動や規制決定過程への関与，あるいは贈賄行為などによって，このようなレントあるいは準レントを獲得しようとする。レントは希少性ゆえに発生し，レントの存在は，レント再分配を目指して資源を費やすインセンティブともなり，このような資源使用は，対応する便益をほとんど伴わない純然たる浪費である。

レントと準レントの差は，市場への参入に際して負担しなければならないものであるが，退出しても戻ってこないような費用（業態，勤め先，職種等の変更に付随する費用）の存在に由来しているので，参入の結果，レントが非正にと

どまったとしても、なお正の準レントが発生することはありうる。特化した（転売不可能な）投資のもとではつねに準レントが発生し、準レントは退出を余儀なくされた場合に失うものである。退出は準レント（他の活動を行った場合を上回る超過収益）が負となったときに起こる。

【こんな知識も】　レント・シーキング
　レントあるいは準レントの移転以外に社会的な機能をもたないような活動は「レント・シーキング」と呼ばれ、それが公共セクターにおいて生じるとき、「直接的に非生産的な利潤シーキング（DUP）」と呼ばれる。レント獲得競争を限定しようとするならば、予想される競争者間の分配額を等しくするか、もしくは、生じ得る差額を限定することである。分配額を等しくする政策が最も価値を発揮すると考えられるのは、それによってインフルエンス活動が阻止される公算が高いときである。

【こんな知識も】　レントあるいは準レントとインフルエンス・コスト
　レントや準レントの存在は、人々にその獲得競争に加わって資源を費やす誘惑をもたらす。浪費された資源と歪曲された決定にともなう費用は「インフルエンス・コスト」と呼ばれている。インフルエンス・コスト発生の可能性が高くなるためには、次の2つの条件が必要である。
① 潜在的な可能性も含めてであるが、組織内の費用ならびに便益を分配する方法に関する一群の意思決定が下されるのでなければならない。
② 影響を受けるグループに、意思決定期間中に意思決定者に対して意見伝達するチャンネルが開かれていて、また、伝達手段が備わっていなければならない。

2　インフルエンス・コスト

　何もかも1つの組織のなかに持ち込むことは、高額の取引コストを伴うと言われている。第1に、統合された組織内で諸種の活動を集権的に管理するためには「選択的介入政策」が必要とされ、そのためには決定を下すための意思決定者が必要である。意思決定者に対する俸給と、意思決定システムを支えるための情報提供コストが非市場的な内部組織における取引費用としてかかる。第2に、統合された組織内における決定が組織を構成するメンバーやグループの

利益に影響を与えるときに、メンバーやグループは利己的な利益を追求するために、その決定が自分の利益となるよう画策（インフルエンス活動）をはじめる。たとえ当の決定に対して最終的に影響を及ぼすことができなかったとしても、インフルエンスに費やされた時間・労力・工夫などはより生産的な活動には利用されなかったことになり、それは非市場的な内部組織にともなう取引費用としてかかる。

第2の費用は「インフルエンス・コスト」と呼ばれ、インフルエンス・コストの大きさは、中央本部の存在、意思決定の手続き、組織メンバーの利害共有度、あるいは、コンフリクトの度合に依存している。インフルエンス活動の費用は再分配に与える影響が大きい意思決定に際して最大になる傾向があるのに対して、インフルエンス活動の便益は、組織全体の目標に大いに影響を与え、多くの情報が提供されたほうが都合がよいような複雑な意思決定に際しては最大となる。

【こんな知識も】　組織のデザイン——インフルエンス活動の最適化

　組織構造とは、企業の戦略を効率的に実現していくための社内の仕組みのことであり、「誰が、どこで、誰と、何をするのかを決める」ものであり、「事業部や部門などの下部組織が担うべき機能」「人的資源の配分と権限、指揮命令系統」を明確に定めることは「組織のデザイン」と呼ばれている。的確な意思決定を下すには、影響を受ける人々の関心事が何か、どのようなオプションがあるのか、そして、それぞれのオプションはどのような結果を生み出すかについての情報が必要である。

【こんな知識も】　経営参加型アプローチ

　ある当事者が決定に参加を許される限度は、当人が寄与することのできる情報や分析能力と、その決定が当人に対して再分配することになるはずの資源、給与、ならびに役得に依存して決まる。組織の意思決定がもたらす負の影響から組織内の個人ならびに集団を守るような政策は効率増進に寄与する。このような政策は、たとえば、現状や将来の決定に対して、組織内の個人や集団に直接に発言権を持たせるというかたちをとり、これは「経営参加型アプローチ」と呼ばれている。経営参加型アプローチは組織内のインフルエンス行動を増大させるリスクをともない、経営参加のねらいが個人ならびに集団によるレント・シーキング活性化により損なわれ

る危険性がある。意思決定への個人ならびに集団による参加が望まれる場合には，平等な報酬や便益の共有はインフルエンス・コスト軽減に役立つ。

　民間セクターによる意思決定だけではあまりにも狭い範囲の利益のみが反映されることになり，公共セクターによってはじめて公正で効率的な意思決定ができるような課題も存在する。ただし，政府の規模が大きくなればなるほど，案件が増え，意思決定にかかわる人数が増え，処理しなければならない課題が増える。政府の規模と管掌範囲が拡大するほど，政府決定に影響を及ぼす機会も増える。多数の意思決定が予定され，そのそれぞれが再分配上重大な影響をもたらすような場合，頭のいい有能な連中は，これらの意思決定に影響（インフルエンス）を与えるため労力をつぎ込んで，自分のもしくは顧客の利益を確保することが，いちばん見返りの多い仕事であることを察知するであろう。その結果，公共的意思決定には多大な非効率性がともなうことになる。インフルエンス・コストが政府の肥大化にともなう最大のコストであると考える人もいる。

　民主社会においては公開性が1つの要件でもあるため，公共セクターにおいてのコミュニケーション排除は容易には達成できず，これが，公共セクターでのインフルエンス・コストが莫大なものとなる原因である。コミュニケーションの制限によるインフルエンスの規制は，有益な情報をも排除する点で費用をともなう。インフルエンス活動においては，都合よく加工された情報の中に貴重な報告が紛れ込んでいることが多く，情報に耳を貸さなければ，意思決定の質が低下する。

3　選択と集中——東芝と第一三共

　非中核事業を切り離し，中核事業に経営資源を注ぎ込むことは「選択と集中」と呼ばれ，バブル経済崩壊後，企業のスローガンになっている。「選択と集中」の第1段階では，経営者は失敗した多角化事業を整理し，業績を立て直

すのに追われた。第2段階では、M&Aの脅威が経営者に緊張を強い、自社が買収の標的になるケースを心配するだけでなく、中核事業を強化するのに欠かせない関係会社や取引先などに目を配っている。

　日立製作所が自動車機器のクラリオンに、ホンダが自動車部品の八千代工業に、キリンビールがワインのメルシャンにそれぞれTOBをかけたが、この3件には「重点事業強化のための子会社化」「被買収企業の時価総額が400億〜600億円台と比較的小さい」という共通項がある。東京証券取引所には2006年10月上旬時点で、他社の関連会社となっている上場企業が約380社ある。出資元の企業から見れば、「持ち株比率を高めないと危ない」と感じているであろう。グループ・ベースで買収防衛を点検し、友好的TOBに踏み切る例は今後も増えるであろう。

（1）東芝による米国ウエスチングハウス（WH）買収と東芝セラミックスのファンドへの売却

　東芝は三菱重工業との買収戦に勝って、「米国ウエスチングハウス（WH）」を買収し、世界の原子力発電で主流になりつつある方式に進出した。一方、40％強出資する「東芝セラミックス」を5年前から非中核と位置付けていたので、有力ファンドの「ユニゾン・キャピタル」「カーライル・グループ」へ事実上売却した。

（2）第一三共による非医薬15子会社のグループ外への分離

　再編渦巻く製薬業界は「選択と集中」で先行している。第一三共は医薬特化を目指し、非医薬15子会社をグループ外へ分離した。このうち、三共ライフテックは化成品や食品添加物など4事業に分解し、三菱化学フーズなど4社へ売却した。

4　M&Aの種類とM&Aレシオ

M&A（合併・買収）は次のように分類される。

（1）意図する効果による分類
　M&Aは，意図する効果によって「水平的M&A」「垂直的M&A」「多角化型M&A」の3つに分類される。水平的M&Aは，同業の企業同士のM&Aである。垂直的M&Aは，生産活動の異なった段階で活動する企業間のM&Aである。多角化型M&Aは，ある企業が他業種の企業との間で行うM&Aである。

（2）取引形態による分類
　M&Aは，取引形態によって「現金による株式取得」「合併」「株式交換」「株式移転」「事業譲渡」「会社分割」の6つに分類されている。現金による株式取得は，現金を対価に株式の購入や，公開買い付け（TOB）を行うことである。「合併」は2つ以上の企業が合体して1つの企業になる企業結合の一形態であり，「吸収合併」「新設合併」の2種類がある。吸収合併は，合併当事会社のうち一方が存続し，他方が解散し存続会社に吸収され消滅する形態である。この場合における存続会社は合併会社，吸収されて消滅する会社は被合併会社とそれぞれ呼ばれる。新設合併は，合併当事会社のすべてが解散・消滅し，新たに会社を設立する形態である。この場合における新設会社は合併会社，解散・消滅する会社は被合併会社とそれぞれ呼ばれる。いずれの形態においても，消滅会社は解散し，資産・負債は吸収会社または新設会社に包括的に引き継がれる。株式交換は，ある会社が，その発行済み株式の全部を他の会社に取得させて，100％子会社となる形態である。株式移転は，複数の会社が，その発行済み株式の全部を新たに設立する会社に取得させ，その新設会社の100％子会社となる形態である。事業譲渡は，会社法施行前は営業譲渡と呼ばれ，一定の

表6-1 M&Aレシオ

順位	社名	M&Aレシオ(年)	時価総額(億円)	順位	社名	M&Aレシオ(年)	時価総額(億円)
1	奥村組	▲32.42	1,345	24	テレビ朝日	▲1.07	2,384
2	東京スタイル	▲31.06	1,319	27	長瀬産業	▲0.60	1,963
3	戸田建設	▲22.01	1,629	28	積水化学工業	▲0.56	5,120
4	昭栄	▲14.44	1,232	29	東京製鉄	▲0.53	2,894
5	平和	▲12.20	1,743	30	東邦薬品	▲0.42	1,279
6	西松建設	▲11.71	1,092	31	ニチコン	▲0.36	1,140
7	大林組	▲8.36	5,570	32	日清製粉グループ本社	▲0.29	3,150
8	豊田自動織機	▲8.02	17,823	33	綜合警備保障	▲0.28	2,432
9	清水建設	▲6.23	4,692	34	凸版印刷	▲0.21	9,190
10	石油資源開発	▲5.93	4,047	35	住友林業	▲0.10	2,289
11	キッセイ薬品工業	▲4.80	1,147	36	淀川製鋼所	▲0.09	1,223
12	日清紡	▲3.70	2,487	37	チヨダ	▲0.03	1,007
13	アサツーディ・ケイ	▲3.66	1,953	38	サークルKサンクス	0.05	1,823
14	鹿島	▲3.39	5,519	38	日本通運	0.05	6,916
15	関電工	▲2.59	1,421	40	三菱倉庫	0.06	3,249
16	大正製薬	▲2.43	6,938	41	グローリー	0.11	1,544
17	住友倉庫	▲2.36	1,757	42	オートバックスセブン	0.13	1,704
18	NIPPOコーポレーション	▲2.30	1,051	43	ノーリツ	0.14	1,085
19	日本ペイント	▲2.07	1,656	44	小野薬品工業	0.24	7,682
20	ダスキン	▲1.82	1,214	45	丸一鋼管	0.25	3,233
20	双葉電子工業	▲1.82	1,320	46	日立マクセル	0.28	1,767
22	阪急百貨店	▲1.22	1,862	47	東洋インキ製造	0.37	1,458
23	パナホーム	▲1.10	1,402	47	日清製鋼	0.37	4,396
24	東洋製缶	▲1.07	4,269	49	TIS	0.38	1,276
24	きんでん	▲1.07	2,557	50	シチズン時計	0.41	3,465

注：対象は新興3市場と銀行・証券・保険・その他金融を除く全国上場企業。時価総額が1000億円未満，金融資産より有利子負債が多い企業，予想営業利益が赤字もしくはゼロの企業は除いた。時価総額は昨年末終値で計算。▲はマイナス
出所：『日本経済新聞』2007年1月14日より作成

営業目的のもとに組織化された有機的一体としての財産の全部または一部の譲渡のことであり，株式の移転を伴わない。会社分割は，一定の事業目的のために，組織化された有機的一体として機能する財産を，他の会社に包括的に承継させる制度である。

2007年5月には海外企業による「三角合併」が解禁され，企業のM&Aはさらに活発化している。外資の買収攻勢が始まれば，M&A件数は増加するで

あろう。買収交渉は通常，当該企業の首脳同士が水面下で極秘に進めるため，買収される企業を事前に探し当てるのはほとんど不可能であるが，それでも「M&Aされやすい企業」をさまざまな指標から類推することは可能である。

M&Aの対象になりやすい企業はどんな企業であろうか。ここでは，M&A仲介の「レコフ」が開発した「M&Aレシオ」を取り上げる。M&Aレシオは，買収されやすさを大づかみに判断する代表的な指標の1つで，機関投資家なども活用していると言われている。

買収コスト＝時価総額×50％－金融資産

＝時価総額×50％－（現預金＋短期有価証券＋投資有価証券）

キャッシュフロー＝税引き後営業利益＋減価償却費

＝営業利益×（1－税率）＋減価償却費

＝営業利益×（1－40％）＋減価償却費

として，

$$\text{M\&Aレシオ} = \frac{\text{買収コスト}}{\text{キャッシュフロー}}$$

で定義される。「買収コスト」は，経営を支配できる過半数の株式取得に必要な金額からその企業の保有金融資産を引いた実質買収総額であり，「キャッシュフロー」は，買収先企業の生み出すキャッシュフローである。したがって，「M&Aレシオ」は，買収先企業の生み出すキャッシュフローの何年分で買収コストを回収できるかを計算したものであり，数値が小さいほど買収コスト回収が短期間で済むことを意味している。また，マイナス値は，買収先企業の保有している金融資産が豊富なことなどから，買収した時点で買収コストをすべて回収できていることを意味している（表6-1）。

5　M&Aと企業買収価値

A社がB社を買収し，その対価をP_Bとする。すなわち，Aを買収企業，Bを被買収企業，ABを買収後の企業とし，V_A＝企業Aの企業価値，V_B＝企業Bの企業価値，V_{AB}＝企業ABの企業価値とする。

M&A（合併・買収）は投資活動の一種であるので，M&A によって生じる将来フリー・キャッシュフローの正味現在価値（NPV：Net Present Value）がプラスであれば，M&A は行われるべきである。NPV がプラスの M&A を行えば，その企業の価値は増加する。この企業価値の増加分（M&A によって期待される将来フリーキャッシュフロー増加分の現在価値合計）は「シナジー効果（S_{AB}）」と呼ばれ，次のように定義できる。

$$S_{AB} = V_{AB} - (V_A + V_B)$$

シナジー効果の源泉には，「規模の経済」「垂直統合の経済」「相手の欠点の補完」などがある。A 社から見た M&A の正味現在価値（NPV）は，

$$NPV = -P_B + (V_B + S_{AB}) = -(P_B - V_B) + S_{AB}$$

と定義され，$(P_B - V_B)$ は「買収プレミアム」と呼ばれるものである。NPV >0 であるためには，$(P_B - V_B) < S_{AB}$ でなければならない。

【こんな知識も】 買収完了後の AB 社の価値（V_{AB}）

$$V_{AB} = V_A + NPV = V_A - P_B + (V_B + S_{AB}) = (V_A + V_B) + (S_{AB} - P_B)$$

【こんな知識も】 株主価値の向上に必ずしも寄与しない M&A

株主価値の向上に必ずしも寄与しない M&A の動機として，以下のようなものがある。

① 多角化によるリスク分散

まったく関連のない事業分野に属し，業績変動パターンの異なる企業を買収することにより，業績の安定化を図ることが動機である。

② 1 株当たり利益（EPS）の増加

実際には M&A によるシナジー効果がまったく存在しないにもかかわらず，M&A を繰り返すことにより 1 株当たり利益が大幅に増加し，高成長を遂げているような外観を作り出すことが動機である。

③ フリーキャッシュフローの利用

成熟産業に属する企業が，豊富なフリーキャッシュフローを利用して M&A を行うことが多い。プラスの NPV（Net Present Value）を創出できる投資機会がなければ，フリーキャッシュフローは配当や自社株買いなどで株主還元した方が株主には良いが，配当や自社株買いは企業規模や経営者のコントロール可能な資産が拡大

しないので，経営者は株主の評価とは無関係にフリーキャッシュフローの使途としてM&Aを好む傾向がある。

買収する企業の株価は概して変化しないが，買収される企業の株価は上昇し，買収される企業の株主の受取額は以前の市場取引価格よりも平均して30〜50％高くなる。利益の大半は明らかに買収される側の企業の株主に発生し，この利益は「買収プレミアム」(takeover premium) と呼ばれている。買収プレミアムの発生源としては，次のものが挙げられる。

① 過大な買収価格

買収価格が高すぎること，つまり買収する企業の払いすぎである。もしそのとおりであれば，買収価格が高すぎる分にほぼ見合うだけ，買手企業の株価が低下する。

② 市場価格の誤り

買収プレミアムの発生は，株式市場による評価がきわめて不正確であるという事実の証にすぎないのかもしれない。買収に乗り出す企業は，長期戦略が市場によって正しく理解も評価もされずに低価格に放置されている企業を取得する。これが買収する企業が買収プレミアムを払える理由であるとされる。

③ 移転と背任行為

買収プレミアムの発生は，企業のキャッシュフローに対する請求権を持つ他者（従業員，政府，債権者など）の価値の移転によるものである。

④ 企業価値の創造

買手企業は，当の産業についての専門家であり，コングロマリットよりも，取得部門を有効に経営でき，したがって，この経営改善が企業価値の増加をもたらす。無能な，あるいは自己利益追求的な経営者を更迭することにより企業価値の増加をもたらす。

⑤ 株主へのフリーキャッシュ・フローの返却

買収プレミアムは，株主へのフリーキャッシュ・フローの返却にすぎない。

第Ⅱ部　企業組織の理論と実際

【こんな知識も】　勝者の災い
　コーポレート・コントロールの市場において競争が激化し，それは実質的に競争入札を強いている。テイクオーバー競争の場合，何グループもの買手が，企業の買収をめぐって競争し，「勝者の災い」は，落札する者は買収企業の価値を過大に評価していることが多く，そのために支払いが過大になることを意味する。

6　M&Aの取引形態──TOBと株式交換

　「買収」は，対象企業の経営上の支配権の全部または一部を取得することであり，対象企業の株式を取得することは「株式取得」，対象企業の資産を取得することは「事業譲渡（旧営業譲渡）」とそれぞれ呼ばれている。

（1）株式取得
　「株式取得」は，買収対象企業の株式を取得して，当該企業の支配権を取得することであり，株式取得が議決権の過半数に及べば買収企業と被買収企業の関係は親会社と子会社の関係になる。株式を取得された企業は子会社または関連会社として存続する。

（2）事業譲渡（旧営業譲渡）
　「事業譲渡（旧営業譲渡）」は，一定の営業目的のもとに組織化された有機体一体としての財産の全部または一部の譲渡のことであり，個々の特定の資産だけでなく，有形・無形の経営資源の一括引き渡しを伴う営業譲り渡しのケースが含まれる。事業体そのものが売買の対象となるが，譲渡会社の法人格が存続する点で合併とは異なる。

（3）株式交換
　「株式交換」は，既存の会社同士が契約により100％親子関係（完全親会社，完全子会社）になることである。株式交換により完全子会社となる会社の株式

は，完全親会社になる会社に移転し，同時に子会社の株主には親会社の自己株式または新株が割り当てられ，完全親会社の株主になる。完全親会社は，完全子会社の株式を受け入れて，その対価として純資産を増加させる。

【こんな知識も】　買収の会計処理
① 株式取得
　　株式取得のために支出した額をもって取得株式の価額とし，実質的な支配力基準または影響力基準に基づき，連結または持分法を適用することになる。
② 事業譲渡（旧営業譲渡）
　　譲渡される個々の資産・負債は時価で評価され，純資産額と，譲受会社が支払った現金総額との差額がのれんとして処理される。譲渡会社は，受け取った現金と，純資産額との差額を譲渡益（損）として処理する。譲渡益が計上される場合は，課税対象となる。

【こんな知識も】　事業分離――事業譲渡（旧営業譲渡）と会社分割
　「事業分離」は，事業譲渡（旧営業譲渡）や会社分割により，ある企業（分離元企業）を構成する事業を，他の企業（分離先企業）に移転することである。
① 事業譲渡（旧営業譲渡）
　「事業譲渡（旧営業譲渡）」は，事業の承継の対価が金銭などである。
② 会社分割
　　会社分割は，事業の分離独立や既存の事業会社を純粋持株会社に移行する目的のため，既存の事業会社（分割会社）が所有する事業の一部または全部を承継会社に移転することにより，既存の会社が2つ以上の会社に分割されることである。承継会社は，分割会社（または分割会社の株主）に対して，原則として承継会社の株式を交付することにより，会社が分割される。会社分割は，承継会社によって「吸収分割」と「新設分割」に分類される。「吸収分割」は承継会社が既存の会社（吸収会社）である場合であり，「新設分割」は承継会社が新設された会社（新設会社）である場合である。また，承継会社の交付株式の割り当てによって「分社型分割」と「分割型分割」に分類される。「分社型分割」は承継会社が交付する株式を分割会社に割り当てる場合であり，「分割型分割」は承継会社が交付する株式を分割会社の株主に割り当てる場合である。

（1）「日清食品の明星食品への」と「日立製作所のクラリオンへの」TOB

TOB（株式公開買い付け）は企業の買収手法の1つであるが，買収しようとする企業はTOBの成功率を高めるために，TOB価格を直近株価より高く設定する。TOB価格（買い付け価格）の直近株価に対する上乗せ幅は「プレミアム（TOBプレミアム）」と呼ばれ，上場企業に対するTOBのプレミアムの平均は2005年は18％，06年は25％であった（買収が盛んな米国では約30％と言われている）。TOB価格が発表されると株価はすぐにTOB価格を目指して急騰し，ときには対抗馬出現による買収合戦を期待し，TOB価格を上回る水準で株価が推移することもある。

① 日清食品の明星食品へのTOB ——敵対的買収への助け舟

これは二重の意味でM&A新時代を象徴している。第1に米系投資ファンド「スティール・パートナーズ」が明星食品へ敵対的TOBをかけ，資金力を武器にした投資ファンドが表舞台に登場したことであり，第2に食品，外食，流通といった消費者に縁の深い分野がM&Aの対象になったことである。かつてM&Aは通信やハイテクが花形であったけれども，これからのM&A有望分野は「消費，電機，金融」と言われている。

② 日立製作所のクラリオンへのTOB

買収先の理解を得るため時間をかけるのが日立流と言われているが，業績低迷は深刻で，「日立らしくないやり方かもしれないが，タイミングは今しかない」ということでクラリオンへのTOBを行った。

（2）敵対的買収——王子製紙による北越製紙へのTOB

「敵対的買収」とは，ターゲットにされた企業のトップ経営陣による強い抵抗にもかかわらず，企業をコントロールする権利を買い取ろうとする試みのことである。経営陣や取締役会が反対した株式購入オファーの多くは，企業乗っ取り屋によるものであり，敵対的買収は経営者の地位を脅かすが，大株主には高い売却益をもたらす機会となる。敵対的買収は，人々の注目を集め，多くの論争を引き起こしている。敵対的買収（テイクオーバー）の目標になった企業は

増長し傲慢になっていたといって，乗っ取り屋たちを煽る者もいるが，企業乗っ取り屋は，一体どうして市場より平均して40〜50％も高い株価を，現経営陣や取締役会を更迭するために，支払おうとするのであろうか。敵対的買収者の代表が取締役会に加われば，成績の悪い経営者をクビにし，もっと有能な経営者に代えることもできるであろう。報酬の高い職（経営者にレントをもたらす）から罷免されるという脅威は，業績を高めるうえできわめて効果的なインセンティブになる。買収された企業は，通常，1つの事業を中心にフォーカスを絞った組織単位に徹底的に再編され，各事業の経営トップにはより多くの株式が与えられている。2006年における製紙業界最大手「王子製紙」による「北越製紙」へのTOB（株式公開買い付け）は失敗に終わったが，国内の大手企業同士による初の本格的な敵対的買収劇として注目を集めた。

（3）株式交換によるM&A ──大和ハウス工業，三井住友FG，阪急HD，日清食品

　買収の対価に株式を用いることは「株式交換」と呼ばれている。米国では，M&Aの規模が最大であった1999年，現金買収（買収の対価が現金）25％，株式交換48％であったが，2006年は現金買収37％，株式交換19％であった。1990年代末，米国への参入をねらった欧州企業は株式交換による買収を行ったが，被買収企業の株主は保有株式が馴染みの無い欧州企業の株式に変わることを好まず，欧州企業の株式を受け取る前に持ち株を売ったり，受け取った直後に売却したりし，それは株式市場での需給関係を悪化させたと言われている。株式交換によるM&Aが株主の事情に配慮しないものであれば，株式市場では被買収企業の株式への売り圧力が強まる可能性がある。2006年の国内のM&Aでは，株式交換を活用した事例はM&A全体（557件）の2.7％にあたる15件にすぎなかった。株式交換を活用した事例は，次の2タイプである。

① グループ企業の再編

　株式交換で最も多いのは「グループ企業の再編」である。大和ハウス工業による大和工商リースなど3社の完全子会社化，三井住友フィナンシャルグルー

プのSMBCフレンド証券の完全子会社化などがある。親会社がすでに子会社の経営権を握っていることや，被買収会社の株主が株式交換で親会社の株主になることに比較的抵抗が少ないことなどが理由と見られる。
② TOBで被買収企業の株式を一定水準まで取得した後の，株式交換による完全子会社化

　阪急ホールディングスと阪神電気鉄道の経営統合，日清食品による明星食品の完全子会社化などがある。株主総会で株式交換が認められれば，TOBに応じなかった少数株主を強制的に排除することができる。

　グループ企業再編以外のM&Aでは，被買収企業の株主にとって買収対価が現金の方が応じやすく，株式交換の活用は伸び悩んでいる。

【こんな知識も】「株式通貨」——コーポレート・カレンシー
　　株式を「コーポレート・カレンシー（企業通貨）」と最初に意識した日本の経営者はソニーの盛田昭夫氏と言われている。盛田氏は株式が通貨に匹敵する現実を見て，「経営者は通貨（株式通貨−引用者中）の発行責任を自覚する必要がある」と語っている。市場経済の原則は等価交換であるが，株式交換は株式の品質次第で不等価交換になりかねない。上場株式との交換条件として，交換比率（価格）の公正性とともに，情報開示や流動性（換金性）などで同等の品質を求めるのは，被買収会社の株主への当然の配慮であろう。

7　株高を利用した買収方法——ライブドア

　ライブドアは，M&A（合併・買収）を成長戦略の中核に据えていたことで知られている。2000年4月に上場したライブドアの買収戦略には「ライブドア株高のきっかけとなった03年12月末の株主を対象にした株式100分割」「ニッポン放送の買収攻防戦をめぐる05年4月のフジテレビジョンとの和解」の2つの分岐点があり，これらの分岐点の前後の3つの期間で，買収手法は大きく変化した

第6章 インフルエンス・コストとM&A

表6-2 ライブドアの買収方法

買収時期	会　社　名（事業内容）	買収手法	買収金額相当額
第1期			
2001年12月	パイナップルサーバーサービス（データ管理）	株式交換	7億円
2002年3月	アットサーバー（データ管理）	株式交換	3億円
9月	プロジーグループ（ソフト）	現金・株式交換	14億円
第2期【2003年12月末の株主に100分割】			
2004年3月	クラサワコミュニケーションズ（携帯販売）	株式交換	8億円
3月	※バリュークリックジャパン（ネット広告）	現金	36億円
3月	ABS（消費者金融）	株式交換	28億円
3月	日本グローバル証券（証券業）	現金	64億円
3月	ウェッブキャッシング・ドットコム（ネット金融仲介）	株式交換	14億円
5月	ターボリナックス（ソフト）	株式交換	18億円
7月	ジェイ・リスティング（ネット検索広告）	現金	3億円
10月	ロイヤル信販（消費者金融）	株式交換	45億円
10月	キューズ・ネット（結婚仲介サイト）	株式交換	30億円
12月	弥　生（会計ソフト）	現金・株式交換など	230億円
2005年2月	ベストリザーブ（宿泊サイト）	株式交換	13億円
第3期【2005年4月，ニッポン放送株争奪戦で和解】			
6月	日商岩井フューチャーズ（商品先物）	現金	23億円
7月	ビィー・ジャパン（不動産ローン）	現金	24億円
9月	※ジャック・ホールディングス（中古車販売）	現金	150億円
11月	※セシール（カタログ通販）	現金	244億円
12月	※メディアエクスチェンジ（データ管理）	現金	61億円

注：会社名は買収当時．※は買収時に上場していた会社。セシールは関連会社のライブドアマーケティングが買収
出所：『日本経済新聞』2006年1月22日より作成

（1）第1期

　第1期には，事業規模は小さいが将来性のある会社，およびシステム開発など本業を強化するための会社を買収した。ネット株バブル崩壊の余波が続いていた03年まではライブドア株価は低く，株式交換で買える企業の規模は小さかった。

(2) 第2期

株式100分割をきっかけにライブドア株価が急騰すると，100分割発表前の03年11月に1,000億円程度であった時価総額は，04年1月に9,000億円を超えた。第2期には，「株高の魔術」を利用して株式交換で買収を行った。

(3) 第3期

ニッポン放送の買収攻防戦では，ライブドアはグリーン・メーラー（保有しているニッポン放送株を高値でフジテレビジョンに引き取らせる投資家）の汚名を着せられながらも，第三者割当増資などで1,470億円もの現金を得た。第3期には，潤沢な手元資金を用いて大型買収を行った（表6-2）。

8　三角合併——日興コーディアルとシティ

日本から海外の三角合併は2006年5月に解禁されており，海外から日本の三角合併および国内企業同士の三角合併も07年5月1日解禁された。三角合併の解禁で，海外企業が日本企業を買収する場合，これまで認められていなかった自社株（外国株）による株式交換で日本企業を買収することが可能になり，買収の資金負担を大幅に軽くできることになった（100％子会社化でも現金は買収額の半分で済む）。三角合併解禁はグローバルな事業再編をスムーズに進め，日本の産業を活性化する役割を期待されている（図6-1）。

三角合併は，親会社（外国企業A：上場会社）が子会社（A社の在日子会社：非上場会社）を通じ，別の会社（日本企業B：上場会社）を吸収合併する仕組みであり，「市場から現金で議決権の過半数にあたる株式を取得した上で経営陣を入れ替え，三角合併を株主総会に提案する」「親会社は被買収企業（子会社の合併相手）の株主に対して買収対価として親会社の株式を交付する」といった二段階買収が行われている。日本経済新聞社・日経リサーチの「三角合併解禁緊急アンケート」（2007年3月26日〜4月18日：東証第一部・二部の上場企業604社）によれば，海外企業から買収提案を受ける可能性があると見る上場企業は全体

の27.8％であるが，三角合併については次のことを指摘できる。

図6-1　三角合併の仕組み

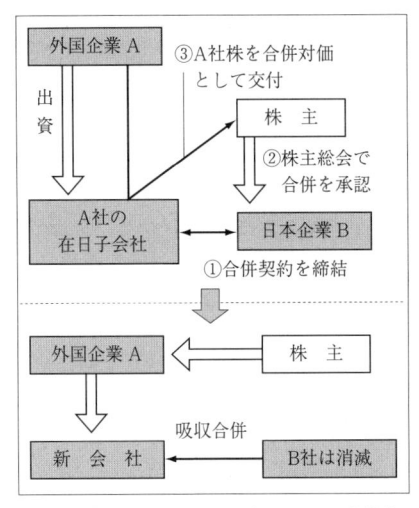

出所：『日本経済新聞』2007年4月30日より作成

① 三角合併の第一段階は「市場から現金で議決権の過半数にあたる株式を取得した上で経営陣を入れ替え，三角合併を株主総会に提案する」であるが，被買収企業の株式を投資ファンドなどから取得するケースもあり，投資ファンドの持ち株比率が高い企業は三角合併の対象になりやすい。

② 三角合併を行うためには，被買収企業（子会社の合併相手）の取締役会決議を経た後，株主総会で議決権の過半数の株主が出席し，議決権の3分の2以上の賛成（「特別決議」）が必要であるので，敵対的買収（三角合併）は起こりにくい。

③ A社の在日子会社（非上場会社）と日本企業B（上場会社）が合併し，非上場会社である在日子会社が存続会社になっても，日本企業の株主は上場会社であるA社の株式を受け取ることができ，その際の株式譲渡益の課税は猶予される。しかし，日本企業Bの株主にとってはA社の株式（海外株式）については情報不足であるので，三角合併のことが話題になると，日本企業Bの株主は保有している日本企業B株を売却しようとする。

④ 日本企業Bは日本で行き詰まっていても，外国企業Aの傘下に入ることで新たなシナジー（相乗効果）が生まれ，成長戦略を描くことができる。

【こんな知識も】　三角合併に対する経団連の主張

　三角合併は2006年5月の「会社法」施行と同時に解禁予定であったが，敵対的買収への危機感が高まり1年先送りされた。その間，経団連は政府に働きかけを強めたが，経団連の主張で認められたのは少数株主保護の観点で訴えていた「買収企業

第Ⅱ部　企業組織の理論と実際

表6-3　三角合併に対する経団連の主張と実際のルール

	経団連の主張	結果	実際のルール
株主総会の決議要件	特殊決議（株主の過半数かつ議決権の3分の2以上が賛成）	×	特別決議（議決権の過半数の株主が出席し，議決権の3分の2以上が賛成）
株主の保護	現金や日本上場株式以外を対価とする場合，情報開示を徹底	○	三角合併を行う海外の親会社の定款，財務状況，事業内容の開示を求める
課税の繰り延べ	SPCは認めるべきではない。合併のための準備会社も同様	△	SPCは認めない。広告宣伝や市場調査をしている事業準備会社は認める

注：○は実現，△は一部実現，×は実現せず
出所：『日本経済新聞』2007年4月18日より作成

図6-2　三角合併——日興コーディアルとシティ

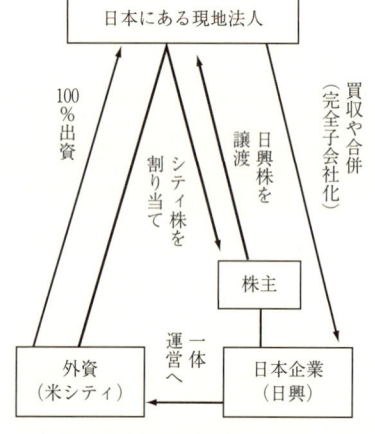

出所：「日本経済新聞」2007年12月19日より作成

の情報開示の徹底」などである（表6-3）。

【こんな知識も】　課税の繰り延べ——株式譲渡益の課税は猶予

合併は税務上，吸収される会社（被買収企業）が売却されたと考える。被買収企業の株主は，時価で株式を交換したとみなされ，株式を売却していないのに，課税される。被買収企業も資産が時価評価され，含み益に課税される。「課税の繰り延べ」とは，実際に株式や資産を売却するまで課税を猶予することである。

外国企業が東京証券取引所上場に意欲をもっていると言われている。上場で知名度を高めれば，三角合併で株式を受け取った日本の株主が名前も知らない海外企業の株式を嫌い，すぐに売ることで株価が急落する，いわゆる「フローバック」を回避できるからである。

日興コーディアルグループは2007年12月19日，臨時株主総会を開き，米国シティグループの完全子会社になることを決めた。同年5月に外国企業などに解

禁となった「三角合併方式」を初めて使い，日興株主にシティ株を割り当てる株式交換の承認を得た（図6-2）。

9　MBO ——レックスHDとポッカ

　M&Aが活発になるなか，経営陣による企業買収（MBO）は増えているが，「現役の裁判官はMBOを『経営者は一般株主の利益を軽視していないか』と疑いの目で見ている」と言われている。MBOは「経営陣による企業買収」と言われるが，実際の買収の主体は資金の大半を出す投資ファンドであり，MBOによっていったん上場廃止になるが，リストラなどで収益力を高め再上場したり，他の企業へ売却したりすることによって，出資額を上回る利益を得ることができる。ファンドは短期で投資収益を最大化したいので，再上場や転売までの期間は4～5年である。ファンドは同じ買収でも，経営陣と組んで買収すれば，従業員の反発を抑えやすいので，MBOを用いる。投資ファンド「スティール・パートナーズ」は明星食品にTOBをかけるまえに，MBOの提案をしていた。

　【こんな知識も】　株式買取請求権
　　レックスHDのようにMBOの前に業績予想を大幅に下方修正する企業もあれば，ワールドやポッカコーポレーションのようにMBOの後に業績が予想を大きく上回る企業もある。MBOでは，企業経営陣がTOB価格の引き下げを意図的に行っているかもしれず，少数株主は「会社法」の「株式買取請求権」にもとづいて，裁判所に正当なTOB価格の決定を申し立てることができる。しかし，会社側が提示したTOB価格が不公正であることの立証責任は株主側にあり，株主がTOB価格算定の基礎となる会社内部の情報を入手するのは困難である。

（1）MBO ——レックスHDの経営陣の2つの顔
　MBOは，経営陣が買収者と被買収者の2つの顔を持っているために，利益相反問題が生じやすく，買い取り価格や情報開示に不満を持つ少数株主が出て

くる。利益相反防止策の研究が進む米国に比べ，日本は経営者の意識や制度が未整備な面も残っている。日本経済新聞社『日経会社情報（2007年Ⅲ夏号）』には「掲載廃止会社一覧」があり，そのリストの中に，焼き肉「牛角」や中堅コンビニ「エーエム・ピーエム・ジャパン」を運営するレックス・ホールディングス（レックスHD）という企業名がある。レックスHDは2006年11月10日にMBOを発表し，上場廃止になった企業であるが，同年12月23日，40人程度の個人株主（少数株主）が西山知義レックスHD社長と，MBO資金を拠出している投資ファンドへ抗議するために集まった。

① 西山知義レックスHD社長の主張：

「MBO発表時に，TOB（株式公開買い付け）価格は市場価格や財務状況などを総合的に勘案し，『過去1カ月間』の株価に13.9％のプレミアム（上乗せ幅）をつけた。」

② 個人株主（少数株主）の主張：

「第1に，レックスHDはMBO発表前の2006年8月にデータやノウハウの評価方法見直しや店舗閉店による固定資産除却損などの計上を原因とした業績の大幅下方修正を発表し，株価は大きく下落した。MBOを成功させるために，意図的に株価の下落を図ったのではないか。第2に，他のMBO案件では過去6カ月間の株価の平均を採用しているのに，『過去1カ月間』の株価の平均を採用した恣意的なTOB価格算定方法は，意図的にTOB価格の引き下げをねらったのではないか。」

MBOは，経営陣が買収者（買う側）と被買収者（売る側）の2つの顔を持っており，レックスHDの経営陣は，買収者としては企業をできるだけ安く買いたいけれども，株主から委任を受けている取締役の立場からは，被買収者として企業をできるだけ高く売らなければならない。MBOは「究極のインサイダー取引」と言われることがあり，経営陣が少数株主の利益を犠牲にして，自己または第三者（MBO資金を拠出している投資ファンド）の利益を高めようとすれば，それは「利益相反の問題」である。米国では，公正さを担保するために，買収者との交渉は独立取締役で構成した特別委員会が担うことが多いようであ

る。

【こんな知識も】 利益相反の禁止
　「利益相反の禁止」は，代理人と本人との能力の格差が大きい場合や代理人の権限が大きい場合等を典型として，本人の利益を犠牲にして代理人が自己または第三者の利益を図る危険性が高いときに，その行為を禁止するものである。

（2）MBO ——ポッカの再生

　MBO（マネジメント・バイアウト：management buyouts）は，乗っ取り屋に対する恐怖から，企業の経営者が支援者とともに自ら発行済株式を購入して所有に基づくコントロール権を獲得しようとする企てのことである。MBOを行う動機は，第1に自社株を取得して株式の公開取引を止めてしまうこと，第2に株式が過小に評価されているため，バイアウトによって株主に真の価値を知らせることである。

　MBO（経営陣による企業買収）ブームの先駆けとなったのは2005年末に上場廃止し，09年3月期の再上場を目指していた「ポッカコーポレーション（ポッカ）」（2008年に明治製菓の持分法適用会社となる）である。ポッカは「劇薬」で企業体質が変わったと言われ，その劇薬が「MBO」である。ポッカはどのようにしてMBOで企業価値を増大させたのかを見よう。ポッカは創業者の谷田利景氏が一代で築いた缶コーヒーの老舗で，コーヒー業界でのシェアは8位前後に甘んじていた。MBO前のポッカでは「どの商品が赤字かすら分からない丼勘定がまかり取っていた」と言われ，04年3月期以降の連結売上高は1,000億円の大台を割り込んでいた。創業者の強烈なカリスマ性も災いし，トップダウン型経営の下，人材は育たず，創業者の引退後にそのツケが表面化していた。利益を度外視した売上至上主義で新商品を乱発し，収益を悪化させる悪循環に陥り，人員削減などのリストラを行っても企業体質は変わらず，業を煮やした内藤由治社長（当時）が「社員をがけっぷちに立たせ，外部の風を吹き込むことで意識改革を図る」ためにMBOを決断したと言われている。MBOでは，金銭面で支援した投資ファンド「アドバンテッジパートナーズ（AP）」系の特

別目的会社（SPC）「アドバンテッジホールディングス（ADH）」がTOBを実施し，当時の株価に24％のプレミアムを乗せ，完全子会社化した。ADHにはポッカの役員や従業員も出資した。また，LBO（レバレッジド・バイアウト）で，買収資金約250億円のうち200億円程度は三井住友銀行がとりまとめた協調融資などで賄ったと言われている。MBO前のポッカの株価は低迷し，PBR（株価純資産倍率）はつねに1倍割れで，エクイティ市場からの資金調達もままならず，上場の意義は薄れていた。MBO後は，缶コーヒーのブランド別損益管理体制を整え，販売戦略を利益重視に切り替えたこともあって，06年9月中間期の連結営業利益は22億円で前年同期の4.6倍となった。06年末には銀行借入の低利借り換えに成功し，金利は2％程度低下したと言われている。ポッカの時価総額（株主価値）はMBO発表前は約200億円，TOBプレミアムが上乗せされた上場廃止時は約250億円であったが，MBO後の07年3月期では270億〜330億円と推定されている。ポッカとADHは合併し，堀雅寿社長は「（今後の目標は）09年3月期の再上場」と言っていた。

【こんな知識も】　LBO（レバレッジド・バイアウト）

　「LBO」（レバレッジド・バイアウト：leveraged buyouts）あるいは「レバレッジド・ファイナンス」は，小さな力で大きなものを動かす「てこ（レバレッジ）」のように，少ない資金で大型買収を可能にする手法である。買収する側の企業の信用力で資金調達する伝統的なコーポレート・ファイナンスとは異なり，買収企業が被買収企業の信用力をもとに融資を受けるのが特徴である。LBOは，競争が限定されていた安易な状況ゆえに陥っていた自己満足的な惰眠状態から，企業を揺さぶり起こした。レバレッジド・ファイナンスは通常の融資に比べ金融機関が得る手数料や金利収入が高めである。

【こんな知識も】　ジャンク・ボンド

　米国では，「ジャンク・ボンド」（junk bonds：主要格付け機関によって債務不履行のリスクが高いと判定された債券）が企業のファイナンシャル・レバレッジ（financial leverage：株主が投下したエクイティに対する企業の総価値額の比率）を高めるために利用されている。また，ジャンク・ボンドは米国の企業乗っ取り屋が利用している資金源である。

10 買収ファンドと買収防衛策

　経営陣の意に反して，株式の大量取得を目指す敵対的買収を防ぐ手法は「買収防衛策」と呼ばれ，事前に買収者に対して買収資金の裏付けや買収目的などの情報開示を求める「事前警告型」が主流である。ルールに従って情報を開示しない場合，新株予約権を既存株主に発行し買収者の持ち株比率を低下させ，買収を阻む。当初は取締役会決議だけで導入する企業も多かったのであるが，最近は株主総会での承認を求めるケースが増えている。潜在的に敵対的買収の標的となりうる企業の防止策の一部は，正当な利益を乗っ取り屋の脅威から有効に守り，企業が売却される場合には，株主に最善の価格をもたらすように，経営陣の交渉力を強める方策として正当化できるであろう。しかし，それ以外のものは，倫理上，そして公共政策上，疑問視されている。

【こんな知識も】　買収防衛策としてのリストラクチュアリング
　　乗っ取り屋の機先を制することもすぐれた防衛策であるが，問題は，株主にとって正真正銘のリストラクチュアリングに含まれる多くの過程が，現経営陣の支配権維持のために乗っ取り屋を阻止する「焦土戦術」と見分けがつけにくいことである。リストラが株主にとって好ましいものであれば，どうして経営陣はテイクオーバーの危険にさらされる前にリストラクチュアリングを行わないのであろうか。それに対する1つの答えはインフルエンス・コストであり，リストラは企業内でのレント再配分をともなうため，通常は強い反対にあう。テイクオーバーの危険にさらされたとき，乗っ取り屋よりも多くのレントを企業内に残すという，経営陣によるリストラクチュアリング対する反対は，より小さい。

　買収防衛策には次のようなものがある。
① ポイズン・ピル
　現株主に特別の請求権を与え，それによってテイクオーバーのコストを引き上げるものである。「差別投票権」は長期保有されている株式に追加投票権を与えるものである。

② 焦土戦術

たとえ既存株主の価値を減らす結果になろうとも，買収者にとっての企業価値を故意に減らすというものである。

③ リストラクチュアリング

買収者が買収後に債務返済に用立てようとしている現金残高を減らしたり，売却を目論む事業部をスピンオフさせたりするものである。また，自社株を買戻したり，水増し価格で他社を購入するのもそうである。

④ ゴールデン・パラシュート

現経営陣が辞める際に，きわめて魅力的な恩典を提供するという報酬契約の条項である。ゴールデン・パラシュートに対する反論は，それが企業ではなく守りを固めた経営者を保護するものであり，株主の負担が大きいというものである。

⑤ グリーン・メール

これは実質的には（法的にそうだというのではないが），乗っ取りを断念させるために，株主の資金を使って経営者が乗っ取り屋に渡す賄賂である。

2007年4月16日時点で買収防衛策導入を決めている企業は229社で，全上場企業の約5％である。買収防衛策を導入している企業の共通項は次のものである。

① 全上場企業のPBR（株価純資産倍率：$\frac{時価総額}{解散価値}$）の平均は2.1倍であるが，防衛策導入企業の64％がPBR 2.1倍未満である。つまり，株式市場からの評価が低い（低PBR）企業である。

② 全上場企業のROE（株主資本利益率）の平均は8.3％であるが，防衛策導入企業の56％がROE 8.3％未満である。つまり，資本効率が低い（低ROE）企業である。

【こんな知識も】 買収ファンド──買収ファンド調査の結果

「買収ファンド」は投資家から集めた自己資金のほか，その3〜5倍の資金を金融機関から借り入れ，買収案件に取り組んでいる。日本経済新聞が実施した「買収ファンド調査（回答43社：2007年1月3日結果掲載）」によれば，「買収ファンド」

第6章　インフルエンス・コストとM&A

の実態は次のとおりである。

① 　今後の「投資家から集める自己資金」は約4兆円で，2年前の3.4倍である。年金基金など機関投資家は高い利回りが狙える買収ファンドへの投資に積極的である。

② 　金融機関の融資姿勢は企業買収の成否を握っているが，銀行は買収ファンド向け融資に前向きである。通常の企業向け融資が低迷する中，不良債権問題から抜け出し，買収ファンド向けの高リスク・高リターン融資に応じやすくなっている。

③ 　買収ファンドが投資対象について重視する点は「企業の潜在成長力」「経営者の質」と並んで「業界の競争状況」が多く挙がった。

④ 　買収ファンドが投資対象について重視している業種別で目だったのは流通，外食，食品，電機，サービス，ヘルスケア，金融であり，いずれも市場成熟化や競争激化で業界再編が不可避と見られている業種である。

⑤ 　買収ファンドのスタッフの平均年齢は37歳で，金融機関でM&A業務に携わったことのある転職組が主流である。代表者の平均年齢も48歳で，最若年は35歳である。代表者は外資系企業の経験者が約5割を占め，スタッフ同様に大半が買収アドバイスの経験を持つ大手金融機関のOBである。

⑥ 　従業員数で充実ぶりが目立つのは国内金融機関系で，平均53人である。従業員数トップクラスは大和証券SMBCプリンシパル・インベストメンツの約100人である。

第7章
コーポレート・コントロール

　明確に定義された実効性のある，そして移転が容易な財産権が存在しなければ，効率性達成は望めない。資産に価値があっても，その所有者が明確でない場合には，誰も適正にその価値を保全するインセンティブを持たないであろう。財産権が取引可能でなければ，資産がそれを最も有効に利用でき，したがって，最も高く評価する人の手に資産が渡るという事態はほとんど望むべくもない。取引不可能，不確か，あるいは，帰属が明らかでない財産権から発生した嘆かわしいインセンティブ問題の最たるもののひとつが，共有資源の問題，公共財の問題，フリー・ライダー問題，共有地の悲劇などのさまざまな名で知られている問題である。

> 【こんな知識も】　共有地の悲劇
> 　ある種の資産は共同体によって共有されている。このとき，1個人による資源乱用のもたらす費用が広く全員によって負担されるために，共同体の構成員それぞれによって共有資源が乱用されてしまい，これは「共有地の悲劇」と呼ばれている。

1　企業を所有する——残余コントロール権と残余利益

　確固たる財産権に裏付けされた所有制度は，資産を創り上げ，維持し，向上を目指すインセンティブを人々に与えるうえで最も普遍的かつ有効な制度である。企業のような複雑な資産を「所有する」とはどういう意味を持つのであろうか。
　何かを所有する人間は，その利用に関して一定の権利と義務を有している。

諸々のコントロール権をすべて記述するような契約（完備契約）の作成が困難であるという事実から，「資産を所有する」は「残余コントロール権」，すなわち法の定めや契約によって他人に割り当てられている以外の資産使用法についての決定権を意味している。他のすべての人に支払いが行われた後の残りは「残余利益」と呼ばれ，残余利益の概念も残余コントロール権と同様に，不完備契約と密接に結びついている。というのは，完備契約のもとでは，すべての可能な事態それぞれに対して富の分配法を契約によって定めることができ，残余と呼ぶ意義のあるようなものは残らないはずであるからである。

【こんな知識も】 所有と他の契約形態との間の差異

「所有」と他の契約形態との間に差異が生じるのは，資産に対する特定の決定権を定めて収益を配分するための契約が不完備である場合に限られる。その場合，所有は，契約が決定権について何も規定していない状況が出現したときに残余コントロール権を行使する権利，あるいは，契約上定められた支払いの完済後に残された残余収益を受け取る権利と定義できる。

【こんな知識も】 完備契約

契約が完備であるためには，契約期間中に出現する可能性のある無数の異なった事態を想定したうえで，それぞれの事態に対応する適切な行動と所得配分とを費用をかけずに決定して，契約条項として明確に文章として記述し，かつ，契約の全当事者による合意をとりつけ，さらに，すべての内容を契約の当事者にとって破る動機がないようにしておかねばならない。完備契約では，いかなる決定権もすべて指定されているので，残余に対応するものは何もなく，残余権は無意味である。

所有の2つの側面（残余コントロール権と残余利益）を適切に組み合わせることにより，所有者に資産価値の維持改善を図る強いインセンティブを与えることができる。単一個人が残余コントロール権を有し，かつ残余利益請求者でもありうるのならば，その人による意思決定は効率的となる可能性が高くなる。しかし，一意思決定者が単独で資産価値に付随するリスクを負担することは効率的なリスク負担の観点から見て最適ではないかもしれず，また何はともあれ，

大規模なリスクの場合には現実的とはいえないであろう。

【こんな知識も】　所有権の取引
　　所有権が取引可能である場合，効率性の改善をともないながら権利が取引されるため，財産権の初期分布は効率性と無関係になる。しかし，権利が取引可能でない場合には，適切ではない人の手に留まってしまう可能性がある。例えば，低価格の水を得る権利が与えられている農民と，より高く水を評価する都市との間で，権利が取引できない場合には，水資源は（米作のような）低価値しか生まない用途に振り向けられることがしばしば生じる。

2　公開企業の株主──実質株主

　公開企業の実体である資産の束に対して，実効ある所有権を有する単一個人またはそれとわかる特定のグループが存在するのであろうか。つまり，公開企業の所有者は誰であろうか。
① 株主
　名目上は，そして法的には，株主が企業を所有している。しかし，その権利はかなり限定的なものである。
② 取締役
　企業内に残余コントロール権が与えられている人々がいるとすれば，それは取締役たちである。取締役が残余コントロール権を有していたとしても，残余利益に対する請求権は明らかに有していない。
③ 管理職と従業員
　日常的な業務に関して，取締役（または株主）は現実に残余コントロール権を有すると言えるであろうか。経営者は必要な情報を整備し，決定を実行に移すためには，従業員に頼らねばならず，このような従業員が真の残余意思決定者であるかもしれない。

第7章　コーポレート・コントロール

【こんな知識も】　誰の利益が考慮されるべきか
①　「納入業者や事業所所在地の自治体による支援をも受けた企業の経営者と従業員」「利潤追求を社会的に不適切ないしは不道徳だと信じる多様な立場の学識者や活動家」の主張：
　これらの主張者は，株主を，傍観的な不在地主的存在であって，企業そのものへの思い入れなどなく，真の長期的利益の所在を確かめる能力に欠けた，短期的な金儲けに限定された利己的な関心以外は何も持ち合わせない人々であると決めつけている。彼らは，株主はその利益を優先するに値せず，公開企業は通常，活動家自身が支持している社会的目標を追求するか，あるいは通常，ステークホルダーの立場にある組織のために真に働いている人々の利益を目標とすべきであると主張している。
②　「自由市場を信奉する経済学者ならびに，投資銀行や証券業界と手を携えた，個人ならびに機関投資家（投信，保険会社，年金基金，金融仲介業者など）の主張：
　これらの主張者は，企業価値最大化は経済効率を上昇させるので，それ以外の目標追求を掲げる，保身第一の経営者，利己的な従業員，競争を嫌うサプライヤー，そして無能な政府は，単に市場の規律から逃れて，所有者の資源を自分のために利用しようとしているだけであると論じている。

　株式は無制限な譲渡可能性を有し，それは広範なリスク・シェアリングを可能にする。株主の利害は，株式の市場価値上昇を歓迎するということで一致しているので，個別の政策をめぐる意見の不一致から発生する政治コストを回避することができる。企業の意思決定に対する株主の関与は限定されており，取締役会が経営者を監督する。この制度は，投資家がもっと積極的な役割を果たさなければならない場合ならば必要となる情報収集コストを節約することになる。しかし，これらの強みが問題を生み出す素になっている。すなわち，広く分散している小株主は，第1に有限責任であるので，個人的な全資産が要求される場合ほどには企業の活動を綿密に監視する必要はなく，第2に株価と配当以外にはほとんど関心がないので，経営陣の業績を監視するインセンティブを有していない。株主は企業の日常的な運営のすべてを職業的経営者に委ねているが，経営陣は株主の負担による自身の目的追求に走り，取締役会は自らが監

督し，規律を与えるはずの経営者と一体化して従属するといった問題が生じている。

> 【こんな知識も】 実質株主——カストディアンの株式保有比率
> 　株主名簿に載っている名義上の株主の背後にいて，株式を実際に保有している実質的な株主（「実質株主」）を特定する「株主判明調査」の利用が上場企業の間で広がっている。株主判明調査が必要になるのは，年金基金や投資ファンドなどの機関投資家が「カストディアン」と呼ばれる専門の金融機関に持ち株の管理を代行させるケースが多いからである。敵対的買収などに備え，事前に株主状況を把握したいと考える経営者が増えている。また，株主総会対策に役立てようとする企業もある。東京証券取引所第一部上場企業で見ると，カストディアンの株式保有比率は約15％である。株主判明調査を利用している企業の割合は2005年22％，06年31％と上昇している。調査会社の受託状況を見ても，国内大手のアイ・アールジャパンは06年の件数が約400件と05年の1.5倍に増加している。05年秋にサービスを本格的に始めた三菱UFJ信託銀行は開始後約1年間で250件程度を受注している。

3　コーポレート・コントロール——日本株式会社の大株主

　企業は発行済株式を買い戻す義務はなく，また，所有者から分離された法人として，創業者が亡くなっても，原則として存続できる。このため，長期プロジェクトを手がけ，価値ある評判を築き上げることが容易になる。

　証券（株式と社債）は，キャッシュフローの流列に対する請求権であるばかりでなく，「コーポレート・コントロール」権をもたらす。株式を保有している者（株主）は，経営者を監視し，動機づけを行い，規律を与え，戦略を監督する取締役を選出する権利がある。また，不満な取締役を投票によって更迭する権利も持っている。債権者は，債務不履行企業の資産を売却させることができる。証券（とくに株式）の譲渡可能性と証券にともなう諸権利は，法人支配を目的とした，コーポレート・コントロールの市場を形成する基礎にもなっている。コーポレート・コントロールの市場では，経営者を代えれば企業価値が高まると考えられる株式会社の資産が購入されて，そのコントロールが最善の

利用を図れる者に委ねられる。コーポレート・コントロールの市場は，合併，買収，テイクオーバー，レバレッジド・バイアウトなどによって活発になっている。

満足を得ることができなかった株主には，「退出」（持ち株の売却）と「意思表示」（現在の取締役会に対する反対投票）の2つの選択の道が開かれている。しかし，これらの選択肢はいずれも完全な解決手段ではない。というのは，株式を売却するにしても，企業の業績が悪いため，低い株価でしか売れないかもしれないからである。あるいは，経営陣に対する反対投票は，むなしいジェスチャーに終わるかもしれないからである。そこで，満足を得ることができなかった株主は，「テンダー・オファー（株式買付けオファー）」や「委任状獲得競争」を行うことがある。

【こんな知識も】 テンダー・オファー（株式買付けオファー）
　オファーを出す個人や組織は，株主に対して，持ち株を公表した価格で売る（テンダー）よう募る。企業自体が，現金の取り崩しや借入れによって，自社株を買い戻すテンダー・オファーを出すこともある（マネジメント・バイアウト：MBO）。テンダー・オファーは，友好的であれ敵対的であれ，外部の者がテイクオーバーによるコーポレート・コントロールを狙って用いるものである。テンダー・オファーを用いた敵対的買収の意図は，乗っ取り屋が企業の株式を取得して，現取締役会の更迭を議決することにある。

【こんな知識も】 委任状獲得競争と株主決議
　経営側は，年次株主総会の通知に，投票権の代理行使権を経営者に与える委任状の提出を募る書式を同封し，通常は大量の委任状を獲得する。別のグループが現経営陣と取締役会に反対票を投じるために，株主から委任状を集めようとするのが「委任状獲得競争」である。委任状獲得競争は費用がかかり，組織化して勝利するのは多難である。「株主決議」は，取締役会や経営陣に特定の方針の採用を要求，指示する手段である。

【こんな知識も】 日本株式会社の大株主
　東京証券取引所第一部上場企業の株主名簿を対象に2006年3月末の「日本株式会

第Ⅱ部　企業組織の理論と実際

表7-1　東京証券取引所第一部上場企業の株主名簿

	株　主　名	時価総額 (億円)	比率 (％)
1	日本トラスティ・サービス信託銀行	322,735	5.82
2	日本マスタートラスト信託銀行	275,128	4.96
3	ステート・ストリート	121,657	2.19
4	日本生命保険	88,910	1.60
5	チェース	73,081	1.32
6	NTT	70,908	1.28
7	トヨタ自動車	67,504	1.22
8	財務大臣	47,517	0.86
9	三菱東京UFJ銀行	47,033	0.85
10	第一生命保険	39,018	0.70
11	明治安田生命保険	32,817	0.59
12	みずほコーポレート銀行	30,519	0.55
13	モクスレイ	28,290	0.51
14	ルノー	28,016	0.51
15	東京海上日動火災保険	26,558	0.48
16	三井住友銀行	25,920	0.47
17	預金保険機構	22,875	0.41
18	資産管理サービス信託銀行	22,758	0.41
19	日立製作所	20,568	0.37
20	イトーヨーカ堂	19,922	0.36
21	豊田自動織機	19,669	0.35
22	三菱UFJフィナンシャル・グループ	18,891	0.34
23	ソフトバンク	17,975	0.32
24	ヒーロー	16,452	0.30
25	ヤフー・インク	14,515	0.26
26	松下電器産業	14,261	0.26
27	みずほ信託銀行	13,999	0.25
28	みずほフィナンシャルグループ	13,336	0.24
29	三井住友海上火災保険	12,713	0.23
30	孫正義	11,459	0.21

注：比率は2006年3月末の東証1部全体の時価総額に対する割合
出所：『日本経済新聞』2006年10月25日より作成

社の大株主」を集計すると，機関投資家の保有する有価証券を管理する信託銀行が上位を占めていることが分かる。「日本株式会社の大株主」の筆頭株主は「日本トラスティー・サービス信託銀行」であり，それは大和銀行（当時）と住友信託銀行の折半出資で2000年に設立されたものである。第2位は「日本マスタートラスト信託銀行」であり，それは三菱信託銀行（当時）や日本生命保険などが出資したものである。第3位の「ステート・ストリート」，第5位の「チェース」は外資系である。第13位の「モクスレイアンドカンパニー」は松下電器産業（現パナソニック）やソニーの大株主，第24位の「ヒーローアンドカンパニー」はトヨタ自動車の上位株主であり，米国預託証券（ADR）の株式名義人である。第8位の財務大臣は，NTT，日本たばこ産業株などのほか，税金の支払いのために物納された株の名義人である。第17位の「預金保険機構」は公的資金注入で実質国有化された，りそなホールディングスの筆頭株主である。個人では，ソフトバンク社長の孫正義氏が第30位に入っている（表7-1）。

4　企業の社会的責任

　完備かつ競争的な市場体系のもとでは，企業経営の目標を，利潤あるいは企業価値の最大化におくことについてはほぼ議論の余地はないであろう。同様に，交渉費用が低く財産権が明確に設定され，その結果コースの定理が成立する場合には，企業が株主利益を目標とすることに文句をいう筋合いはないであろう。
　しかしながら，企業にその行為にともなう費用と便益の全体を認識させるような，安心して任せられる交渉メカニズムが存在していない場合には，企業の行為が全体としての効率性増大に役立っているとは考え難く，このような状況では，社会的責任を果たす行動のほうがより効率的である。ただし，企業経営者が社会的効率性増進を目的とするよう要求されたとしても，「経営者にそれが可能なだけの情報が与えられているであろうか。」「経営者を誘導するような価格も，また，影響を被る人々との直接交渉もなしに，さまざまな行動がもたらす他者への費用と便益を知ることがどのようにしてできるのであろうか。」「誰が企業をモニターするのであろうか。」「利潤を追求しない経営者が適切に行動しており，自己利益追求に走っていないことを確かめるような情報とイン

センティブを誰が持ち合わせているのであろうか。」といった問題がある。

5　債務不履行と破産費用

　企業が予定どおりに返済できない，あるいは返済しようとしない場合がある。このとき，債権者は企業に返済猶予期間を与えるか，それとも破産に持ち込むかを選択しなければならない。いずれの選択肢にもコストがともなう。

（1）企業に返済猶予期間を与える

　返済を猶予している間に，企業の財務状態は悪化し，いっそう返済能力がなくなるかもしれない。また，他の借手企業の間に広まる評判は債権者にとってマイナスである。

（2）企業を破産に持ち込む——非自発的破産（強制清算）

　破産を強制される非自発的破産では，裁判所が企業の解散と資産の清算を実行する「破産管財人」を指名する。経営陣と取締役会は「コーポレート・コントロール権」を失い，企業は叩き売りに出される中古の実物資産の集合にすぎなくなる。破産の手続きから，法的な，そして管理上のコストが発生する。企業の資源に対する請求者［債権者，労働者，政府（租税未納の場合），株主，そして各グループを代表する弁護士］が，できるだけ取り分を大きくしようと争うため，インフルエンス・コストが発生する。強制清算の場合には，優先社債の保有者が残余資産に対して絶対的な契約上の優先権を持つ（破産弁護士，税務当局，そして賃金労働者の次に位置する）。次いで，劣後債権，優先株，普通株の優先順位である。

> **【こんな知識も】　破産の可能性による費用発生**
> 　破産の可能性だけでも費用が発生する。破産によって準レント（企業を産業から退出させないようにするために必要な最小限の額を上回る報酬・利潤の超過部分）

が失われる恐れから，投資が不適切な水準になる可能性が生じる。また，企業の資金繰りが苦しくなると，経営者は賢明とはいえないリスクを引き受けるようになる。

（3）自発的破産──破産の宣言

　事業の継続が可能である企業が，短期資金の欠乏で債権者たちの言うがままにされ，あらゆる付随費用をともないつつ清算されてしまうことがある。すなわち，多くの債権者のうち1人が返済を案じたり，他の債権者が認める債務条件の再交渉を拒否したりするだけで，企業が清算に追いやられることもありうる。このとき「破産の宣言」を行って再建案を作成し，再建案が裁判所により承認されれば，債権者は資産を差し押さえたり，未払分の清算を即座に強制することはできなくなり，企業は債権者から保護される。企業の再編成を目指した自発的破産の場合には，現経営陣にある程度の「コーポレート・コントロール権」が任される。しかし，再建案が裁判所により承認されるためには，債権者が計画に合意しなければならない。もしも合意できない，あるいは，合意しなかった場合には，強制清算となる。「破産の宣言」による企業再編成は，強制清算にともなうコストの節約にはなるが，それ自体がまたコストをともなう。いずれの場合も，ずっと小さなパイ全部よりも，より大きなパイの一切れをもらうほうが望ましいであろう。

【こんな知識も】　戦略的な資産破壊

　財務的に苦境に陥った企業の株主と経営者は，債権者に対する交渉上の立場を強めるために，企業の資産価値を破壊するインセンティブを有するかもしれない。対照的に，営業を継続する場合には，企業にはそれ以上のものが残る。営業中の企業として，知識豊富な経営者と従業員のチーム，商標とブランド・ネーム，事業運営システム，確立されたサプライヤーや顧客との関係など，資産から所得を生むために必要なすべてを企業は持っている。このような価値の一部は，破産によって失われるかもしれないし，従業員は，少なくとも一時的に仕事を失うかもしれない。その間，企業経営者は企業に残されたものの運営に集中できない。

6 債権者 vs. 株主——利害の対立

　異なる投資プロジェクトのNPV（正味現在価値）が同じ場合，債権者と株主の利害は真っ向から対立する。企業が何に投資するかを決定する人々が企業の負債と自己資本のそれぞれを等比率で保有していないならば，企業の総価値最大化を図るような投資を選ぶ動機が金融面では与えられていないことになる。
　債権者と株主の間に生じる問題は次のとおりである。
① 企業の負債が自己資本に比べて多すぎる場合，株主はリスクの大きい投資プロジェクトに容易に手を出すようになる。というのは，投資プロジェクトが成功し高い利益を得ることができれば，実質的にすべての利益を株主が受け取るのに対して，投資プロジェクトが失敗し損失が出れば，損失の大部分を債権者が負担するからである。株主は，リスクが高いのであればNPVが負の投資プロジェクトを選ぶこともあり，このような非効率性は債権者のコストになる。債権者は，株主には非効率な投資を選択する（あるいは，経営者にそうした投資を行うよう命じたり，動機づけたりする）インセンティブがあると予想しなければならず，したがって，貸してよいと考える金額を減らすか，対価をつり上げなければならない。
② 企業には，当面，負債を返済するだけの現金はないが，有望な投資機会はあるとしよう。このとき，債務契約が，既存の債務返済を優先しているかぎり，この投資に資金を出そうとする新たな債権者も株主も現れないであろう。その結果，過少投資を招き，企業価値が損なわれることになる。

> 【こんな知識も】　借入先の数
> 　借入先の数が多い場合，債務再交渉の可能性は小さく，債務超過の恐れは負債水準を制限する方向に働く。逆に，借入先の数が少ない場合，債務再交渉の可能性は大きく，経営者が不正行為に走るインセンティブが生まれる。いずれのケースでも，高水準の負債には企業価値を損なう大きなリスクをともなう。

③ 上記の①,②は負債がもたらす負の効果である。他方,負債はフリーキャッシュフローを経営者に無駄遣いさせないという正の効果をもっている。つまり,株式を負債に置き換えると,会社の破産とコントロール権の喪失というリスクがともなうため,経営者に返済を滞らせないようコミットさせる強制力が生じる。金融関係者の間では,「株式はソフトだが,負債はハードだ」と言われている。

7 経営者 vs. 株主——利害の対立

　小さな非公開企業の創業者を取り上げると,経営者と株主は同一人物であろう。いまその企業が事業拡張のため,株式を公開して投資資金を外部の投資家から調達するとしよう。創業者は,どれだけの株式を売り出し,そしてどれだけの株式を手元に残すのであろうか。外部の株主に対する企業所有権の部分的売却は,「所有者＝経営者」の利潤最大化インセンティブに負の効果をもたらす可能性がある。経営者の意思決定とその金銭的結果を容易に観察できるとき,もし創業者が一定数の株式を保有しつづけ,金銭的な便益と費用を保有比率どおりに受け取り,負担すれば,何らの歪みも生じない。というのは,便益の一定比率から同じ比率の費用を差し引いた額を最大にするような意思決定と行動は,総便益と総費用の差をも最大にするからである。しかし,意思決定とその結果を容易に観察できない非金銭的な費用・便益をともなう場合,便益の一定比率から同じ比率の費用を差し引いた額を最大にするような意思決定と行動は,総便益と総費用の差を必ずしも最大にするとは限らない。

　【こんな知識も】　企業に多額のフリーキャッシュフローが存在する場合
　　経営者のモラルハザードは,企業に多額のフリーキャッシュフローが存在する場合に,よりひどくなる。効率性の面からは,このような資金は,例えば増配とか自社株の買い戻しによって,株主に返すべきであろう。そうすれば,株主は,自身にとって最善の消費あるいは投資にその資金を投下できる。しかし,経営者は,企業に残されたそのような資金を,株主の利益にならない新規投資や過剰な役得に使い

たいという強い誘惑に駆られるであろう。

（1）経営陣の株式所有比率が低い場合

経営者・株主間の利害の対立を引き起こす3つの要因が出現する。第1に，経営者は株主よりも会社の成長と存続により大きな関心を抱いている。というのは，企業が成長すると，昇進機会が多くなるし，俸給がより高くなるからである。また，企業が閉鎖，破産，売却，乗っ取りされない限り，俸給の高い職場が残るからである。第2に，経営陣は，費用のごく一部を負担するだけで役得の恩恵を受けられるので，自分自身や部下その他の従業員のためにも，役得に過大な支出を費やす誘惑に駆られる。第3に，経営陣は独立性を好む。それは，外部からの干渉阻止のためであり，また独立性が地位の維持に役立ち，自身の俸給を相対的に高く設定できるためである。かくて，企業内の他の者に対する業績の監視や，費用を抑制し収入を増やすという活動に熱心に励むインセンティブは低下する。

（2）経営陣の株式所有比率が多い場合

経営陣の株式所有比率が低いといろいろな問題が生じるからといって，経営者が大株主でいれば差し引きプラスの効果があるという結論にはならない。自分の資産が1つの企業に投じられているような経営者は，企業のリスクをあまりにも多く個人的に負担することになる。経営者の資金が豊かであれば，このリスク負担問題は回避できるであろうが，そうでなければ，リスク回避的な経営者は，リスクが最適にシェアされている場合ならば，着手が望まれるはずの投資案件であっても，自分の全財産が懸かっている場合には慎重すぎる行動をとるであろう。

【こんな知識も】　経営者に対する工夫
① 経営者の投資先をある程度分散させれば，リスク・プレミアムの発生を減らすことができ，経営者は適正なリスクをより積極的に引き受けるようになる。

② 株式保有ではなく，明示的なあるいは暗黙の報酬契約を通じて，経営者にインセンティブを与えることができる。
③ 職業上の評判やそれに連動する将来の市場機会も，経営者の行動を規律づけることができる。

【こんな知識も】　経営者のインセンティブの決定要因

　負債・自己資本比率，経営陣の保有株数，社外の大口投資家への所有集中度，取締役会の構成と影響力，銀行借入や社債の契約に含まれる制限条項，経営危機に陥った時点での企業に残る資源の予想分配比率などすべてが経営者のインセンティブと行動に影響を与える。
　他の条件を一定とすると，成長の可能性がほとんどない産業で高収益を上げている企業は，負債を増やし自己資本を減らして，フリーキャッシュフローによるインセンティブ問題に対処すべきである。債務の再交渉において，自身や株主の利益を図る経営陣によって，機会主義的に破壊される危険性の高い無形資産が多い企業は負債を減らすべきである。

8　役員持ち株会と従業員持ち株制度

(1) 役員持ち株会

「役員持ち株会」を設置する企業が増えている。役員持ち株会は，役員が毎月一定の金額を積み立て自社株を購入する制度であり，1回の積立額は100万円未満に制限されている。1989年にインサイダー取引規制が強化され，大手企業を中心に導入が進んでいる。「08年12月末時点で時価総額上位30社のうち，約7割の20社が持ち株会を導入済み。大手証券会社によると上場企業の約5割が導入しているという。ここ数年はガバナンスの向上という役割も期待される。同制度経由で購入した自社株は退任まで売却できないのが一般的で，役員は株主同様，株価上昇のメリットだけでなく下落時のリスクも負う。『役員が中長期での企業価値向上を目指す』利点がある。」(『日本経済新聞』2009年1月20日) という新聞記事があった。

(2) 従業員持ち株制度——シンセティックESOP

　従業員を安定株主にしたいと考える企業が増えている。米国の従業員持ち株制度を応用した仕組みを採用し，買収防衛目的で従業員の持ち株を増やし始めた企業が出てきている。日本経済新聞社『日経会社情報（2007年Ⅲ夏号）』で，ネクシィーズ（東証第一部上場企業）の大株主欄を見ると，第2位に「従業員持株事業体（5.3％）」，第3位に「従業員持株会（2.2％）」がある。三井住友銀行の投資銀行部門は，米国のイソップを手本として，「シンセティックESOP（Employee Stock Ownership Plan：イソップ）」と呼ばれている日本版イソップ（社員持ち株制度）を企業に提案し，それを2006年初めて採用したのがネクシィーズである。シンセティックESOPは，自社株の買い付けを目的とする特別目的会社（SPC）を設立するのが特徴であり，SPCを設立するのは，銀行が原則として従業員持ち株会そのものに株式取得のための資金を融資できないからである。会社がすでに保有する自社株をSPCに売却し，そこから従業員持ち株会に毎月，従業員の拠出額に応じて株式を移す仕組みであり，ネクシィーズの場合，会社が金庫株として保有していた約8億5,000万円分の自社株をSPC（特別目的会社：従業員持株事業体）が取得し，同社の従業員持株会が今後10数年間で取得することになっている。

　【こんな知識も】　従業員持株会の株主総会における議決権
　　従業員持株会は，従業員一人ひとりの意思を確認し，賛否の比率に応じて，代表者である理事が「不統一行使」と呼ばれる方式で株主総会において議決権を行使する。

9　株式の持ち合い——新日本製鉄とパナソニック

　バブル崩壊以降，急速に解消が進んできた企業間の株式持ち合いが再び増加傾向となっている。市場全体に占める持ち合い株比率（金額ベース）は2004年度8.0％，05年度8.7％であり，05年度は2年ぶりに上昇した（1991年度は27.7％）。事業提携や買収防衛を目的に，事業会社間で株式持ち合いを増やす動きが活発

第7章　コーポレート・コントロール

図7-1　上場企業の持ち合い株比率

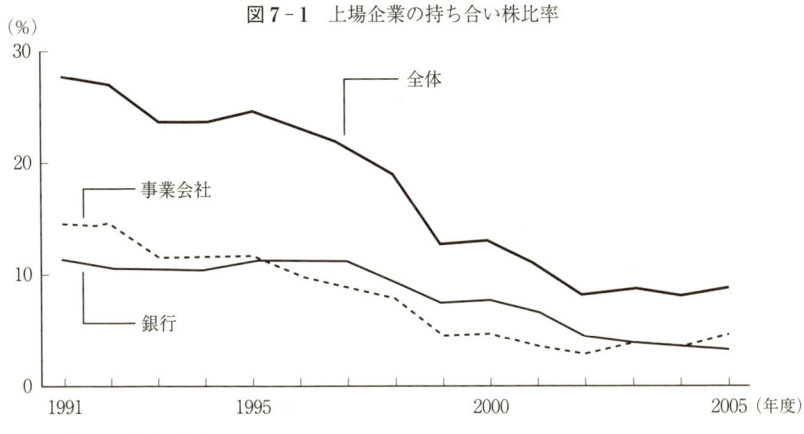

注：大和総研推計，金額ベース
出所：『日本経済新聞』2006年12月12日より作成

になっている。05年度の銀行の保有する持ち合い株は3.04％と，前年度に比べて0.4ポイント低下したのに対して，事業会社の持ち合い株比率は4.57％と，前年度に比べて1.07ポイント上昇した。事業会社を業種別にみると，小売り同士の持ち合い株比率が上昇し，化学，鉄鋼同士も高い伸びを示している。日本企業は従来，金融機関と株式を持ち合ってきたが，バブル崩壊による株価低迷や株主重視の経営の広まりから徐々に比率は低下し，持ち合い復活は以前とは性格が異なるものの，機関投資家などから「資本効率が低下する」「株主によるガバナンスが利きにくくなる」を懸念する声がある（図7-2）。

　取引先との関係強化を通じた競争力向上だけでなく，2007年5月の「三角合併」解禁など買収の脅威もにらんだ安定株主づくりのために，鉄鋼，電機など大手企業の間で「株式持ち合い」の動きが加速している。新日本製鉄と松下電器産業（現在のパナソニック）は素材の共同開発を強化することで一致し，家電用の鋼板開発や供給面で取引関係にある両者は，07年3月期に約200億〜300億円ずつを投じて株式持ち合いを実施した。出資比率は0.3％〜0.5％と低いが，新日本製鉄は「長期的な信頼関係強化につながる」，松下電器産業は「事業面での関係がより強化できる」とコメントしている。松下電器産業は新日本製鉄

以外にも，事業面で連携する企業との株式持ち合い強化のため，07年3月期に，トヨタ自動車，住友金属工業，東レなどと株式持ち合いを増加している。

　06年，鉄鋼業界で世界第1位ミタル・スチールは第2位の欧アルセロールを買収し，世界再編に火がついた中で，JFEホールディングスは川崎汽船，川崎重工業，三菱商事，丸一鋼管，JR東海，JR東日本，スズキ，伊藤忠商事といった親密な企業10社以上に株式の持ち合いを呼びかけ，07年3月期に1,000億円を株取得に投じた。JFEホールディングスの数土文夫社長は「株式の持ち合いの意味は10年前とは違う。取引関係の安定化のために，ビジネス上の利点を毎年チェックしている。」と強調しているが，安定株主対策の思惑もあるように思われる。各社が保有する株式は発行済み株式数から見れば小さく，直接的な買収防衛にはならないが，敵対的買収を掛けられたときに，こうした大手企業が安定株主として存在することをアピールする効果は小さくない。上場企業の06年度の株式持ち合い比率は11.2％と05年度より0.1ポイント高く，1990年度以降，初めて上昇に転じた。

10　近視眼的市場と近視眼的経営

　企業価値は経営トップによる現在および将来の利益創出に対する努力配分に依存している。投資家は，情報を収集して，現在および将来の利益を推測しようとするが，短期および長期をにらんだ活動それぞれにどれだけ努力が注ぎこまれたかを自分だけが知っている点で，経営者には投資家に較べてより多くの情報がある。

① 　現在ならびに将来の収益に関する情報に対して株価が反応する程度は，情報の精度だけでなく，情報入手以前の収益に関する知識の精度にも依存している。長期の業績がきわめて不確実な場合，その見通しに関する劣悪な情報（悪材料）は重要な反応を引き起こさないかもしれない。

② 　経営者の努力が短期，長期の企業価値のどちらの増進にウエイトを置いているかについて，投資家よりも経営者のほうがより知っているという事実に，

すべてがかかっている。もし投資家が経営者の行動やその影響を直接観察できるならば，経営行動を正しく株価に反映できるであろう。

③　投資家が新しい情報を利用するならば，長期の業績指標よりも短期の業績指標によりウエイトを置くことになる。そのために，経営者がファンダメンタルな価値最大化に必要な程度以上に短期的な業績を重視し，長期的な業績を軽視してしまうことになる。短期の収益向上には過大な経営努力が注がれ，長期の収益に関しては過小となる。

④　経営者の給与や地位の保証が株価に依存している場合，彼らは短期の業績指標を重視して，長期利益を軽視するようになるであろう。

第Ⅲ部
コーポレート・ファイナンスの理論と実際

― *guidance* ―

　設備投資，住宅投資，研究開発投資，人材開発投資，財テクなどはいずれも「投資」と呼ばれ，投資対象には，実物資産・金融資産，有形資産・無形資産などさまざまなものがある。企業はキャッシュを調達し，そのキャッシュで有形・無形資産を購入する。そして，有形・無形資産からキャッシュを生み出し，そのキャッシュを投資家に返済する。かくて，「投資」とは対象が何であれ，キャッシュのアウトプットであるリターンを求めて，キャッシュをインプットすることと定義される。投資プロジェクトには，リスク，回収の期間，回収のタイミング，リターンの形態，税金，資本コスト，投資の形態などについてさまざまな特性があり，これらの特性を一元的に評価する指標に「NPV（Net Present Value：正味現在価値）」がある。

第8章
NPVと資本コスト

　NPVは，コーポレート・ファイナンス理論の主要な要素をすべて含んでいる。NPVの特徴は，次のようにまとめることができる。

① 「会計は見解，キャッシュは事実」と言われている。NPVは，一義的な値をとるフリーキャッシュフローの考え方を使うことで，どのような投資プロジェクトであってもリターンとリスクを適切かつ一元的にとらえることができる。

② リターンの価値はそれが得られるタイミングによって変化する。NPVは現在価値であるので，投資プロジェクトから得られるリターンの時間的価値をとらえることができる。

③ WACC（加重平均資本コスト）にはプロジェクトのリスクが織り込まれている。NPVは，資本コスト（WACC）を割引率として使うことで，投資プロジェクトのリスク（ベータ・リスク）を反映した評価を行うことができる（図8-1）。

　企業の事業遂行に必要な資金の調達コストは「資本コスト」と呼ばれ，それは銀行借入・社債など有利子負債の利払いから計算した「負債コスト」と，株主への配当や株価の上昇期待に基づく「株主資本コスト」とを加重平均したものであり，いわば株主や債権者から調達した資金のコストである。負債コストは支払利息として顕在化するため，企業経営者はコストとして認識しやすく，それゆえ各企業は1990年代後半から有利子負債の圧縮を進めてきた。一方，株主資本コストは投資家が求める配当とキャピタルゲインから構成される期待収益率であり，「キャピタルゲインはキャッシュアウトしないため企業はコスト

図8-1　NPVと資本コスト

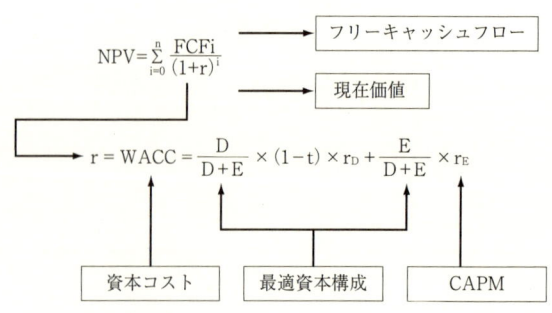

$$\text{NPV} = \sum_{i=0}^{n} \frac{\text{FCFi}}{(1+r)^i}$$

フリーキャッシュフロー

現在価値

$$r = \text{WACC} = \frac{D}{D+E} \times (1-t) \times r_D + \frac{E}{D+E} \times r_E$$

資本コスト　　最適資本構成　　CAPM

出所：滝川［2007］, p. 125

として認識しにくい」と言われている。

「資本コスト」はコーポレート・ファイナンス論の中核概念であり,「資本提供者（他人資本の提供者である債権者, 自己資本の提供者である株主）が要求する収益率」「企業が達成しなければならない収益率」という2つの意味を有している。資本コストは資本提供者が要求する収益率であるという意味で, 他人資本の提供者である債権者が要求する収益率は「他人資本コスト（負債コスト：CC_L）」, 自己資本の提供者である株主が要求する収益率は「自己資本コスト（株主資本コスト：CC_E）」, 資本提供者全体が要求する収益率は「加重平均資本コスト（WACC）」とそれぞれ呼ばれている。

1　NPV——バリュエーション

投資プロジェクトを実施すべきか否かを決める場合や, 複数の投資プロジェクト候補の中から最良のものを選ぶ場合に必要となるのが「バリュエーション（投資の価値計算）」である。バリュエーションの代表的な方法にNPV（正味現在価値：Net Present Value）の算出がある。

投資プロジェクトを実施すべきか否かについては, NPVがプラスであれば, プロジェクトを実行すべきと判断できる。複数の投資プロジェクト候補の中からどれを実施すべきかについては, NPVが最大のものを実行すべきと判断で

きる。NPV（正味現在価値）の定義式は次のものである。

$$NPV = FCF_0 + \frac{FCF_1}{(1+r)} + \cdots\cdots + \frac{FCF_n}{(1+r)^n}$$

ここで，FCF_i (i = 0～n) ＝ 第 i 期間のフリーキャッシュフロー，r ＝ WACC（資本コスト），n ＝ 投資プロジェクトからフリーキャッシュフローが得られる期間である。つまり，NPV を計算するためには，期間（年）ごとのフリーキャッシュフロー（FCF_i），WACC（r），期間の長さ（n）の3つの要素が必要である。

2　資本構成と資本コスト

会計学は株主のみの観点から見ているが，ファイナンス理論は債権者と株主の両者の観点から見ている。企業一般の実際の貸借対照表は，

　資産合計＝負債合計＋純資産合計

であるが，理論ベースでは，

　資産(A) ＝ 他人資本(D) ＋ 自己資本(E)
　　　　＝ 負債(D) ＋ 株主資本(E)

である。債権者・株主は企業に対してリターンを期待して資本を提供しているが，これは企業サイドから見ると，資本（他人資本，自己資本）を提供してもらった見返りとして，債権者・株主にその対価を支払わなければならないことを意味している。つまり，企業にとって資本にはコストがかかっているのであり，この資本のコストが「資本コスト」と呼ばれているものである。

【こんな知識も】　他人資本 vs. 自己資本

　他人資本が他人から集めた資本であるのに対して，自己資本は企業自身に属する資本である。しかし，企業は株主が出資して設立したものであるので，自己資本は，企業自身の資本であるというよりは，株主の持分を意味し，最近では株主資本という用語が使われることが多い。

　　純資産合計＝株主資本＋評価・換算差額等＋新株予約権＋少数株主持分

であり，「株主資本＋評価・換算差額等」を金融庁・東京証券取引所は「自己資本」

第Ⅲ部 コーポレート・ファイナンスの理論と実際

図8-2 他人資本のコスト vs. 自己資本のコスト

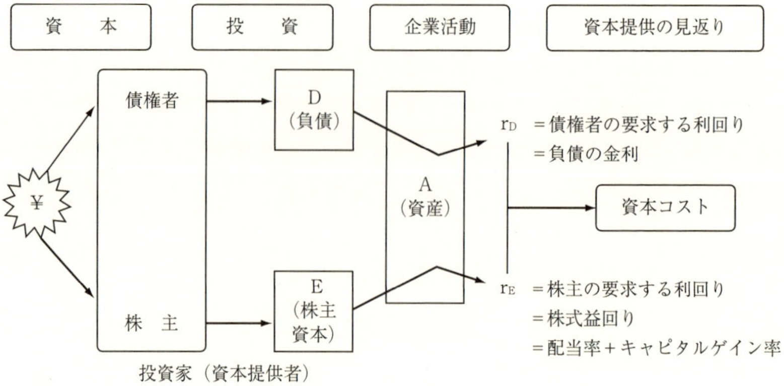

[図：資本（債権者・株主）→投資（D 負債／E 株主資本）→企業活動（A 資産）→資本提供の見返り（r_D＝債権者の要求する利回り＝負債の金利、r_E＝株主の要求する利回り＝株式益回り＝配当率＋キャピタルゲイン率）→資本コスト。投資家（資本提供者）]

出所：滝川［2007］, p.119

と呼んでいる。

【こんな知識も】 資本の新旧区分

2006年5月の「会社法」施行や新会計基準の適用により、貸借対照表の資本の区分が変わった。新しい区分では、従来は同じ内容・数値を指していた「株主資本」と「純資産」が別々の概念として組み替えられた。新しい区分では、

　　新しい株主資本＝従来の株主資本（＝純資産）－「評価・換算差額等」

である。従来の株主資本（＝純資産）の範囲を指す用語は会計基準や会社法からなくなった。

資本を調達する方法には、負債（銀行借入や社債など）と株式があり、負債での調達コストは金利、株式での調達コストは株式益回り（＝$\frac{（年間配当金＋値上がり益）}{株価}\times 100$）である。金利、株式益回りは、それぞれ債権者、株主が要求するリターンである。株式益回りはCAPMによって計算され、リスク（ベータ・リスク）が高いので金利よりも高くなる。しかし、日本のビジネス界においてしばしば見受けられる誤解は、企業が株主に支払わなければならないのは配当なので、株主に対する資本コストは、配当利回り［＝$\frac{年間配当金}{株価}\times 100$］であり、株式での調達コストは負債での調達コストより

も低いという認識である（図8-2）。

3　他人資本のコスト vs. 自己資本のコスト——ソフトバンク

(1) 他人資本コスト（負債コスト）—— CC_L

　債権者から集めた資金は他人資本（負債）と呼ばれ，債権者が要求する収益率が「他人資本コスト（負債コスト）」である。現時点の負債コストは，企業がこれまでに資金調達した負債の金利ではなく，現在資金調達を行う場合の複利最終利回りである。すなわち，企業が社債を発行していて，その市場価格が分かる場合には，以下の式から求められる複利最終利回りが負債コスト（CC_L）である。

　P＝社債の市場価格，r＝複利最終利回り，C＝一定のクーポン額（年1回利払い），F＝償還価額，n＝残存期間とすると，

$$P = \frac{C}{(1+r)} + \frac{C}{(1+r)^2} + \cdots\cdots + \frac{(C+F)}{(1+r)^n}$$

から求められるrが負債コスト（CC_L）である。しかし，社債の市場価格が分からない場合などは，「負債の時価＝負債の簿価」を前提として，負債利子率（$= \frac{負債利子}{有利子負債額}$）を負債コスト（税引前：r_D）とすることが多い。ただし，負債利子は税控除の対象となるので，WACC（加重平均資本コスト）の計算においては，税引後負債コスト［$=(1-t) \times r_D$］が用いられる。ここで，t＝法人税率（実効税率）である。

　　【こんな知識も】　実際の負債コスト
　　　税処理のうえで利子支払い分が控除できる可能性，債務契約の制限条項，担保の安全性に応じて利子率が変わる仕組みの採用などは実際の負債コストに影響を及ぼす。

(2) 自己資本コスト（株主資本コスト）—— CC_E

　債権者から集めた資金は他人資本，株主から集めた資金は自己資本と呼ばれているが，企業経営者にとっては債権者も株主も他人であり，債権者から集め

図8-3 株価変動と事業リスク

出所:『日本経済新聞』2007年6月27日より作成

た資金は債権者資本，株主から集めた資金は株主資本とそれぞれ呼ぶ方が誤解がないように思える。株主が要求する収益率が「自己資本コスト（株主資本コスト：CC_E）」であり，自己資本コストは次の2つの方法などによって求められる。

① CAPM（資本資産評価モデル）による方法

$$E[r_i] = r_f + \beta_i \{E[r_M] - r_f\}$$

は「CAPM（キャップエム）の式」と呼ばれているものである。ここで，$E[r_i]$ ＝第i株式の期待収益率，r_f ＝無リスク利子率（リスクフリー・レート），$\beta_i = \dfrac{Cov(r_M, r_i)}{Var(r_M)}$ ＝第i株式のベータ・リスク，$E[r_M]$ ＝市場ポートフォリオの期待収益率である。$E[r_i]$ が自己資本コスト（株主資本コスト：CC_E）である。

② 定率成長配当割引モデル（DDM）による方法

配当割引モデル（Dividend Discount Model：DDM）は，株価は将来得られる配当の現在割引価値の合計であるとする株式価値評価モデルであり，P＝株式の理論価格，D_1＝今期末の予想配当，g＝一定の予想配当成長率（年率），k＝一定の割引率とすると，

$$P = \frac{D_1}{(k - g)}$$

である。P＝現在の株価とし，上式からk（株主が要求する収益率）を逆算すると，これが自己資本コスト（株主資本コスト：CC_E）である。

$$k = \left(\frac{D_1}{P}\right) + g$$

事業リスクに対する投資家の意見は株価動向に表れていると考えられ,株価変動が相対的に大きい企業の事業リスクは大きく,株価変動が相対的に小さい企業の事業リスクは小さいとみなされている。ソフトバンクの株価の変動幅はハウス食品のそれよりも大きいので,ソフトバンクの事業リスクはハウス食品のそれより大きく,したがって,ソフトバンクの資本コストはハウス食品のそれより大きいとみなされている。資本コストは投資家の意見が集約された値であり,各企業は事業特性に応じた資本コストを設定し,それを上回るリターンを目標にしている(図8-3)。

4 CAPM(資本資産評価モデル)——ライブドアと花王

投資評価に用いるべき適正な資本コストは,その投資プロジェクトのファイナンスに要した実際の資金調達コストである。市場が要求する収益率を決定するためには,合理的な投資家が危険な投資プロジェクトを評価する方法を観察する必要がある。その資産に適合した期待収益率を使えば,予想キャッシュフロー額の現在価値計算によって,妥当な資産価格を決定できる。

CAPM(資本資産評価モデル)の式を用語で書けば,

株式 i のリターン = 安全資産の金利 + β_i (マーケットリスク・プレミアム)

あるいは

株式 i のリスク・プレミアム = β_i (マーケットリスク・プレミアム)

である。以下では,表8-1の例示でCAPMの式の意義を説明しよう。

(1) 株式 i のリスク・プレミアム(リスク補償)—— $E[r_i] - r_f$

リスク回避型の個人が5%のリターンの安全資産でなく,株式 i を選ぶには,株式 i のリターンはいくらでなければならないのであろうか。

$E[r_A] - 5 = 10 - 5 = 5\%$

$E[r_B] - 5 = 20 - 5 = 15\%$

第Ⅲ部　コーポレート・ファイナンスの理論と実際

表8-1　CAPM（資本資産評価モデル）の例示

シナリオ	シナリオ生起確率	市場ポートフォリオの収益率（r_M）	株式Aの収益率（r_A）	株式Bの収益率（r_B）
好景気	0.5	65	35	95
不景気	0.5	-35	-15	-55
リターン（期待収益率）		15	10	20
リスク・プレミアム		10	5	15

$E[r_i] = r_f + \beta_i(E[r_M] - r_f)$（CAPMの式）

市場ポートフォリオ：$15 = 5 + \beta_M(15-5)$ より $\beta_M = 1$
株式A　　　　　　：$10 = 5 + \beta_A(15-5)$ より $\beta_A = 0.5$
株式B　　　　　　：$20 = 5 + \beta_B(15-5)$ より $\beta_B = 1.5$

	市場ポートフォリオ	株式A	株式B
リターン（期待収益率）	15	10	20
リスク・プレミアム	10	5	15
ベータ（ベータ・リスク）	1	0.5	1.5

注：リスク・プレミアム＝リターン－安全資産の利子率（5％）
出所：滝川［2007］, p.59

で求められる5％，15％は「安全資産の金利にいくら上乗せすれば，つまりいくらプレミアムをつければ，リスク回避型の個人は，株式iと安全資産を同じであると感じるようになるか」，つまり投資に付随するリスクに対する報酬をそれぞれ示している。

（2）マーケットリスク・プレミアム──　$E[r_M] - r_f$

$E[r_M] - 5 = 15 - 5 = 10\%$

で求められる10％は「安全資産の金利にいくら上乗せすれば，つまりいくらプレミアムをつければ，リスク回避型の個人は，市場ポートフォリオと安全資産を同じであると感じるようになるか」を示している。

（3）株式iのベータ・リスク──　$\beta_i = \dfrac{\text{Cov}(r_i, r_M)}{\text{Var}(r_M)}$

市場ポートフォリオ（例えば，日経平均）のリターンは「株式市場全体の地合い」を示すものであり，日経平均が上がれば「地合いが良い」，下がれば

「地合いが悪い」とそれぞれ呼ばれている。株式 i のリスク・プレミアム（リスクを補償する超過収益：$E[r_i] - r_f$）は，$Var(r_i)$ にはまったく依存せず，$Cov(r_i, r_M)$ に比例している。投資家は，個々の投資にともなうリスクではなく，ポートフォリオ全体のリスクに関心を抱いている。地合いが良いときには株式 i のリターンは上昇しやすいし，地合いが悪いときには株式 i のリターンは下落しやすいであろう。株式 i の株価は「日経平均株価と同じくらい上昇する」「日経平均株価以上に上昇する」「日経平均株価ほどには上昇しない」のいずれかであるが，日経平均のリターンをメルクマールとして，株式 i のリターンの「市場ポートフォリオに対する感応度」を見ようとするのが「ベータ・リスク」である。株式 i のベータ・リスク（β_i）は，

$$E[r_i] - r_f = \beta_i \{E[r_M] - r_f\}$$

より，

$$E[r_A] - 5 = 10 - 5 = \beta_A(E[r_M] - 5) = \beta_A(15 - 5)$$
$$E[r_B] - 5 = 20 - 5 = \beta_B(E[r_M] - 5) = \beta_B(15 - 5)$$

であるので，$\beta_A = 0.5$，$\beta_B = 1.5$ が得られる。$\beta_A = 0.5$ は株式 A が「日経平均株価ほどには上昇せず，日経平均株価の上昇率の $\frac{1}{2}$ しか上昇しない」，$\beta_B = 1.5$ は株式 B が「日経平均株価以上に上昇し，日経平均株価の上昇率の1.5倍上昇する」ということをそれぞれ意味している。

株主からの資金調達コストは「株主資本コスト」と呼ばれ，株主の側から言えば，それは企業に要求する収益率である。株主資本コストは，

株主資本コスト＝長期国債利回り＋β値×リスクプレミアム

と定義されている。05年4月時点のライブドア，05年12月時点の花王の株主資本コストはそれぞれ次のように計算されている。

ライブドアの株主資本コスト＝1.5％＋2.2×4.5％＝11.4％
花王の株主資本コスト＝1.5％＋0.75×4.5％＝4.9％

ここで「長期国債利回り」の1.5％は無リスクレート，「β値」は株式相場全体の動きと比べた株価の振れ幅，「リスクプレミアム」の4.5％は株式のリスクに伴う上乗せ幅であり，野村証券が適用しているものであった。

ライブドアの堀江貴文社長は資本の論理を振りかざした合理的思考の経営者のように思われているが、ライブドアの株主資本コストは11.4%ときわめて高く、「ライブドアは株式市場から調達した資金にはコストがかかることを意識していたのか」「エクイティファイナンス（新株発行を伴う資金調達）を配当をゼロにすれば無コスト資金になると誤解していたのではないか」と言われている。株式は株価下落や、経営破綻で無価値になることがあるので、負債よりリスクが大きく、その分株主が投資先に期待する（要求する）収益率は大きい。つまり、株主資本コストは負債コストより高いものである。

5　WACC（加重平均資本コスト）
——パナソニック，キリンビール，大阪ガス

他人資本コスト（負債コスト：CC_L）と自己資本コスト（株主資本コスト：CC_E）を求めることができれば、両コストを資本構成で加重平均することによって、企業全体の資本コストを計算することができる。これが「加重平均資本コスト（Weighted Average Cost of Capital：WACC）」と呼ばれているものである。

D＝長期負債の時価総額、E＝株式の時価総額（＝株式の時価×発行済み株式数）、t＝法人税率（実効税率）とすれば、資本コスト（WACC）は、

$$WACC = \left\{\frac{D}{(D+E)}\right\} \times (1-t) \times CC_L + \left\{\frac{E}{(D+E)}\right\} \times CC_E$$

で定義される。

かくて、資本コスト（WACC）の構成要素は次のものである。

① 長期負債の時価総額（D）

WACCの定義式中の負債は、貸借対照表上のすべての負債ではなく、長期負債だけである。というのは、キャッシュを生み出す源泉となる資産を形成するのは、あくまでも長期負債と株主資本であるからである。短期の流動負債は運転資本を支えるためのものであり、キャッシュを生み出すための資産を形成するのに使われているわけではないからである。貸借対照表上では、長期借入

金は返済期限が1年以内になると、流動負債に繰り入れられるが、資本コストを計算するときにはDの中に含められなければならない。ファイナンス理論が問題にするのは事業の市場評価額であるので、長期負債と株主資本はともに簿価（過去のある時点における取得価格）ではなく、時価で評価されなければならない。ただし、負債については、市場で流通している社債以外は時価のデータが入手できないので、簿価をもって代用する。

【こんな知識も】 負債
　負債（D）の中には、買入債務や前受金などの無利子負債は含めず、有利子負債のみを含める。というのは、買入債務等に含まれる潜在的な金利は仕入れ価格に反映され、営業利益の段階ですでに控除されているからである。

② 株主資本の時価総額（E）
　株主資本の時価総額は、発行済み株式数に現在の株価を掛けたものである。

③ 負債の実質負担コスト $[(1-t) \times CC_L]$
　負債コスト（CC_L）に（$1-t$）＝（1－実効税率）を掛けているのは、金利費用が損金として処理され、その分だけ税金の負担が少なくなるからである。例えば、金利を4％、実効税率（t）を50％とすると、キャッシュフローから見た負債の実質負担コストは2％である。

④ 株主資本コスト（CC_E）
　株主資本のコスト（株式益回り）はCAPM $[r_E = r_f + \beta(r_M - r_f)]$ から求められる。ただし、まったくの新規事業に進出したり、企業買収などの大型の投資をすることで資本構成（DとEの割合）が大きく変化するような場合には、調整が必要である。

【こんな知識も】 グローバル・スタンダードの経営
　金利は株式益回りよりも低く、しかも、金利には税控除があるので、負債の実質調達コストは株式の調達コストよりも低くなる。したがって、WACCは、負債を増やせば増やすほど安くなる。グローバル・スタンダードの経営は、負債をどのよ

第Ⅲ部　コーポレート・ファイナンスの理論と実際

図8-4　資本の区分の変更例

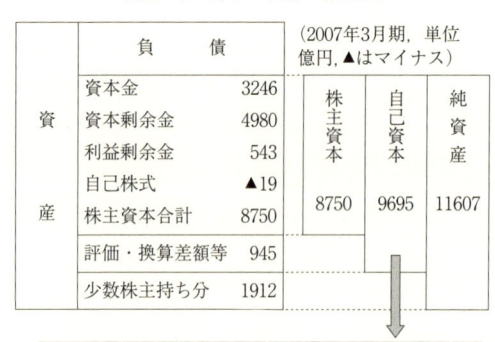

（2007年3月期，単位億円，▲はマイナス）

資産	負債		株主資本	自己資本	純資産
	資本金	3246			
	資本剰余金	4980			
	利益剰余金	543			
	自己株式	▲19			
	株主資本合計	8750	8750	9695	11607
	評価・換算差額等	945			
	少数株主持分	1912			

従来の株主資本（＝純資産）とほぼ同じ内容

出所：『日本経済新聞』2007年6月6日より作成

うに有効活用するかということが常識になっている。

企業に資金を出す際，投資家は企業が営む事業のリスクとリターンの関係を考えるであろう。投資家は，リスクの大きい事業を営む企業には高いリターンを期待し，リスクの小さい企業のリターンは低くてもいいと考えている。

企業は自由に資本コストを設定しているのではなく，投資家の意見が集約される資本市場のデータを使い，「資本資産価格モデル（CAPM）」でリスクとリターンをきちんと推定している。企業の資本コストの実際事例としては，松下電器産業（現在のパナソニック）8％，キリンビール5％，大阪ガス3％である。資本コストの相違は事業リスクの相違であり，「家電・ハイテク事業（松下電器産業）のリスクは飲料・食品事業（キリンビール）のリスクより大きく，さらに飲料・食品事業（キリンビール）のリスクは公益事業（大阪ガス）のリスクより大きい」と言える。

第❾章
企業価値評価

　企業価値をどう評価するかは難しい問題である。評価手法にはいくつかあるが，完璧なものはなく，したがって，複数の評価手法を併用するのが一般的である。企業価値（＝株式時価総額＋有利子負債）の算定方法には，一般には「同業他社と比較する『類似会社比較法』あるいは『マルチプル法』」「将来生み出すキャッシュ・フローを現在価値に換算する『収益還元法』あるいは『割引キャッシュ・フロー（DCF）法』」の２つがある。

　「企業価値」は割引キャッシュ・フロー法（Discounted Cash Flow Model：DCFモデル）によって求められるが，それには２つの方法がある。第１の方法は，他人資本（負債）価値と自己資本（株主資本）価値を別々に求め，これらを合計するものである。企業は，債権者から提供された他人資本（負債）と，株主から提供された自己資本（株主資本）を使って事業を行い，事業が生み出すキャッシュ・フローは債権者と株主に分配される。債権者に帰属するキャッシュ・フローの現在割引価値と，株主に帰属するキャッシュ・フローの現在割引価値を別々に計算し，合計する方法である。第２の方法は，キャッシュ・フローを区分して他人資本（負債）価値と自己資本（株主資本）価値を別々に計算するのではなく，事業が生み出すキャッシュ・フロー全体を資本提供者が要求する収益率（事業の必要収益率：WACC）で割り引いた現在価値を算出する方法である。

　　【こんな知識も】　清算価値と継続価値
　　　企業価値には，清算価値と継続価値の２種類がある。「清算価値」は，その時点で事業を終了し，企業が保有する資産をすべて売却するときの対価である。「継続

価値」は，企業が事業を継続することにより得られる将来にわたって生み出すフリー・キャッシュ・フローの現在価値の合計である。株主は，いつでも企業を解散することができるので，清算価値と継続価値の大きい方が企業価値となる。ただし，清算価値が継続価値を上回っていても，株主のコーポレート・ガバナンスが機能していないときには，企業が清算されないことがある。

【こんな知識も】　継続企業の前提
　決算書は企業が将来にわたって事業活動を継続する前提で作成される。連続した営業赤字，債務超過など，事業の継続に重要な疑義が生じている場合，上場企業は有価証券報告書などに注記することが義務づけられている。投資家へ注意を促すための制度で，ゴーイングコンサーンと呼ばれている。上場企業の経営継続リスクの開示ルールは09年3月期から変更になった。従来は債務超過や赤字続きなどの基準に該当すればほぼ一律に「継続企業の前提に関する注記」として開示された。新ルールでは，企業が対応策を講じれば問題点を解消できるという可能性が低い場合は従来通り「注記」，高い場合は「事業等のリスク」などに分けて記載される。「08年4－12月期決算に注記が付いた企業は126社。08年3月期末と比べ18％増加した。注記が付いた企業に対し，投資家や金融機関が『倒産リスク』ととらえて過剰反応しているとの指摘がある。」（『日本経済新聞』2009年4月7日）という新聞記事があった。

1　公開企業の企業価値

　企業全体の経済的価値，具体的には，企業が将来にわたって生み出すフリー・キャッシュ・フローの現在価値の合計は「企業価値」と呼ばれている。企業価値は，理論株価の算定や，M&A，リストラなどを評価するときの基準になる。また，子会社や関連会社への出資，連結経営を考える場合にも，企業価値の考え方は不可欠である。コーポレート・ファイナンス理論は，企業経営者が「企業価値の最大化」を目的としていると考えている。
　実際には，企業は，さまざまな投資プロジェクトから構成されており，貸借対照表上の資産は，さまざまな投資プロジェクトの集合体とみなすことができる。企業全体を一つの投資プロジェクトとみなし，そのNPV（正味現在価値）

を求めたものが「企業価値」である。貸借対照表上の資産は会計学のルールに従って，取得価格で評価されているが，これを市場価格で評価したものが「企業価値」である。

貸借対照表上の資産を市場価格で評価するとは，資産が生み出すフリー・キャッシュ・フローの現在価値の合計を求めることである。一つひとつの投資プロジェクトのNPVを求めるのと同様に，「企業価値」は次のようにして算出される。

① 企業全体のフリー・キャッシュ・フローを予測する。可能な限り（通常は10年間の），フリー・キャッシュ・フローを予測する。定常状態（通常は11年目以降）になれば，永続価値を用いる。

② 資本構成，つまり長期負債と株主資本の時価総額を求める。長期負債の評価は簿価で代用する。株主資本の時価総額は「現在の株価×発行済み株式数」で求める。

③ 資本コスト（WACC：r）を計算する。

$$WACC = \left\{\frac{D}{(D+E)}\right\} \times (1-t) \times r_D + \left\{\frac{E}{(D+E)}\right\} \times r_E$$

$$r_E = r_f + \beta(r_M - r_f)$$

④ フリー・キャッシュ・フローを資本コスト（WACC）で割り引き，NPVを求める。

【こんな知識も】 企業価値の理論値と実際値

企業の資産が将来にわたって生み出すフリー・キャッシュ・フローの現在価値の合計は企業価値の理論値である。株式が市場で取引されている公開企業の企業価値の実際値は，株主資本の市場価値と負債の市場価値の合計である。市場が十分に機能していれば，企業価値の理論値と実際値は等しくなる。負債の市場価値は企業の倒産確率の変化などに応じて変化するので，厳密には簿価と一致しないが，通常は市場価値と簿価との間には大きな差は生じない。したがって，企業価値の変動分はすべて株主資本の市場価値に反映されるとみなすことができる。

【こんな知識も】　有形資産・無形資産と負債比率

コーポレート・ファイナンス論では「事業はその固有の性格によって資本構成が規定される。」，すなわち有形資産が事業価値の源泉である事業は負債比率が高く，無形資産が事業価値の源泉である事業は株主資本比率が高いと言われている。これは，有形資産は担保となりお金が借りやすいのに対し，無形資産は担保になりにくいからである。

【こんな知識も】　市場株価法——伊勢丹株と三越株

「市場株価法」は株価をそのまま使い，上場企業同士の合併や経営統合で，合併比率や統合比率を決める際に最も重視される。統合後の三越伊勢丹ホールディングスへの株式移転比率は，伊勢丹株1株に対して三越株は0.34株と決まった。統合報道前の株価と比べると，三越株は7－19％高く評価されたことになる。会計上は，三越を買収する伊勢丹が，三越の株主にこれだけのプレミアムを払ったともいえる。発表資料によれば，市場株価法に基づいた株式移転比率の評価レンジは，伊勢丹側のファイナンシャル・アドバイザーが0.24－0.35，三越側のファイナンシャル・アドバイザーは0.30－0.32とはじいていたので，ほぼ上限で決まったことになる。レンジに幅があるのは，どちらのファイナンシャル・アドバイザーも，過去1カ月間，3カ月間，6カ月間それぞれで評価したからである。市場評価法で重要なのは，期間をどのくらいにするかである。

2　割引キャッシュ・フロー（DCF）法——阪神HDとソフトバンク

（1）事業ごとの企業価値——阪神HD

阪急ホールディングスは2006年5月に阪神電気鉄道へのTOB（株式公開買い付け）を行い，同年10月1日に「阪急阪神ホールディングス（阪急）」が発足した。阪神株は村上ファンドの買い集めで株価が急騰していたので，TOB価格は割高ではないかとの疑問が出ていたが，同年6月29日の阪急電鉄の株主総会で，角和夫社長は「（TOB価格の）930円は相乗効果や中期的な成長を見込まなくても，投下資本にかかるコストを十分に賄え利益が計上できる価格です」とTOB価格の妥当性を訴えた。

『日本経済新聞』（2006年10月14日）は，セグメント情報として開示されてい

第9章　企業価値評価

表9-1　阪神HDの事業ごとの企業価値

(2006年3月期ベース，単位億円，▲は赤字)

	運輸	流通	不動産	建設	レジャー	その他
営業利益	45	34	97	▲5	61	16
減価償却費	52	13	78	2	19	16
設備投資	55	16	21	1	6	15
FCF	19	13	105	▲4	43	9
事業価値	608	414	3,239	▲133	1,333	287

企業価値（事業価値の和）	5,749	成長率＝1％	WACC＝4.3％
理論株価（円）	977.7		

$$事業価値 = \frac{税引き後営業利益 + 減価償却費 - 設備投資}{還元利回り（WACC）- 成長率}$$

出所：『日本経済新聞』2006年10月14日より作成

る事業ごとの収益から，収益還元法で阪神電鉄株のフェアバリュー（適正価格）を計算している。阪神は6つの事業をもち，2006年3月期の各事業からのFCF（フリー・キャッシュ・フロー）が，次のように求められている。

　FCF＝営業損益×（1－阪神の実効税率）＋減価償却費－設備投資額
　　　＝営業損益×（1－0.5）＋減価償却費－設備投資額

　各事業からのFCFが年1％で成長し，投資家の期待利回りである「株主資本コスト」を6％弱，これと有利子負債の調達コストを加重平均した資本コスト（WACC）を4.3％として，6つの事業価値が求められ，それらの合計が阪神の企業価値5,749億円である。

　　株式時価総額＝企業価値－有利子負債

から株式時価総額を求め，それを発行済み株式数で割ると1株のフェアバリュー（適正価格）977円を得ることができる。これは阪急の提示したTOB価格930円より大きい値である（表9-1）。

（2）ソフトバンク―― FCFについてのシナリオ

　割引キャッシュ・フロー（DCF）法は「収益還元法」と呼ばれることもあり，フリー・キャッシュ・フローが安定した企業の価値算定に向いている。

　ソフトバンクは2006年3月期に連結営業損益が5年ぶりに黒字化した。ボー

図9-1 FCFについての2つのシナリオ──ソフトバンク

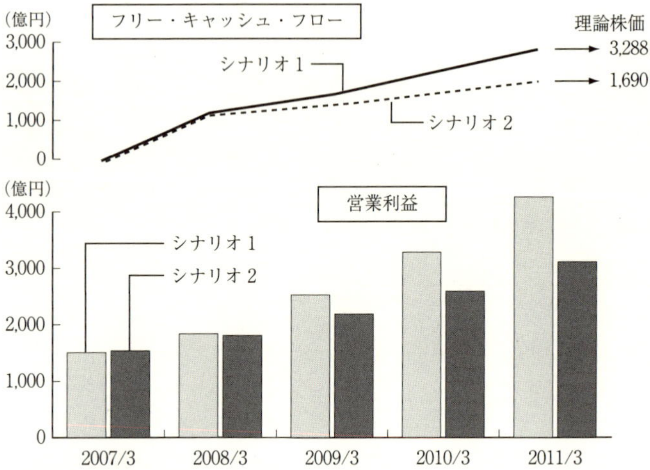

（理論株価算定の前提）
税率は32.9％，有利子負債，少数株主持分は2006年6月末の値を使用。運転資金の増加額は07年3月期のみ1,000億円，08年3月期から11年3月期までは100億円，設備投資額，減価償却費はともに年間2,000億円と仮定した
出所：『日本経済新聞』2006年10月12日より作成

ダフォン日本法人買収で携帯電話事業も加わり，将来の収益予想がしやすくなり，ようやく普通の企業として分析できるようになったと言われている。ソフトバンクのフリー・キャッシュ・フロー（FCF）についての2つのシナリオを考える。1つ目は07年3月期の営業利益を市場予想並みの1,500億円とし，営業利益が来期以降11年3月期まで30％で成長，その後は1％成長に落ち着くシナリオ（シナリオ1）である。2つ目は営業利益が来期以降11年3月期まで20％で成長，その後は1％成長に落ち着くシナリオ（シナリオ2）である。ソフトバンクの資本コストは，株主資本コスト8％，負債コスト3％として，それらの加重平均値5％と見積もられている。シナリオ1のとき，11年3月期の営業利益は4,284億円で，理論株価は3,288円となる。シナリオ2のとき，11年3月期の営業利益は3,110億円で，理論株価は1,690円となる（図9-1）。

第9章 企業価値評価

図9-2 資本コストについてのシナリオ――花王

ケース❶ 負債で調達した場合

有利子負債　4,080億円
株式　1兆7,307億円

資本コスト　4.2%　DCF法で求めた理論株価　3,361円

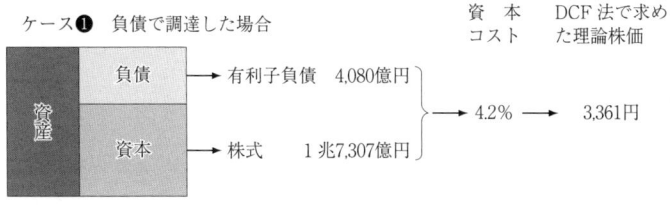

ケース❷ 株式で調達した場合

有利子負債　200億円
株式　2兆1,200億円

資本コスト　5.0%　2,791円

注：税率は41％とした
出所：『日本経済新聞』2006年10月13日より作成

（3）花王――資本コストについてのシナリオ

花王の07年3月期のフリー・キャッシュ・フロー（FCF）を800億円，11年3月期までの年成長率を4％，その後は横ばいが続くと想定する。資本コストが4.2％のとき，理論株価は3,361円となる。資本コストが5.0％のとき，理論株価は2,791円となる（図9-2）。

3　非公開企業の企業価値

（1）企業価値の計算方法

株式の時価が存在しない非公開企業の企業価値は，以下のように計算する。
① 非公開企業のフリー・キャッシュ・フローの予測

非公開企業のフリー・キャッシュ・フロー（FCF）を予測する。負債（他人資本）で資金調達していても，自己資本100％で資金調達を行っているものとして計算する。フリー・キャッシュ・フローを詳しく予測する必要があるが，第一次近似計算のために，売上高と費用の構造は現在の水準のまま推移する，補填投資（減価償却費に見合う設備投資額）のみを行う，運転資本に変化はない，

という3つの仮定をおくと、企業のフリー・キャッシュ・フローは、

FCF ＝営業利益×(1－法人税率)＋減価償却費－設備投資額－運転資本増加額
　　　＝税引後営業利益
　　　＝320×(1－0.5)＝160

である。

【こんな知識も】　設備投資額と運転資本増加額
　　設備投資額は固定資産に対する投資額である。運転資本増加額は、売上債権・棚卸資産と買入債務の差額である。

【こんな知識も】　キャッシュ・フロー計算書によるフリー・キャッシュ・フロー(FCF)
　　FCF ＝営業活動によるキャッシュ・フロー＋投資活動によるキャッシュ・フロー＋利息の支払額×(1－法人税率)

② 非公開企業のアンレバード・ベータ・リスクの評価

　非公開企業のアンレバード・ベータ・リスクを評価する。アンレバード・ベータ・リスクとは、長期負債ゼロの状態におけるベータ・リスクである。株式公開している類似企業のレバード・ベータ・リスクから、業界のアンレバード・ベータ・リスク（β_U）を求める。以下では、$\beta_U = 0.5$を前提として計算する。

③ 資本構成（資金調達）の決定

　非公開企業の場合は、株式が市場で取引されていないため、株式の時価、したがって時価ベースの資本構成が分からない。このときは、業界の時価ベースの資本構成をベンチマークとして用いる。D＝負債（簿価）、E＝株主資本（時価）とすれば、以下では、

$$\frac{D}{(D+E)} = 0.6$$

を前提として計算する。

④ 非公開企業のレバード・ベータ・リスクの計算

　企業の資本構成に対応した、つまり長期負債がゼロでない状態のベータ・リ

スクは「レバード・ベータ・リスク」と呼ばれている。ここでは，非公開企業の資本構成は，

$$\frac{D}{(D+E)} = 0.6$$

であると仮定しているので，$(\frac{D}{E}) = 1.5$ であり，非公開企業のレバード・ベータ・リスク（β_L）は業界のアンレバード・ベータ・リスク（β_U）を非公開企業の資本構成で調整することにより求めることができる。つまり，

$$\beta_L = \beta_U \times \{1 + (\frac{D}{E})\} = 1.25$$

である。

⑤ 非公開企業の WACC（加重平均資本コスト）の計算

加重平均資本コスト（WACC）は，非公開企業の企業価値（NPV）を計算する際の割引率である。資本構成の問題はすべて WACC で考慮され，WACC により資本構成の要素を NPV に反映させることができる。r_D ＝長期負債の金利＝ 5 ％，r_f ＝安全資産の金利＝ 4 ％，$r_M - r_f$ ＝マーケットリスク・プレミアム＝ 8 ％とすると，

$$r_E = r_f + \beta_L(r_M - r_f) = 4 + 1.25 \times 8 = 14.0\%$$
$$\frac{D}{(D+E)} = 0.6$$
t ＝税率＝ 0.5

であるので，

$$WACC = \{\frac{D}{(D+E)}\} \times (1-t) \times r_D + \{\frac{E}{(D+E)}\} \times r_E$$
$$= 0.6 \times (1-0.5) \times 5 + 0.4 \times 14$$
$$= 7.1\%$$

である。

⑥ 非公開企業の企業価値（NPV）の計算

フリーキャッシュフローを WACC で割り引いて NPV を計算する。

$$NPV = \frac{FCF}{WACC} = \frac{160}{0.071} = 2,254 億円$$

（2）簡便法による非公開企業の企業価値算出

PER（株価収益率）などを用いて，非公開企業の企業価値を簡便に求めるこ

とができる。PERは,「株価が1株当たり利益（EPS）の何倍か」を表す指標であるが,「同じ業界に属する企業のPERは同じような水準にある」という前提を設ければ，同じ業界に属する公開企業のPERをもとにして，非公開企業の企業価値を求めることができる。

PER ＝ 株価 ÷ EPS
　　 ＝（株価 × 発行済み株式数）÷（EPS × 発行済み株式数）
　　 ＝ 株主資本の市場価値 ÷ 当期純利益

であるので，

非公開企業の企業価値 ＝ 株主資本の市場価値 ＋ 負債の市場価値
　＝（同一業界の平均PER × 非公開企業の当期純利益）＋ 負債の市場価値

である。ただし，この簡便法には，第1にキャッシュ・フローではなく財務諸表会計上の当期純利益を用いていること，第2に将来の利益水準が反映されていないことなどの問題点がある。

（3）非公開企業の株価の理論値の計算

株主資本の市場価値（E）は，

E ＝ 企業価値（NPV）－ 長期負債（D）＝ 2,254 － 1,500
　 ＝ 754億円

である。したがって，理論株価，つまり株価の理論値は，発行済み株式数＝1億株とすると，

$$\text{株価の理論値} = \frac{\text{株主資本の市場価値（E）}}{\text{発行済み株式数}}$$

$$= \frac{754億円}{1億株} = 754円$$

である。長期負債の簿価値は一定であるので，企業価値の変動分はすべて株主資本の市場価値，つまり株価（理論株価）に反映される。1株当たり754円以下の値段であれば，ここでの非公開企業を買収しても良いと判断できる。

株式市場において形成される日々の株価と理論株価がつねに一致する保証はなく，実際の株価は，短期的には群衆心理などにより乱高下することがあるが，

長期的には理論株価に収斂すると考えられている。理論株価の考え方は，実務において2つの意味をもっている。
① 「あの企業の実際の株価は理論株価と比べて割安である。」と判断することが，M&Aの引き金になる場合がある。
② 実際の株価は株式を公開している企業の株式にしかつかないが，数の上から言えば，公開していない企業のほうが多く，理論株価は，未公開企業の株式を手放したり，購入するときの評価基準として使われている。

4　マルチプル法──北越製紙

　M&A（企業の合併・買収）の増加で「企業（買収）価値」に対する関心が高まり，M&Aの現場では，投資銀行やファンドは「マルチプル法」で企業（買収）価値を算定している。マルチプル法は「株価倍率法」と呼ばれることもあり，「PER（株価収益率）」「PBR（株価純資産倍率）」を同業他社など類似企業と比較することで，企業の価値を算定する方法である。すなわち，「PER」「PBR」といったお馴染みの指標を用いて，適正株価を算出する方法である。

（1）PERを用いた北越製紙の買収価値

　PER（Price Earnings Ratio：株価収益率）は，「株価が1株当たり利益（EPS）の何倍か」を表す指標であるが，「同じ業界に属する企業のPERは同じような水準にある」という前提を設ければ，同じ業界に属する公開企業のPERをもとにして，企業の適正株価（理論株価）を求めることができる。

　　PER＝株価÷EPS
　　　　＝（株価×発行済み株式数）÷（EPS×発行済み株式数）
　　　　＝時価総額÷当期純利益

であるので，

　　企業の適正株価＝同一業界の平均PER×企業の当期純利益

である。ここでの実際事例として，王子製紙が敵対的買収を行おうとしたが，

TOB（株式公開買い付け）に失敗した北越製紙の企業（買収）価値を「株価倍率法」で算定しよう。北越製紙の株価は2006年7月中旬までは600円台半ばで推移していたが，その北越製紙に王子製紙は30%超のプレミアムを上乗せして，当初860円というTOB価格を付けた。北越製紙は王子製紙の敵対的TOBに対抗するために，06年8月に筆頭株主の三菱商事に第三者割当増資（607円で，5,000万株）を引き受けてもらうことになり，「北越製紙の株主が本来得られたはずのプレミアムを，三菱商事が第三者割当増資で約100億円奪ってしまった」（王子製紙幹部）ということから，王子製紙はTOB価格を800円に下げた。北越製紙の株価は600円台半ば，三菱商事への第三者割当増資価格は607円，王子製紙のTOB価格は860円，800円であるが，北越製紙の株式の適正価格（フェアバリュー）はいくらであろうか。

2007年Ⅲ夏号の『日経会社情報』では，

PER＝2007年5月31日の株価終値÷2008年3月期の1株益の予想値

の予想ベースで計算されている。PERは王子製紙35，日本製紙グループ47，レンゴー22，大王製紙25，三菱製紙28で，製紙大手5社の平均PERは31.4倍である。北越製紙の2008年3月期の1株益の予想値は24.8円であるので，

北越製紙の企業の適正株価＝同一業界の平均PER×1株益の予想値
$$= 31.4 \times 24.8 ≒ 779円$$

である。

【こんな知識も】　EV/EBITDA（＝企業価値／利払い前税引き償却前利益）倍率

　PERには有利子負債に代表される債権者の価値が十分反映されていない。金融資産はいざとなれば借金返済に回せるので，有利子負債の代わりに純有利子負債を使うこともある。

　　EV＝株式時価総額＋有利子負債

　　EBITDA＝経常利益＋支払利息＋減価償却費

であり，2007年2月期の三越のEBITDAは317億円であった。一方，純有利子負債は1,541億円，株式時価総額は3日時点で2,714億円であったので，

$$\frac{EV}{EBITDA} = 13.4倍$$

同様に，伊勢丹の $\frac{EV}{EBITDA} = 8.4倍$

である。三越は借金が多いという事情もあり，株価はかなり割高に映る。

（2）PBRを用いた北越製紙の買収価値

PBR（Price Bookvalue Ratio：株価純資産倍率）は，「株価が1株当たり純資産（自己資本）の何倍か」を表す指標であるが，「同じ業界に属する企業のPBRは同じような水準にある」という前提を設ければ，同じ業界に属する公開企業のPBRをもとにして，企業の適正株価（理論株価）を求めることができる。

PBR ＝株価÷1株当たり自己資本
　　 ＝（株価×発行済み株式数）÷（1株当たり自己資本×発行済み株式数）
　　 ＝時価総額÷自己資本

であるので，

企業の適正株価＝同一業界の平均PBR×1株当たり自己資本

である。

2007年Ⅲ（夏号）の『日経会社情報』では，

PBR ＝2007年5月31日の株価終値÷2007年3月期末の1株当たり自己資本

の実績ベースで計算されている。PBRは王子製紙1.3，日本製紙グループ1.0，レンゴー1.1，大王製紙1.0，三菱製紙1.2で，製紙大手5社の平均PBRは1.12倍である。北越製紙の2007年3月期末の1株当たり自己資本は1,427円であるので，

北越製紙の企業の適正株価＝同一業界の平均PBR×1株当たり自己資本
　　　　　　　　　　　　＝1.12×1,427≒1,598円

である。

5　割引キャッシュ・フロー（DCF）法とマルチプル法の併用

東京証券取引所第一，二部上場企業のセグメントの事業価値を試算しよう。ここでは，割引キャッシュ・フロー（DCF）法とマルチプル法を併用し，DCF法では「利払い前のフリー・キャッシュ・フローを資本コスト5％で割り戻した現在価値」，マルチプル法では「EBITDA（利払い前，税引き前，償却前利益）

第Ⅲ部 コーポレート・ファイナンスの理論と実際

表9-2 上場企業のセグメントの事業価値

		会社名	セグメント	収益還元価格 (億円)	資産簿価 (億円)	資産に対する 比率 (倍)
資産簿価に対する比率	1	パイオニア	特許関連	932	15	63.3
	2	ハードオフ	その他の事業	99	2	46.3
	3	東建物販売	仲介事業	130	3	39.4
	4	住友販売	仲介	1,760	60	29.5
	5	ベルーナ	BOT事業	206	7	28.5
	6	ソラン	システム機器販売	37	1	26.7
	7	住友不	不動産流通	1,881	85	22.2
	8	倉敷機	情報機器事業	21	1	18.2
	9	テクモ	業務用機器ソフト販売事業	72	5	15.5
	10	リサ	デューデリジェンス事業	22	1	14.9

		会社名	セグメント	収益還元価格 (億円)	資産簿価 (億円)	資産簿価との差 (億円)
資産簿価との差額	1	キヤノン	事務機	57,890	14,273	43,617
	2	KDDI	移動通信	49,270	14,045	35,225
	3	武田	医薬事業	42,886	7,768	35,118
	4	トヨタ	自動車	156,818	123,548	33,269
	5	JFE	鉄鋼事業	64,334	33,045	31,289
	6	新日鉄	製鉄事業	61,987	36,696	25,291
	7	日産自	自動車	93,702	71,521	22,181
	8	住金	鉄鋼	36,487	15,869	20,619
	9	JT	国内たばこ	29,393	11,318	18,076
	10	中部電	電器事業	72,403	54,716	17,687

注：対象は東証1,2部上場で，有価証券報告書に2005年度のセグメント情報を開示している企業，資産簿価1億円未満，収益還元価格10億円未満は除いた
出所：『日本経済新聞』2006年11月18日より作成

を10倍した価格」とし，両者の平均を事業価値とする。5％，10倍は企業価値評価で一般的に使われている数字である。セグメント別の資産簿価に対する事業価値の倍率が最も高かったのは，パイオニアの特許関連の63.3倍である（表9-2）。

【こんな知識も】 セグメントの含み益

　　事業価値と資産簿価の差額を「セグメントの含み益」ととらえると，国際優良企業の主力部門が上位に名を連ね，第1位はキヤノンの事務機部門である。逆に，マ

イナスの含み益つまり事業価値が資産簿価を大きく下回るようであれば減損会計の対象になりかねない。企業価値を極大化するには，資産に見合った現金収支を生んでいないセグメントのリストラは避けられない。

6 MM命題

(1) MMの第1命題と第2命題

　企業は投資に必要な資金をどのように調達するのであろうか。株式を公開している，倒産リスクゼロの企業を取り上げると，企業の資金調達方法には，自己資本（内部資金，株式など）と他人資本（銀行借入，社債など）がある。不確実性下，企業はどのような資金調達手段を用いて，投資資金を調達すればよいのであろうか。プロジェクト収益に対する請求権が，プロジェクトに投資した人たちにどのように割り当てられようと，企業は，既存の株主の利益を最大にするようにしなければならない。

　いま，予想営業利益が同じであり，かつ，同じ営業（事業）リスクを持つ2つの企業U社とL社とを考える。U社はすべての資金を自己資本で調達している企業であり，L社は資金を自己資本と負債の組み合わせの形で調達している企業である。

① MMの第1命題——資本構成と企業価値の関係

　完全資本市場下，市場の裁定取引によって均衡では，企業Uと企業Lの企業価値は等しくなる。つまり，企業価値はその資本構成に依存しない。

② MMの第2命題——資本構成とWACCの関係

　完全資本市場下，企業の加重平均資本コスト（WACC）はその資本構成に依存しない。

(2) MMの第2命題の導出

　X = 企業の予想収益，E_U = U社の株式時価総額，E_L = L社の株式時価総額，r_U = U社の株式の要求収益率（自己資本コスト），r_L = L社の株式の要求収益

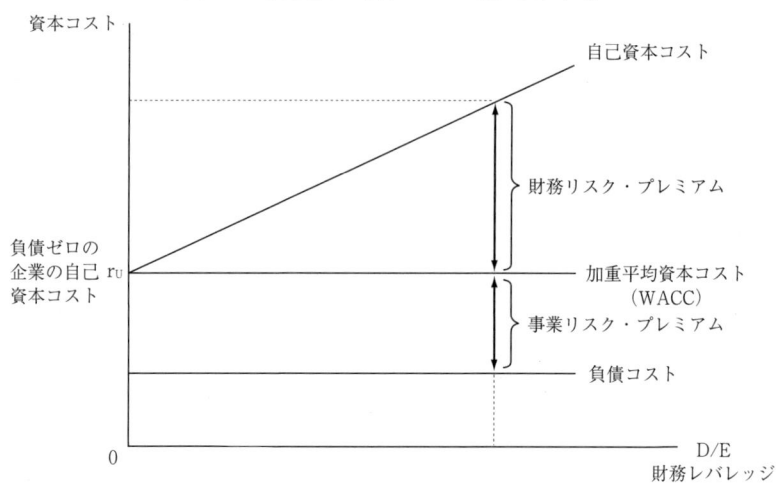

第Ⅲ部 コーポレート・ファイナンスの理論と実際

図9-3 資本構成と資本コスト（完全競争市場）

率（自己資本コスト），r_D = L 社の負債の要求収益率（自己資本コスト）とする。

$$E_U = \frac{X}{(1+r_U)} + \frac{X}{(1+r_U)^2} + \cdots\cdots = \sum_{t=1}^{\infty} \frac{X}{(1+r_U)^t}$$
$$= \frac{X}{r_U}$$

$$E_L = \frac{(X - r_D D_L)}{(1+r_L)} + \frac{(X - r_D D_L)}{(1+r_L)^2} + \cdots\cdots$$
$$= \sum_{t=1}^{\infty} \frac{(X - r_D D_L)}{(1+r_L)^t}$$
$$= \frac{(X - r_D D_L)}{r_L}$$

$E_U = E_L + D_L$ （MM の第1命題）

であるので，

$$r_L = r_U + \left(\frac{D_L}{E_L}\right)(r_U - r_D)$$

である。

　企業 U の加重平均資本コスト（$WACC_U$）は r_U であるが，企業 L の加重平均資本コスト（$WACC_L$）は，

$$WACC_L = \left\{\frac{E_L}{(E_L + D_L)} \times r_L\right\} + \left\{\frac{D_L}{(E_L + D_L)} \times r_D\right\}$$

$$= \left[\frac{E_L}{(E_L + D_L)} \times \{r_U + (\frac{D_L}{E_L})(r_U - r_D)\} \right] + \{\frac{D_L}{(E_L + D_L)} \times r_D\}$$
$$= r_U = WACC_U$$

である。

> 【こんな知識も】 事業リスク vs. 財務リスク
> 株主資本100％の場合に株主が負担するリスクは「事業リスク（ビジネス・リスク）」と呼ばれている。企業が負債比率（$\frac{D_L}{E_L}$）を増すことで，収益から債権者への支払いを引いた残りである株主の利益（$X - r_D D_L$）の変動性が大きくなるが，負債の利用により株主が追加的に負担するリスクは「財務リスク」と呼ばれている（図9-3）。

（3）MMの修正命題

MMの第1命題（企業価値は資本構成から独立である）と第2命題（WACCは資本構成から独立である）は完全資本市場下のものである。法人税を考慮に入れた場合の，「企業価値と資本構成の関係」「WACCと資本構成の関係」を見る。

① MMの修正第1命題──企業価値と資本構成の関係

負債利用による節税効果のため，負債比率（$\frac{D_L}{E_L}$）が高まるほど，節税効果の現在価値（＝法人税率×負債時価）だけ企業価値は上昇する。すなわち，

負債のある企業の企業価値＝負債のない企業の企業価値＋節税効果の現在価値

である。

② MMの第2命題── WACCと資本構成の関係

負債の節税効果によって税引後負債コストがさらに低下するため，負債比率が上昇すると，WACCは低下する。

> 【こんな知識も】 最適資本構成──節税効果 vs. 倒産コスト
> 負債比率を高めると倒産の可能性が高まり，それに伴い「倒産コスト」（倒産に伴う裁判費用などの直接のコスト，のれんの消失などの間接のコスト）の期待値が増大する。負債比率の上昇がもたらす，節税効果によるプラスの効果と，倒産の可能性（倒産コストの期待値）増大によるマイナスの効果とが釣り合う最適資本構成が存在する（図9-4）。

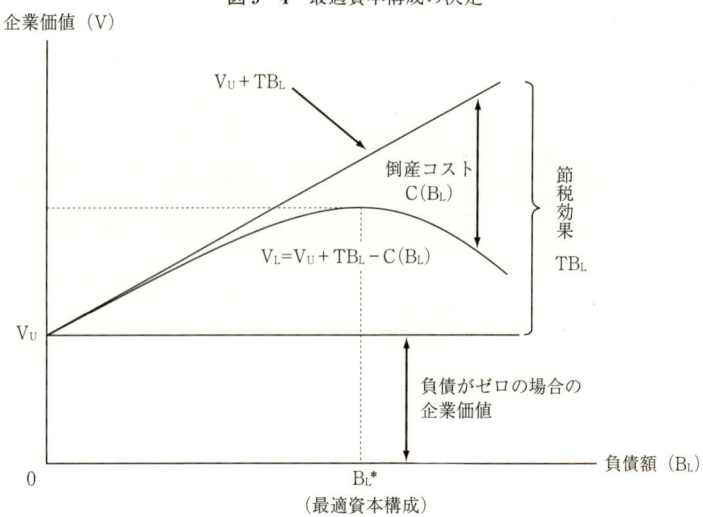

図9-4 最適資本構成の決定

図中ラベル:
- 企業価値 (V)
- $V_U + TB_L$
- 倒産コスト $C(B_L)$
- $V_L = V_U + TB_L - C(B_L)$
- 節税効果 TB_L
- V_U
- 負債がゼロの場合の企業価値
- B_L^*（最適資本構成）
- 負債額 (B_L)

7　MMの第1命題に対する批判

　MM理論の第一命題（資本構成と企業価値）では，同一の投資プロジェクトに直面しているが，資本構成だけが異なっている2つの企業の総価値は等しくなる，換言すれば，企業価値は，バランスシートの左側の資産サイド（営業利益）のみによって決定され，右側の資本構成（資金調達方式）からは独立である。しかし，企業の予想収益の規模（およびそれについて投資家が抱く信念）が当該企業の金融構造（資金調達構造）によって影響されないと想定するMM理論は正しいのであろうか。MM理論（古典的なコーポレート・ファイナンス理論）に対しては，次の3つの批判が行われている。

① 企業の資金調達の形態のいかんは，さまざまな当事者のインセンティブと行動，ならびに破産コストの発生確率への影響を通じて，企業の予想収益に影響を及ぼす。

② 企業の経営者は，企業の先行きの見通しについて，投資家よりもよく知っ

ているので，経営者によるファイナンスの決定を，業績予測の指標として注視する投資家もいる。例えば，減配は，企業の資金不足を経営陣が予想しているという確信を投資家に抱かせるであろう。投資家の信念への影響を通じて，ファイナンスの決定は株価にも影響を与える。

③ MM 理論は，証券を企業収益の流列に対する請求権であるとみなしている。しかし，証券は，企業収益の流列に対する請求権だけではなく，所有者に意思決定とコントロールにかかわる権利をももたらす。権利と企業収益がうまく組み合わされているかどうかは，企業のパフォーマンスに影響を与え，したがって，企業の株価にも重要な影響を及ぼす。

　企業の資本構造（資金調達構造）は，以下に挙げるルートを通じて，キャッシュフローの流列，したがって「企業価値」に影響を及ぼす。
① 経営者のインセンティブを変更する。
② 株主と債権者との間に生じる利害対立に影響を与える。
③ 破産にともなう費用が発生する確率に影響を及ぼす。
④ 経営者を監視し，その行きすぎを制限するインセンティブを株主に与える。
⑤ 経営者を監視し，その行きすぎを制限するインセンティブを債権者に与える。

【こんな知識も】　資本構造と2組の利害対立
　資本構造は2組の利害対立に影響を及ぼす。1組は，経営者と株主との対立であり，そこでの問題は経営者のモラルハザードである。もう1組は，債権者と他の資本提供者との対立であり，そこでは投資の選択をめぐって問題が生じる。

8　EVA（Economic Value Added：経済付加価値）——花王

　企業価値を高めるためには，投資家（債権者と株主）から要求されるリターンを上回る利益を上げなければならない。利益から投資家の要求リターンを差し引いたものは「超過利益」と呼ばれ，企業価値最大化経営が普及するにしたがって，多くの企業で重視されるようになっている。

EVAは，米国のコンサルティング会社であるスターン・スチュアート社によって開発された，株主を向いた経営の代表指標であり，米国コカ・コーラ社などが活用している。EVAは「超過利益」の1つの指標であり，

　　EVA＝営業利益×(1－税率)－資本の使用料
　　　　＝税引後営業利益－(投下資本額×WACC)

と定義される。EVAがプラスであれば，債権者・株主からの要求収益額を上回る利益を上げたのであるから，企業の価値を高めたことになり，逆にEVAがマイナスであれば，債権者・株主からの要求収益額を下回る利益しか上げられなかったのであるから，企業の価値を低めたことになる。

　税引後営業利益はNOPAT（Net Operating Profit After Tax）と呼ばれている。「投下資本額×WACC」は債権者と株主が要求する収益額であり，投下資本額は減価償却されるにつれて減少していく。

　企業が使用する資本には，他人資本（負債）と自己資本（株主資本）の2種類があり，負債は有利子流動負債，無利子流動負債，有利子固定負債，無利子固定負債からなっている。1つには無利子流動負債は直接的にはコストがかからないことから，もう1つには無利子固定負債は自己資本に近い性格であることから，投下資本（使用総資本）は次のように定義される。

　　投下資本＝(他人資本－無利子流動負債)＋自己資本
　　　　　　＝有利子流動負債＋固定負債＋自己資本

これを逆に，運用サイドから見ると，次のように定義される。

　　投下資本＝(流動資産－無利子流動負債)＋固定資産
　　　　　　＝正味運転資本＋固定資産

　EVAは，「ファイナンス理論を大学から役員室，さらには企業活動の現場に持ち込んだもの」と言われ，企業価値最大化経営が普及するにしたがって，業績を評価し，インセンティブ報酬を決定する基準として幅広く用いられるようになってきている。ただし，EVAには，当該年度の企業価値創造額を企業の役員や現場の担当者の目に見えるようにするというメリットがあるが，一方で，将来における企業価値創造額が反映されないというデメリットもある。

花王のCFO（最高財務責任者）は「環境は逆風だがEVAで花王の足腰は強くなった。」「各部門の営業活動やコスト削減，資金調達や自社株買いなどの経営判断もすべてEVAに集約され，全体の意思統一に役立っている。」(『日本経済新聞』2008年10月17日）と力説している。花王はEVAを1999年に導入し，同指標が定着している代表的な企業である。EVAは，経営全体としてはともかく，各事業部門まで落とし込んだ経営目標としての運用が難しく，導入後，活用をあきらめる企業も出てきた。EVAが花王に定着したのには次の理由があったからである。

① 花王は最初から完璧主義にこだわらなかった。当初，会社全体をEVAで動かそうと，全社員の賞与とEVAを連動させる報酬制度を採り入れたことがある。しかし，難しい概念のため社員に戸惑う向きもあり，その後は対象を執行役員以上に緩めた。

② 花王は1999年に社内会計スクールを始め，400人超の卒業者がいる。会計に通じた管理者層が多いのはインフラになっている。

③ EVA導入以前の花王は規模志向の会社で，投資採算など効率性を重視するEVAという指標が，改革ニーズに合っていた。

　EVA導入の成果として，花王の役員がよく挙げるのが，在庫の削減である。EVA導入後，在庫効率（棚卸し資産回転率）は着実な改善が続いている。花王はEVAを事業撤退基準などには使っておらず，日々の経営の地道な効率化の指標として活用している。

【こんな知識も】 EVAによるパフォーマンス評価

　EVAによるパフォーマンス評価は，以下の2つの方法が考えられる。
① 金額によるパフォーマンス評価
　EVA＝営業利益×(1－税率)－資本の使用料
　　　＝税引後営業利益－(投下資本額×WACC)
② 利益率によるパフォーマンス評価
　$\left(\dfrac{税引後営業利益}{投下資本額}\right)$－WACC
　＝投下資本利益率－WACC

【こんな知識も】 EVAと残余利益

EVAは，債権者と株主を合わせて資本提供者としているが，残余利益は株主だけを資本提供者としている。税引後営業利益は債権者と株主に帰属する利益であるのに対して，純利益は株主のみに帰属する利益である。

EVA＝税引後営業利益－(投下資本額×WACC)

残余利益＝純利益－(自己資本額×自己資本コスト)

9　MVA（Market Value Added：市場付加価値）

MVAは，EVA同様，米国のコンサルティング会社であるスターン・スチュアート社が開発した企業価値評価指標である。EVAは，当会計期間中に創造された企業価値を測定しているが，企業がある事業に投資すると，その事業が継続している間は，当期だけでなく，次期以降も企業価値が創造されることになる。現在および将来にわたるEVAの系列の現在価値の合計はMVA（Market Value Added：市場付加価値）と呼ばれ，

$$\text{MVA} = \sum_{t=1}^{n} \frac{\text{EVA}_t}{(1 + \text{WACC})^t}$$

と定義される。

MVA＝企業の市場価値－投下資本額
　　＝(有利子負債＋株式時価総額)－(有利子負債＋株主資本の簿価)

であり，MVAはいままで投下された資本を上回って創造された価値の尺度を表している（図9-5）。

【こんな知識も】 MVA（市場付加価値）とNPV（正味現在価値）

NPV（正味現在価値）のアプローチは，プロジェクトごとに創造された価値を合計することにより，企業活動により創造された価値の総額を求めている。MVA（市場付加価値）のアプローチは，各期間ごとのEVAの現在価値を合計することにより，企業活動により創造された価値の総額を求めている。MVA（市場付加価値）とNPV（正味現在価値）の2つのアプローチは異なるが，両アプローチの計算結果は等しくなる。

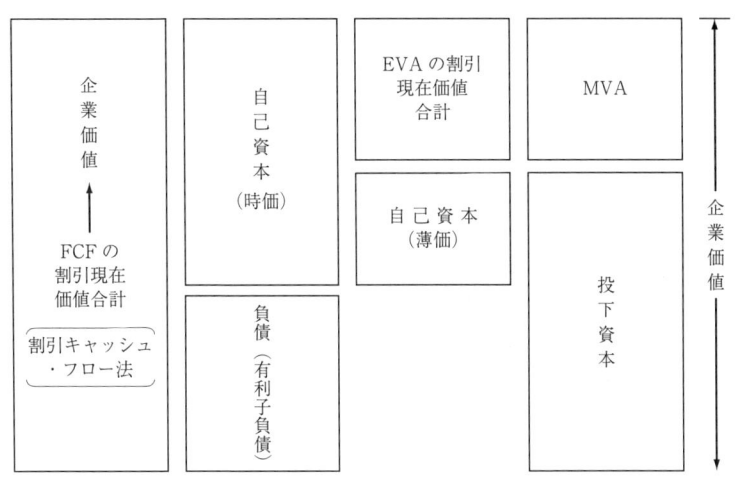

図9-5 EVA と MVA

注：負債の薄価は時価に等しいと仮定する

10　IRR（内部収益率）——ウィルコムとカーライル

「内部収益率」は NPV がゼロになる割引率のことである。与えられたフリー・キャッシュ・フローに対して，割引率を決めて現在価値を求めるのが NPV であり，正味現在価値（NPV）をゼロと決めて割引率を求めるのが IRR である。つまり，

$$0 = \sum_{i=0}^{n} \frac{FCF_i}{(1+r)^i}$$

を満たす r が「内部収益率（IRR：Internal Rate of Return）」と呼ばれ，それは複利ベースの投資収益率である。投資判断基準は，IRR と加重平均資本コスト（WACC：要求収益率）との比較であり，「IRR ＞ WACC」ならば超過収益を得られるので投資すべきであり，「IRR ＜ WACC」ならば投資すべきでない。

【こんな知識も】　貸付型投資と借入型投資

当初にマイナスのフリー・キャッシュ・フロー，その後プラスのフリー・キャッ

シュ・フローに転ずる投資プロジェクトは「貸付型投資」,当初にプラスのフリー・キャッシュ・フロー,その後マイナスのフリー・キャッシュ・フローに転ずる投資プロジェクトは「借入型投資」とそれぞれ呼ばれている。投資プロジェクトが採択される条件は,貸付型投資では「IRR＞WACC」であり,「借入型投資」では「IRR＜WACC」である。

ただし,IRRの欠点は次のものである。
① $0 = \sum_{i=0}^{n} \frac{FCF_i}{(1+r)^i}$ は高次方程式であり,必然的に解は複数存在する。とくに,フリー・キャッシュ・フローの符号が2度以上変化する場合のIRRは変化した回数だけ解が存在するため,どのIRRと比較すればよいかを判断するためには,結局NPVを計算して,NPVがプラスであるかどうかを計算しなければならない。また, $0 = \sum_{i=0}^{n} \frac{FCF_i}{(1+r)^i}$ を満たすrが存在しない場合がある。
② 割引率（WACC）が変化するような場合には,IRRは使えない。
③ IRRは,規模の違いを反映していない。
④ NPVの場合は永続価値を使うことでタイムフレームを無限に延ばすことができるが,IRRの場合は期間を設定しなければならない。
⑤ 絶対額の表示ではなく,パーセンテージで表されていることが,実務家にとっては逆に不便な場合がある。

【こんな知識も】 内部収益率（IRR）vs. 正味現在価値（NPV）
　投資決定基準には「NPV（正味現在価値）法」と「IRR（内部収益率）法」がある。複数の投資プロジェクトの中から最も望ましいものを選ぶという相互排他的なプロジェクトで投資決定が行われる場合,①フリー・キャッシュ・フローのパターンが異なるケースや,②プロジェクトの規模が大きく違うケースでは,内部収益率（IRR）と正味現在価値（NPV）で結果が異なることがある。相互排他的な投資プロジェクトの場合,IRRによる評価方法では,IRR＞WACC（内部収益率＞加重平均資本コスト）で,最も高いIRRを有する投資プロジェクトが選択される。また,NPVによる評価方法では,NPV＞0で,最も高いNPVを有する投資プロジェクトが選択される。

第9章　企業価値評価

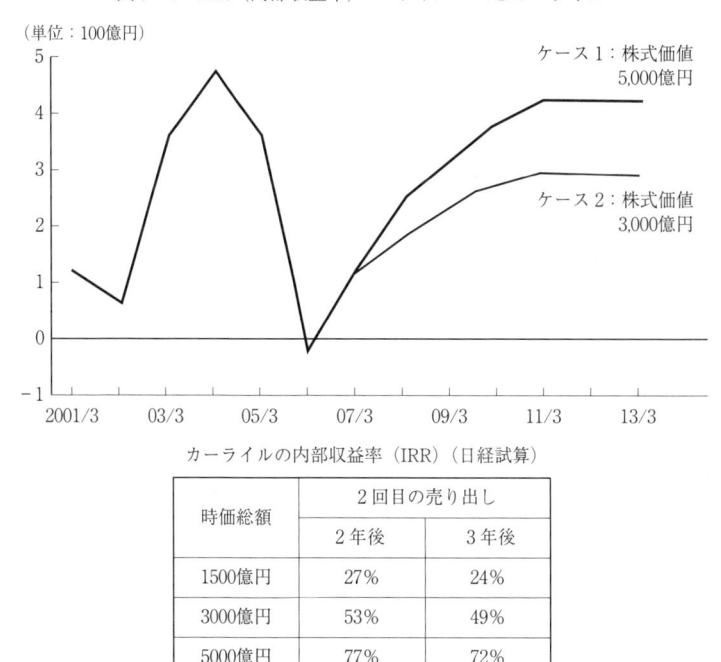

図9-6　IRR（内部収益率）――ウィルコムとカーライル

（単位：100億円）

ケース1：株式価値 5,000億円
ケース2：株式価値 3,000億円

カーライルの内部収益率（IRR）（日経試算）

時価総額	2回目の売り出し	
	2年後	3年後
1500億円	27%	24%
3000億円	53%	49%
5000億円	77%	72%

注：06/3までは実績．07/3以降は日経予想。05/3は旧DDIポケットの上期とウィルコム下期の合計値
出所：『日本経済新聞』2007年1月19日より作成

【こんな知識も】　戦略的投資

　投資プロジェクトの中には，それが生み出す収益の数量化が困難なために，投資の決定が単純には行えないような種類のカテゴリーがいくつか存在する。その中で最も重要なものが戦略的投資のカテゴリーであり，「戦略的投資」とは，組織内の複数の部門（投資の実行に直接かかわりがない部門も含む）に便益をもたらすような種類の投資のことである。投資の戦略的側面がもたらす価値は企業が進めようとしている長期計画を前提として評価されなければならない。担当部門の業績をもとに報酬が与えられる中間管理職に委ねると，戦略的投資（収益の大半が他部門にもたらされるようなプロジェクトへの投資）は過小になる。

【こんな知識も】 投資の決定とモラルハザード

投資プロジェクトの評価プロセスが，関係する管理職の個人的な，あるいは，キャリア上の利益に極端に左右されたりせず，かつ，情報をよく知る人から知識を汲み上げる決定プロセスであるよう保証する必要がある。しかし，情報をよく知る人々は，決定によって個人的利益に最大の影響を受ける人々であり，モラルハザードが発生する。

第10章

企業の財務政策

「財務のリストラクチャリング」は,負債および株主資本の調達形態や所有構造の再構築を行うことである。財務のリストラクチャリングは,「特定の資産や事業の所有構造の変更」「企業の所有構造の変更」「負債と資本にまたがるリストラクチャリング」の3つに分けて考えることができる。

1 財務のリストラクチャリング——東京急行電鉄

(1) 特定の資産や事業の所有構造の変更
① 資産の証券化

事業会社や金融機関などが保有する資産を,第三者である特別目的事業体 (Special Purpose Vehicle : SPV) に譲渡する。SPV は,譲渡された資産のキャッシュフローを原資に,証券を発行し,投資家に売却する。資産の証券化は,資産保有者（オリジネーター）にとって,「資金調達方法の多様化」「リスクの移転」「手元資金の増加」「容易な資産売却」「資金調達コストの低減」「資産のオフバランス化」「負債の返済」などといったメリットがある。

② セール・アンド・リースバック

企業が保有する本社建物や店舗などの資産を売却した後,その資産を売却先からリースして使用し続けることは「セール・アンド・リースバック」と呼ばれている。資金調達のため保有資産を売却したいが,売却後もその資産を使用し続けたいときに用いられる。

③ フランチャイズ方式

フランチャイジーに事業を運営させ，自社はフランチャイザーとして，事業ノウハウの供与や事業管理を行う。フランチャイザーは，資金や建物を持つことなしに，事業を拡大できるメリットがある。

(2) 企業の所有構造の変更
① 純粋持株会社

純粋持株会社は，グループ全体を対象とする大規模な事業再編を行う上で，便利な方法である。一企業が持株会社に移行し再編するケースや，複数の企業が経営統合する際に共同持株会社を設立するケースがある。純粋持株会社のメリットは「子会社に業務上の権限と責任が委譲され，投資決定や事業戦略を決定できるようになり，その結果優れた経営戦略を持つ子会社の成長が促進される」「事業ポートフォリオの管理が容易になる」であり，デメリットは「純粋持株会社は直接的な経営機能などを持たないため，企業価値創造のための適切な資源配分が行われにくい」「各事業子会社の独立性が高まる可能性があり，企業グループ全体のシナジーが追求しにくい」である。

② 子会社の上場

子会社株式の一部を売却することにより，親会社は資金を得ることができる。しかし，子会社株式を上場した場合，その上場子会社の利益（少数株主の利益など）と親会社や企業グループの利益が衝突することがありうる。このような場合，少数株主の利益を無視して経営を行うことはできない。

(3) 負債と資本にまたがるリストラクチャリング
① LBO（レバレッジド・バイアウト）

被買収会社の資産を担保として調達した資金を元手に，当該会社を買収することは「LBO」と呼ばれている。買収後，被買収会社の事業から得られるキャッシュフローにより借入金を返済する。

② MBO（マネジメント・バイアウト）

企業や事業部門の経営者が，現に経営している企業を買収することは

「MBO」と呼ばれている。買収する側の経営者は，投資ファンドから資金提供を受けたり，買収する事業を担保に金融機関から資金を借り入れることが多い。

【こんな知識も】　TOBによるMBO
　　MBOがTOB（公開買い付け）によって行われる場合，経営者と株主の間に利益相反が起こりうる。買い手である経営者は株式を少しでも低い価格で買った方がよく，その点で株価は低い方がよい。逆に，株主は株式を少しでも高い価格で売った方がよく，その点で株価は高い方がよい。その結果，本来株主の代理人（エージェント）である経営者が，株主の利益よりも自分の利益を優先して，株価を引き下げる行動に出やすい。

③　資本構成の変更——自社株買いと債務の株式化
　企業の債務と株式の交換は「債務の株式化（デット・エクイティ・スワップ）」と呼ばれている。債務の株式化は，主に業績不振や過剰債務がある企業の再建の手段として用いられる。

（4）東京急行電鉄の場合
　東京急行電鉄は赤字部門のリストラや負債圧縮にメドをつけ，鉄道，不動産，小売りの相乗効果を高めるアイデアを次々に出して，新たな稼ぎ頭を育成しようとしている。1999年3月期末に約500社あったグループ社数を06年9月末に約280社まで減らし，赤字の海外ホテルや国内スキー場などから相次いで撤退した。07年3月期は連結の6事業部門はすべて黒字になっている。営業キャッシュフローは，利益の増加や資産圧縮をテコに02年3月期の655億円が06年3月期には1,608億円に増え，これらを原資に有利子負債を圧縮し，99年3月期末にグループで約3兆400億円あった有利子負債を07年3月期末には1兆4,000億円まで減少させた。バブル時の91年3月末には約190万平方メートルあった多摩田園都市の販売用不動産は06年9月末には5分の1の36万9,000平方メートルに減少し，「あと3〜4年後に種切れ」と言われている。07年3月期の連結営業利益は前期比7％減の794億円であり，このうち不動産事業は240億円強を

稼ぎ，かつてはゴルフ場運営などレジャー部門の赤字も補填し，収益安定に貢献してきただけに，不動産販売の穴をどう埋めるかが連結業績のカギを握っている。

【こんな知識も】　スピンオフ——他との関連が薄い事業部の売却
　一般に，スピンオフは業績の芳しくない部門を対象に行われる。別の者が経営するほうがよく，企業内に残しておくと多大なインフルエンス・コストが発生する場合，スピンオフが行われる。リストラクチュアリングの主目的の1つは，フォーカスとなる強化部門を設定し，事業部長間の共有資源獲得競争が生じる余地を一段と減らす点にある。

2　配当政策——大和住銀投信

「配当政策」は，企業が株主に対して支払う配当の金額を設定する政策である。企業の保有する現金はオーナーである株主のものであり，「増配」とは，それを企業の保管から株主の保管へ切り替えることを意味する。したがって，もともと株主のものであった現金の保管場所が変わっただけであり，株主の富に対しては価値中立的である。同様に，減配も株主の富に対しては価値中立的である。つまり，「減配」はもともと株主に支払おうと予定していた現金を企業の手元に置いておくということであり，株主の手元に入ってくる現金は減るが，その分だけ企業価値が当初より高くなるので，株主の富は変わらない。減配と株価下落は同時に起こるケースが多いが，理論的には配当を減らすから株価が下落するわけではない。配当を減らすのは，業績が悪化した結果であり，株価が下がるのは，業績悪化による企業価値の減少によるものである。

　大和住銀投信は，2006年6月，株式を保有する約1,200社の利益処分案に対し，4割強とかつてない比率で反対票を投じた。「配当性向が30％未満」「株主資本利益率（ROE）が5％未満」「株主資本比率が30％を上回る」の3つとも該当する企業の利益処分案は十分な説明がない限り反対票を投じたとされる。しかし，配当政策はつまるところお金の使い道で，事業への投資と密接な関係があり，配当をすればいい，多ければいいと単純にいえないところがある。

【こんな知識も】 サステイナブル成長率

「サステイナブル成長率」は内部留保のみで達成できる利益・配当の潜在成長率のことである。ROE（自己資本利益率），配当性向を一定とすれば，利益の増加額は再投資された内部留保額（＝税引後利益－配当金額：自己資本の増加額）に，ROEを掛けた金額である。その金額に配当性向を掛けたものが配当の増加額である。

$$\begin{aligned}
&\text{サステイナブル成長率} \\
&= \frac{\text{翌期の利益増加額}}{\text{今期の利益}} \\
&= \frac{(\text{今期の内部留保} \times \text{ROE})}{\text{今期の利益}} \\
&= \left(\frac{\text{今期の内部留保}}{\text{今期の利益}}\right) \times \text{ROE} \\
&= \text{内部留保率} \times \text{ROE} \\
&= (1 - \text{配当性向}) \times \text{ROE}
\end{aligned}$$

ここでの，ROEは「$\frac{\text{今期の利益}}{\text{期首の自己資本}}$」で計算されている。

表10-1 株主配分基準を掲げる企業

社　名	基　準
連結ベースの配当性向	
コマツ	20％以上
ファナック	30％以上
神戸鋼	15－25％程度
株主資本配当率（DOE）	
アステラス	中期的に3.5％
ＫＹＢ	2％以上が基本方針
キューピー	1.5％以上が目安
配当と自己株取得の合計金額の純利益に対する比率（総配分性向）	
ホンダ	30％をメド
資生堂	中期的におよそ60％

出所：『日本経済新聞』2006年9月22日より作成

【こんな知識も】 配当性向と株価

配当性向の引き下げが株価を上昇させることがあるのは，株主の要求収益率を上回る投資機会が存在する場合に限られる。株主の要求収益率を下回る投資機会しか存在しない場合には，配当性向を上げなければ，株価を下落させるかもしれない。

3　自社株買いと自社株消却——セブン＆アイHD，旭化成，太陽酸素

（1）自社株買い

「自社株買い」とは企業がキャッシュを払って，市場から自社の株式を買い戻すことである。企業側から見れば，手元のキャッシュを株主に還元するにあたって，配当として株主に支払うか，株主から自社株を買い戻すために使うかの2つの方法が考えられ，したがって「自社株買い」も配当政策の一環である。自社株買いによって，株式市場に流通する株式の数が減り，分母が小さくな

て株価が上がるというのが多くの人の受け止め方であるが、自社株買いは株主の富に対しては価値中立的である。しかし、次のような理由により、自社株買いが株価上昇につながることがある。

① 借入によるレバレッジ効果

借入をして自社株買いを行うと、借入を増やすことによる資本コストの低下で、企業価値が高まり、株価は上昇する。配当政策が株価を上げるのではなく、資本構成を変えて資本コストを下げるという財務政策が株価（理論株価）を上げる。

② シグナル効果

企業が自社株買いを行うと、それは好材料があることを示唆するシグナルであると、投資家が反応すれば、株価は上昇する。これは「シグナル効果」と呼ばれ、自社株買い自身が株価を上げるわけではなく、「砂上の楼閣理論」的な思惑が株価を上昇させる。

(2) 自社株消却——セブン＆アイHD、旭化成、太陽酸素、アステラス製薬、三菱ケミカルHD

企業が市場から買い付けた後に保有を続けている自社株式は「金庫株」と呼ばれ、株式交換によるM&Aや、従業員のストックオプション（株式購入権）用株式としても活用されている。しかし、自社株買いの増加で、上場企業が抱える金庫株が過去最高水準に積み上がっていることがあり、自社株を消却する企業が増えている。金庫株は市場に再放出されて1株利益の希薄化につながる可能性があるため、消却により株式需給の改善を投資家にアピールでき、消却で市場評価を高めたいという思惑があるであろう。

東京証券取引所によると、2006年に自社株を消却した企業は66社で、消却株数は8億2,803万株、消却金額は2兆9,181億円であった。

① セブン＆アイ・ホールディングス

発行済み株式数の3割超にあたる4億2,750万株、金額にして約1兆6,000億円の06年最大の消却であった。

② 旭化成

自社株の9割強にあたる4,000万株（簿価で163億円相当）を消却した。

③ 太陽酸素

280万株（簿価で15億円相当）を消却した。

④ アステラス製薬

「金庫株は発行済み株式の1～2％でいい」として，07年3月期に発行済み株式の約7％にあたる4,000万株程度を消却した。

⑤ 三菱ケミカルホールディングス

07年10月までに発行済み株式の24％にあたる4億3,600万株の「相当部分」を消却する予定であった。

4　DOE（株主資本配当率）——山武とエーザイ

DOE（株主資本配当率：$\frac{配当総額}{株主資本}$）は，株主持ち分である株主資本に対し，配当による利益配分がどの程度なされているかを示している。

$$DOE = \frac{配当総額}{株主資本}$$
$$= \left(\frac{配当総額}{純利益}\right) \times \left(\frac{純利益}{株主資本}\right)$$

　　　　配当性向　　株主資本利益率

であるので，成長企業（配当性向が低い）は株主資本利益率（利益成長の要素）を，成熟企業（株主資本利益率が低い）は配当性向（配当の要素）をそれぞれ高めることによって，DOEを向上させることができる。日本企業のDOEが欧米企業のそれに比べて低いのは，「債権者であるメーンバンクが大株主も兼ねていたので，株主資本に対する収益率が低くても許容された」と分析され，債権者として企業を統治していたメーンバンクにとっては，配当で企業の株主資本が流出するよりも，内部留保してくれた方が与信面でメリットが大きく，DOEは貸出金利並にとどめておくことが得策であった。メーンバンク制度が崩壊した現在では，利益配分は銀行の都合ではなく，企業自身が市場との対話を通じ最

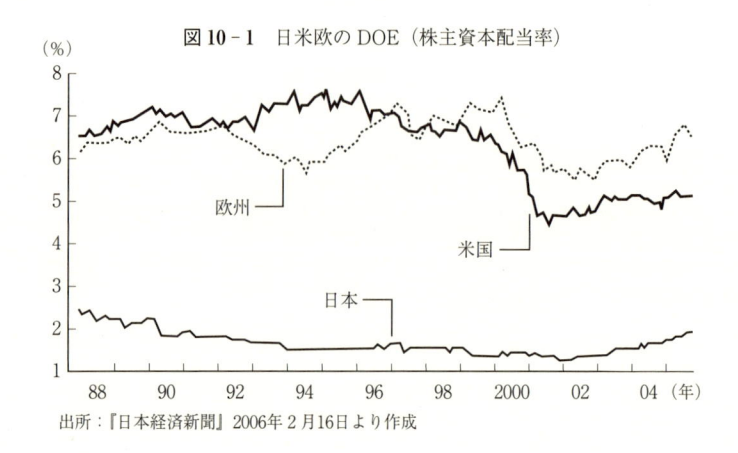

第Ⅲ部　コーポレート・ファイナンスの理論と実際

図 10-1　日米欧の DOE（株主資本配当率）

出所：『日本経済新聞』2006年2月16日より作成

適な方法を決めるよう迫られている。DOE の注目度が高まる中で，成長を言い訳に無配を続けることを，投資家はいつまで許容するであろうか。企業は増配の必要性を認識しており，配当性向より振れにくい基準として DOE が脚光を浴びている。

① 山武

山武の小野木聖二社長は「日本企業の平均を上回る魅力的な利益配分をしよう」と言って，2006年3月期の DOE（株主資本配当率）を3％台（前期は1.7％）に引き上げることを決めた。山武の株主資本配当率（DOE）3％台は，40％前後の配当性向と，8％強の株主資本利益率（ROE）から求められた「ハイブリッドな指標」である。

② エーザイ

エーザイの2006年3月期の DOE は5.4％であるが，09年3月までに DOE 7.5％，長期的には DOE 10％（配当性向50％，株主資本利益率20％）を目標に掲げている。経営指標として DOE を選んだ理由について，内藤晴夫社長は「企業価値向上のために投資をして ROE を高めると同時に，配当性向の向上で長期保有の株主にも報いることができる，ハイブリッドな指標だから」と説明している。

【こんな知識も】 上場企業のDOE

　2006年3月期の上場企業のDOEは，日本2.0％，米国5％台，欧州6％台であり，これを配当性向×株主資本利益率に分解すると，次のとおりである。「持ち合い解消を契機に日米欧のPERが収斂したように，日本のDOEも欧米に近づく」と予想されている。

	DOE	配当性向	株主資本利益率
日本	2.0％	約20％	約10％
欧米	5～6％台	30％前後	20％

5　総還元性向（総配分性向）
——武田薬品工業，アステラス製薬，第一三共

　医薬品業界や食品業界などは海外企業と国内企業の時価総額格差が大きく，M&Aターゲットになりやすい業界であると言われ，医薬品業界大手はいま株主配分の姿勢をより鮮明にすることにより株価を上げ，買収コストを増加させてM&Aされにくいようにしている。

① 　武田薬品工業

　2007年3月期，初の自社株買いを実施し，同年2月22日までに2,100億円超を買い付けた。予想配当総額1,000億円超と合算した株主配分総額は3,100億円超であり，予想連結純利益3,100億円をやや上回り，総還元性向（総配分性向）は100％強になりそうであった。

② 　アステラス製薬

　2007年3月期，2,200億円の自社株買いを実施し，配当総額420億円と合算した株主配分総額は2,620億円であり，総還元性向（総配分性向）は220％に達した。さらに，2011年3月期までに，ROE（株主資本利益率）18％，DOE（株主資本配当率）8％を目標に掲げており，この指標から逆算すると，2011年3月期の総還元性向は110％程度と推測できる。

③ 　第一三共

第Ⅲ部 コーポレート・ファイナンスの理論と実際

表10-2 医薬品業界大手の総還元性向

	06年3月期	07年3月期	08年3月期以降
武　　田	30%	100%強	100%前後
アステラス	82%	220%	11年3月期まで100%超
第一三共	21%	62%	10年3月期まで原則100%
エーザイ	41%	64%	50%以上

注：07年3月期以降は日経推定
出所：『日本経済新聞』2007年2月23日より作成

2007年3月期、大手4社の中で、唯一自社株買いを実施しなかった。しかし、2010年3月期を最終年度とする中期経営計画で、3年間は総還元性向を原則100%にすると表明した（表10-2）。

【こんな知識も】　総配分性向

「もう一つの流れが自社株買いと配当の合計額の純利益に占める比率を『総配分性向』として基準にする動きだ。資生堂は6割、ホンダは3割がメド。村田製作所のように投資に回さない余剰資金は原則すべて自社株買いと配当に回すという方針の企業も出てきた。おカネを株主に返すという意味で自社株買いと配当の効果は同じ。配当は安定的に増額し、一時的な利益は自社株買いで株主に戻す。配分意識がバランスシートまで及ぶなら、資本運用効率の向上にもつながる。」（『日本経済新聞』2006年9月22日）という新聞記事があった。

6　資本構造と配当のシグナルとしての役割

投資家が投資先をどれだけ真剣に監視したとしても、経営者のほうが外部の投資家よりも企業の将来見通しについて、ずっとすぐれた情報を持っている。経営者と投資家との間に情報の非対称性が存在すると、相対的に情報を欠く側に、情報を持つ側の行動から情報内容を推論しようというインセンティブが生まれる。情報を持つ側にも、自分の行動がシグナルの役割を果たすことに気づけば、都合のよいメッセージを伝えるように、シグナルを操作する可能性が生じる。資金調達の決定はまさにこの種のシグナルとしての役割を果たしている。

市場は収益が高水準の値に分布しているならばその事実を評価するが，分布を直接観察できるのは経営者だけであるとしよう。高い収益分布を観察する経営者はより高い負債水準を採択し，したがって高い負債水準は収益が高い値で分布しているというシグナルになり，市場はその企業の価値をより高く評価する。高い収益分布を観察できる経営者にとっては，負債の増加にともなう破産リスクの増大は企業価値の増加によって十分補われる。しかし，低い収益分布しか観察できない経営者にとっては，負債の増加にともなう破産リスクの増大は企業価値の増加によって補われないので，高い収益分布を観察できる経営者と同じ負債水準を採用しようとはしない。かくて，企業の収益見通しが大きく改善される場合に，企業は負債を高める方向へと資本構造（資金調達構造）を変更する。この場合，市場は負債増を経営者の私的な収益情報の変化を示すシグナルとして読み取り，企業の価値を競り上げる。対照的に，収益見通しの悪化は破産リスクを増大させるので，経営者は株式をより多く発行したいと思うようになる。新株発行は，悪いニュースがあるというシグナルを市場に送り，その企業の価値は引き下げられる。

【こんな知識も】　配当のシグナルとしての役割

配当を将来のキャッシュフローに関して経営者が持つ私的情報のシグナルであるとみなすことができる。将来のキャッシュフローが悪化すると予想する企業は，当座の現金を温存するために，配当を減らそうとする。逆に，将来のキャッシュフローが改善すると予想する企業は，配当を増やそうとする。減配・増配をインサイダーの予想を表すシグナルであると解釈する投資家は，増配する企業の価格を競り上げ，減配する企業の価格を競り下げるであろう。

【こんな知識も】　配当のインセンティブとしての役割

経営者を十分には監視できない株主も要求どおりの配当を得ているかどうかは容易に判断できる。企業業績の監視を行うインセンティブは，投資機会に恵まれている産業よりも低成長産業において配当が高くなるという関係を示している。

【こんな知識も】 **効率的な資本構造——支配力と企業価値**
　効率的な資本構造は，創業者（経営者）がもっとも好ましいと思う自らの支配力と，資金調達構造（借入と株式売却による純収入）との組み合わせとして決まる。

7　企業の資金運用——キヤノン

　キヤノンの現預金は2006年12月期末1兆円強であり，総資産の25％を占めている。また，キヤノンの連結純利益は07年12月期5,000億円前後の予想であり，8期連続で過去最高を更新する見通しである。

　企業価値向上には資金の有効活用が不可欠であり，キヤノンには投資銀行などから「家電メーカーを買収しませんか」といったM&Aの打診が後を絶たないが，御手洗冨士夫会長は「技術は必要だが，事業を丸ごと買うつもりはない」と突き返している。キヤノンの複写機，プリンター，デジタルカメラは好調であり，世界市場で複写機2割強，レーザープリンター6割強，デジタルカメラ2割強のそれぞれトップシェアを占める一方，世界的な市場拡大余地が大きく，キヤノンの収益力に不安はないであろう。悩ましいのは利益が巨額になった結果，資本と現預金が両建てで積み上がり，ROE（株主資本利益率：効率性指標）が足踏みしていることである。キヤノンのROEは2004年12月期16.8％でピークをつけ，05年12月期に16.0％と小幅低下している。キヤノンのような高収益企業が金融商品で資金運用しても，自社のROEを上回るような収益率をあげるのは困難であり，資本効率を高めるには，「設備投資」「既存事業の拡大や新規事業の獲得に向けたM&A」といった事業に資金を投資するしかない。

　キヤノンは資金の潤沢を通り越し，放っておくとROEが低下する優良企業特有の難題に直面している。いずれの投資も適切な時期でないと判断したならば，利益を留保せず，株主に配分することが企業価値向上につながる。キヤノンは配当と自社株買いの合計額を純利益の30％程度とする利益配分目標を05年に公表し，06年には大幅増配と初の株式分割を実施した。現在は四半期配当を検討中と言われている（図10-2，図10-3）。

第10章　企業の財務政策

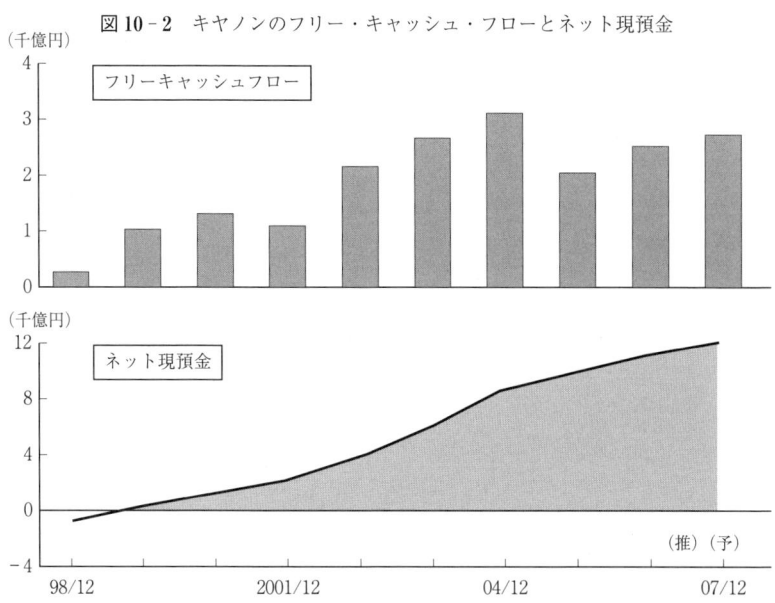

図10-2　キヤノンのフリー・キャッシュ・フローとネット現預金

注：ネット現預金＝現金及び現金同等物－有利子負債
出所：『日本経済新聞』2007年1月6日より作成

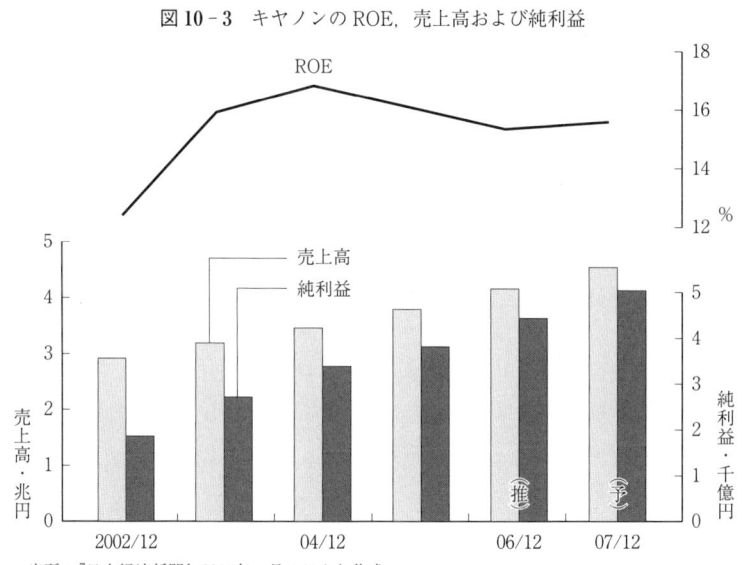

図10-3　キヤノンのROE，売上高および純利益

出所：『日本経済新聞』2007年1月6日より作成

第Ⅲ部　コーポレート・ファイナンスの理論と実際

8　企業の資金調達——リコー，新日本製鉄，シャープ，イオン，東芝

　企業の資金調達はまず「内部資金」と「外部資金」に大別され，外部資金はさらに「エクイティ・ファイナンス」と「デット・ファイナンス」に分類される。内部資金の原資は，減価償却費と内部留保（純利益）である。エクイティ・ファイナンスの手段には株式，転換社債，ワラント債があり，デット・ファイナンスの手段には社債，CP，借入金がある。内部留保と株式は自己資本，転換社債，ワラント債，デット・ファイナンスの手段は他人資本（負債）とそれぞれ整理される（図10-4）。

【こんな知識も】　内部留保と手元資金
　「内部留保」は利益剰余金から配当金を差し引いたものであるが，内部資金イコール手元資金ではない。内部留保は利益の蓄積であるが，同額の手元資金を持っているわけではない。企業は利益として稼いだおカネを使って，工場や設備の購入，原材料の仕入れなどを行うので，内部留保は企業が自由に使える手元資金ではない。「貸借対照表の左側にある現預金と有価証券の合計を一般に手元資金と呼ぶ。上場企業全体で2008年9月時点の利益剰余金は141兆円あるが，手元資金は47兆円にすぎない。」（『日本経済新聞』2009年1月14日）という新聞記事があった。

【こんな知識も】　ハイブリッド証券——株式と負債の混合
　企業は，資本（株式）と負債のどちらで資金調達すればよいのか常に悩んでいる。公募増資などエクイティファイナンス（新株発行を伴う資金調達）を実施すれば1株当たり利益が希薄化し，株価の下落要因となる。一方，普通社債や借入金による資金調達で，有利子負債が増え過ぎると格付けが下がり，将来の調達金利が上昇する恐れがある。「ハイブリッド証券」は資本（株式）と負債の性格を併せ持つ企業の資金調達手段である。日本では，1993年に銀行による証券子会社の設立が解禁され，99年に銀行の証券子会社が株式業務に参入した。かつて厳然と引かれていた銀行と証券の境界線の消滅がハイブリッド証券の発行を促している。

図10-4　企業の資金調達方法

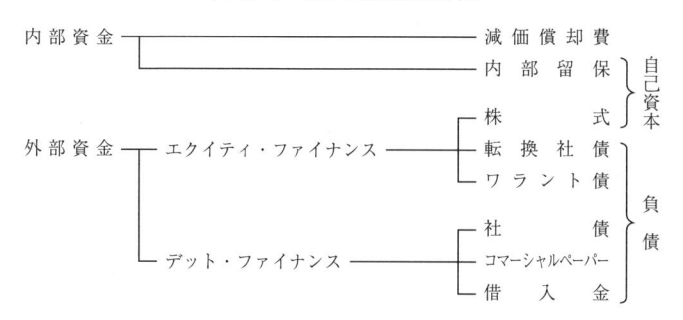

```
内部資金 ─┬─────────────── 減価償却費  ┐
         └─────────────── 内部留保    ├ 自己資本
外部資金 ─┬─ エクイティ・ファイナンス ─┬─ 株式        ┘
         │                              ├─ 転換社債    ┐
         │                              └─ ワラント債  │
         └─ デット・ファイナンス ─────┬─ 社債        ├ 負債
                                        ├─ コマーシャルペーパー │
                                        └─ 借入金      ┘
```

① イオン

2006年9月に日本企業初の「50年債（劣後債）」を発行した。「50年債（劣後債）」は債券であるので、株式は増えない。しかし、債券であるにもかかわらず、償還期限が長く弁済順位が劣っていることなどを理由に格付け会社が50％の資本性を認め、債務格付け低下への影響を軽減している。

② 新日本製鉄

2006年11月に優先出資証券を活用したハイブリッド証券（新日本製鉄債）を発行した。まず新日本製鉄が特定目的会社（SPC）向けに新株予約権付社債（CB：転換社債）を発行し、SPCはCBを裏付けとする優先出資証券を発行する。投資家（三菱東京UFJ銀行など大手3行）は優先出資証券を購入し、新日本製鉄の子会社に出資する形になる。したがって、連結貸借対照表上は「少数株主持ち分」の増加として表示され、新日本製鉄は負債比率の上昇を回避できた。

【こんな知識も】　劣後ローン

　「劣後ローン」は、返済の優先順位が低い借入金のことである。返済順位が「劣後」している分、通常の借り入れに比べて金利は高くなる傾向がある。企業は返済を後回しにできることから、劣後ローンを自己資本の一部に組み入れられる。負債に対する自己資本の割合が上がると、企業が信用力を強化できるほか、金融機関も貸出費用を圧縮できるメリットがある。

第Ⅲ部　コーポレート・ファイナンスの理論と実際

　企業の資金調達に関して，企業の財務担当者の実感に合致する理論として「ペッキング・オーダー理論」がある。pecking order は「強いにわとりが弱いにわとりを突つく，という鶏の間の序列」を意味しているが，ペッキング・オーダー理論は，金融資本市場の完全性を前提としないときに，企業がどのような順番で資金調達するかに関する理論であり，「ファイナンシャル・ヒエラルキー仮説」とも呼ばれている。ペッキング・オーダー理論は，外部資金調達は内部資金調達よりもコストがかかることや，企業経営者と外部投資家の間に「情報の非対称性」（経営者は企業の業績見通しを外部投資家よりもよく知っている）が存在することを前提として，企業は，次の順番で資金調達を行うと考えている。

① 利益および投資機会のトレンドに対してゆっくりと調整していくような配当政策を採用する。

② 利益，配当，投資支出などの予測できない変動に対して，企業はまず手元流動性を用いて対応する。

③ 外部資金を調達する場合には，安全な証券から危険な証券への順序で発行する。つまり，社債，転換社債，株式の順序で発行する。

【こんな知識も】　情報の非対称性と増資

　企業経営者は企業の業績見込み，リスク，企業価値などに関して外部投資家よりも多くの情報をもっているという意味で，企業経営者と外部投資家の間に「情報の非対称性」が存在し，企業経営者は外部投資家よりも企業価値を正確に判断できるため，その時点の株価に関して，割高か割安かを投資家よりも正しく評価できる。企業経営者は，株価が割安（過小評価）とみなす場合には増資を行わず，割高（過大評価）とみなす場合にのみ増資を行うのが合理的と考えられる。したがって，経営者の資金調達に関する判断は，外部投資家から見ると，一定の情報価値をもっている。外部投資家は，企業が増資を行うことは，経営者が自社株の価格が割高であると考えていることのシグナルと受け止め，その結果，増資が行われると株価は下落する。

【こんな知識も】 財務上の余裕

ペッキング・オーダー理論では，情報の非対称性により，企業が妥当な価格で資金調達するのは難しいとされている。したがって，企業は負債比率を低めにしており，これは「財務上の余裕」と呼ばれる。

企業の実際の資金調達の特徴は次のものである。

① 業績好調の企業と業績不調の企業

業績好調の企業は倒産リスクが小さいので，負債比率を上げて節税効果を活用するのが合理的である。しかし，実際には，業績好調の企業は内部資金が豊富であるために，負債比率が低い傾向にある。逆に，業績不調の企業は倒産リスクが大きいので，負債比率を下げるのが合理的である。しかし，実際には，業績不調の企業は内部資金が乏しく，また増資が困難であるために，負債比率が高い傾向にある。

② ベンチャー企業と大企業

ベンチャー企業など，事業リスク・倒産リスクの高い企業は財務リスクをとることができないので，負債比率が低くなっている。一方，電力・ガス会社など，事業リスク・倒産リスクの低い企業は財務リスクをとることができるので，負債比率が高くなっている。

③ 担保としての有形固定資産の有無

有形固定資産（土地・建物，工場，機械など）を多く保有している企業は，これらを担保として，負債による資金調達を行っている。一方，十分な有形固定資産を保有していない企業は，担保として供出できるものが少ないので，負債による資金調達は困難である。

④ 特定の格付けをめざしている企業

格付けは，資金調達コストを左右するだけでなく，日常の商取引に対しても大きな影響を及ぼしている。負債比率は，格付けを決定する際の最重要項目の1つであるので，特定の格付けをめざしている企業は，負債比率の上昇が企業価値を高める場合であっても，負債比率を上げないことがある。

⑤ 資金調達余力の確保

銀行借入は，株式発行よりも機動的な資金調達方法である。企業は，有利な投資機会が生まれたときに必要な投資資金を機動的に調達できるように，望ましい負債比率よりも若干低めにしている。

2006年に資本市場で資金調達した額（市場調達額）は前年比2割増の11兆4,000億円と，1998年（14兆9,000億円）以来8年ぶりの高水準になった。98年は深刻な貸し渋りから大手企業は社債発行に傾斜したが，06年は成長投資（設備投資や事業買収）のため社債からより安定した資金（返済不要の「資本性」の高い資金）であるエクイティファイナンスへ大きく軸足を移した。

① 日本板硝子

06年3月，1,100億円の転換社債を発行し，英社買収に活用した。

② リコー

06年12月，550億円の転換社債を発行し，M&Aに活用した。

③ 新日本製鉄

株価が大幅上昇すると，安定株主として期待できる大手銀行の保有株式が増える仕組みの証券を発行した。

④ シャープ

液晶分野の投資のため2,000億円の国内CB（元本保証があり，株価上昇時には株式に転換可能）を発行した。

⑤ イオン

国内事業会社で初の50年債を発行した。

⑥ 東芝

米国の原子力大手買収で使った短期借入金のうち1,000億円を社債で借り換えた。

9 事業証券化——ソフトバンクとUCOM

事業が生み出す将来のキャッシュフロー（現金収入）を担保とする資金調達手法は「事業の証券化」と呼ばれ，企業の間で広がっている。2006年の調達金

額は1兆7,000億円程度と，05年の4,000億円程度から4倍強に増えている。企業全体の信用力よりも特定事業の信用力を基に資金を調達した方が有利な条件で調達できる利点がある。

「事業証券化」は，不動産や有価証券を担保にするのではなく，特定の事業から将来発生するキャッシュフロー（現金収入）を担保にした資金調達である。将来生じる現金収入を優先的に債務返済に充てるなどの契約を付けることで返済確率を高める。事業証券化は，参入障壁が比較的高く，将来の現金収入が安定的に得られる業種で使われやすい。

06年に組成された事業証券化は6件であり，ソフトバンクは，携帯電話事業と他の事業を分けることで，通常の銀行借入より利率が低くなるメリットがあったので，携帯電話事業の証券化によって約1兆4,500億円を調達した。金融機関が購入した「携帯電話事業の証券化商品」はソフトバンク本体よりも高い格付けを取得した。ほかに，USENの子会社で光ファイバー通信事業を手掛けるUCOMが光ファイバーの通信インフラ事業を証券化し，200億円を資金調達した。

10　株主資本と新配当ルール── USEN

上場企業が株主への利益配分を加速させている。これまで内部留保の充実を優先し，無配を続けていた新興企業でも配当を出すケースは増えているが，株主に報いるという本来の意義や目的をはき違えた資本政策が広がれば，投資家の不信感を招きかねない。

USENは2006年11月29日定時株主総会を開き，取締役会は06年8月期末に1株5円を株主配当するという提案をしたが，株主から「ちょっと（業績が）悪いんだから無配でもいいんじゃないか」「(社外流出する資本の)半分が宇野社長への配当ですよ」という質問が出てきた。配当はその期に上げた利益を原資とすることが多いが，06年8月期は連結で88億円，単独でも125億円の最終赤字であり，赤字決算のUSENはどのように配当原資を確保しているのであろうか。

第Ⅲ部　コーポレート・ファイナンスの理論と実際

図10-5　USENの株主資本と配当原資
（単独ベース，単位億円，▲はマイナス）

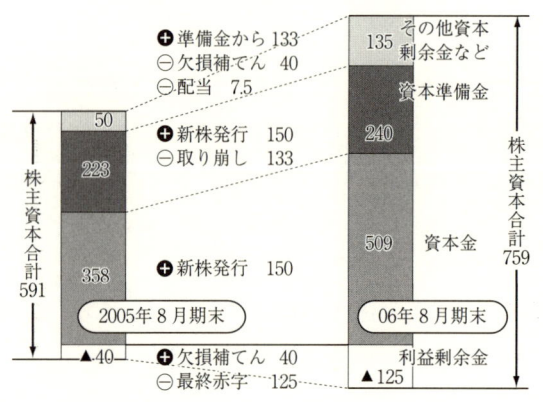

出所：『日本経済新聞』2006年12月19日より作成

　赤字決算での配当メカニズムは「株主資本等変動計算書（利益処分案：純資産の期中の変動）」から知ることができ，次のとおりである。
①　「利益剰余金」は期間利益の蓄積であるが，05年8月期末マイナス40億円，06年8月期末マイナス125億円である。したがって，「利益剰余金」は配当原資にならない。
②　USENは宇野社長に第三者割当増資をし，05年8月期末までに株式数は1年間で35％（新株発行150億円）増加した。宇野社長の持ち株比率は38％から54％へ上昇した。
③　「資本準備金」は欠損金の補填などに備えるためにあり，そもそも増資に応じて株主が払い込んだ資金の一部などを蓄積したものである。06年8月期に資本準備金223億円の59.6％にあたる133億円を取り崩し，これを「資本剰余金」に振り替えて配当原資にした。これは株主が払い込んだ資本を社外流出させたものとみなすことができる。

【こんな知識も】　新配当ルール──2001年の商法改正
　従来は「資本準備金」を配当に回すことはできなかったが，2001年の商法改正に

よる規制緩和で，増資などで膨らみ過ぎた資本を株主に返し，資本効率を向上させることが期待されている（図 10 - 5）。

第IV部
ライブドア vs. フジテレビ問題に学ぶ

― *guidance* ―

　2005年2月から4月にかけて，フジテレビジョンを中核企業とする日本最大のメディアグループ（フジサンケイグループ）と，堀江貴文社長（ホリエモン）のライブドアグループという当世の人気役者の大立ち回りがメディアを連日にぎわした。05年2月8日，ライブドアグループがフジテレビジョンの親会社であるニッポン放送の発行済み株式総数の35.0%を取得したといった内容の「株式買付けに関するお知らせ」（ライブドア）が出された。フジテレビがニッポン放送を子会社化しようと友好的TOB（株式公開買い付け）を行っていた最中であったので，それ以後，メディアでは連日，堀江貴文社長とフジテレビジョンの日枝久会長のバトルが報道された。2011年から12年にかけてマスコミを連日にぎわしているオリンパスの上場維持・廃止の話題においても「ライブドアを徹底的にたたいたのに，オリンパスには甘い新聞報道」と言われ，ライブドア vs. フジテレビ問題は企業組織やコーポレート・ファイナンスの実際問題のメルクマールになっている。第IV部では，企業組織やコーポレート・ファイナンスを学ぶための格好の生きた教材である，「ライブドア vs. フジテレビ問題」を過去形ではなく，当時の臨場感が伝わる進行形で詳細に整理する。すなわち，第IV部は「ライブドア vs. フジ問題」を時間の経過とともに書いたものであり，金融経済学者として折々の予測を行っている。事後解説であれば何とでも言えるのあるが，読者に「ライブドア vs. フジ問題」の臨場感を味わっていただくために，あえて事前予測をそのときそのときに行っている。読者は，企業組織やコーポレート・ファイナンスを，生きた教材により，なぜ，何を，どのようにして学べばよいのかを理解できるであろう。

第11章
ライブドアのニッポン放送株買い付け

マスコミは「メディアは公共性があるので,メディアを買収しようとしている堀江社長は説明責任がある。」と言い,堀江社長は「国政選挙ではなく,一企業の話なので,すべてを国民に対して説明する義務はない。」と言っている。まず公共性の問題であるが,「フジテレビジョンが経営破綻した」「三井住友銀行が経営破綻した」としよう。さあ,いずれのほうが社会的・経済的影響が大きいであろうか。私は三井住友銀行であると思う。では,東京三菱銀行がUFJ銀行のM&Aを行うときに,関係者がマスコミでベラベラ話したであろうか。ライブドアがフジサンケイグループのM&Aを行っている最中に,しかも裁判中のときも,"ホリエモン"はテレビに出てきて,ベラベラ話しているので,不思議に思っている。『老子』に「知る者は言わず,言う者は知らず」とあるが,"ホリエモン"が多くの話をしてくれたので,「ライブドアvs.フジテレビ問題」といった歴史的大事件を本書のような形でまとめることができた。

さて,堀江社長がフジサンケイグループの持ち株会社のような存在のニッポン放送の株式を時間外取引で大量取得したことに対して,合法であるにもかかわらず,あたかも不正を行ったかのように厳しく批判されている。私は,2005年2月8日のニッポン放送買い集めのニュースを聞いて,すぐさまジョン.F.ケネディ大統領の父の株式投資の逸話と堀江社長の株買い集めをだぶらせた。ケネディ大統領の父の名前はジョセフ・P・ケネディで,株式で大儲けをして,フランクリン・ルーズベルト大統領に多額の政治献金をして駐英大使になったり,息子を第35代米国大統領にした人であるが,株式投資の秘訣を尋ねられ

第Ⅳ部　ライブドア vs. フジテレビ問題に学ぶ

「市場のルールの不備を探し，当局が整備する前に取引することである」と答えたと言われている。米国では市場のルールの盲点をついて儲けると「あいつは賢い。偉い。」ということになり，当局はあわててルールの整備に乗り出すが，日本では今回の堀江社長のようにルールの盲点をつくと，現状では合法であるにもかかわらず「村八分」に会う。日本の商法では，株主は会社の所有者と位置づけられ，それは株主が会社の運営を支配し，株主が会社の活動によって生じる利益の帰属者であることを意味しているのであり，堀江社長の主張は企業組織やコーポレート・ファイナンスの理論の教科書通りの話である。にもかかわらず，「会社は誰のものか」との問いに対しては米国では株主と回答されるのに，日本では経営者，従業員との答えがかえってくる。

1　堀江貴文社長 vs. 日枝久会長

「ライブドア vs. フジテレビ問題」とは，ライブドアグループを率いる堀江貴文社長（"ホリエモン"）と，フジサンケイグループの中核企業フジテレビジョンの日枝久会長のニッポン放送株買い取り合戦のことである。

フジサンケイグループは日本最大のメディアグループであり，グループ内の資本関係のねじれを是正しようと，つまり「ニッポン放送が親，フジテレビジョンが子」を「ニッポン放送が子，フジテレビジョンが親」の資本関係へ逆転しようと，フジテレビは2005年1月17日から2月21日までニッポン放送株のTOB（株式公開買い付け）を行っていた。フジのTOBはニッポン放送経営陣の同意の上で進められていたので，「友好的買収」であった。

TOB期間中の2月8日，織田信長（27歳）が「桶狭間の戦い」で敵の大将今川義元（42歳）の本営を急襲したように，ホリエモンの父によって"平成の織田信長"と呼ばれている堀江社長（32歳）がフジサンケイグループの本営（持ち株会社）のような存在のニッポン放送の株を一挙に買い集めた。ライブドアのニッポン放送株大量買い付けは，ニッポン放送経営陣の同意の上で行われたわけではなく，「敵対的買収」であった。桶狭間の戦いは兵25,000の大軍今川

第11章　ライブドアのニッポン放送株買い付け

表11-1　ライブドア vs. フジテレビ問題

1月17日	フジテレビがニッポン放送株の株式公開買い付け（TOB）発表
2月8日	ライブドアがニッポン放送株の約35％を取得し筆頭株主に
10日	フジがTOBの目標を50％超から25％超に引き下げ
23日	ニッポン放送がフジに大量の新株予約権の発行を決定
24日	ライブドアが新株予約権の発行差し止めを東京地裁に申請
3月8日	フジがニッポン放送株の36.47％を確保しTOB成立発表
11日	東京地裁が新株予約権発行差し止めを決定
15日	フジが大幅増配を決定
16日	ライブドアがニッポン放送株の50％超（議決権ベース）を実質的に確保。東京地裁、ニッポン放送の異議を却下
22日	フジが500億円の増資枠を発表
23日	東京高裁がニッポン放送の抗告棄却
24日	ニッポン放送が保有するフジ株13.88％をソフトバンク・インベストメントに貸し出すと発表
4月18日	フジテレビとライブドア和解で合意
6月下旬	ニッポン放送の定時株主総会

出所：『日本経済新聞』2005年3月26日，4月19日より作成

義元と兵2,000の小軍織田信長の戦いであったが，「ライブドア vs. フジ問題」は売上高4,559億円の大企業フジテレビジョンと売上高308億円の小企業ライブドアのニッポン放送株取得合戦である。

　織田信長に向かって「今川義元に勝ってどうするのか」と聞くと，織田信長はこれからの日本をどうすべきかを熱く話したかもしれないが，桶狭間での戦術は「どのようにすれば今川義元に勝てるのか」という問題だけであった。マスコミの論調は「堀江社長がニッポン放送を買収して何をしたいのかが見えない」と批判しているが，同様に，堀江社長に向かって「フジの日枝会長に勝ってどうするのか」と聞くと，堀江社長はインターネット事業とメディア事業の融合を語るであろう。しかし，「ライブドア vs. フジ問題」といったマーケットにおける戦争が桶狭間の戦いと異なるのは，企業は「ライバル企業に勝利」するだけでは不十分であり，「企業価値を創造」しなければならないということである。フジの日枝会長とライブドアの堀江社長のいずれがニッポン放送の「企業価値を高める」ことができるのかを問題にしなければならない。

　さて，織田信長は宿老（現在の企業組織でいえば取締役）の進言を退けて野戦

を行ったが，堀江社長も「ライブドアが公開買い付け手続きをとるべきだったとの批判は可能だろう」（ニッポン放送の新株予約権の発行差し止めを命じた3月11日の東京地裁決定）を退けて「時間外取引」といったゲリラ作戦に出たのであった。ゲリラ戦法は「小が大と戦う」常套戦術であるかもしれないが，これをとらえて堀江社長は「経営者や従業員，株主らが営々と頑張ってきたものが一瞬にして制覇されるとなると，資本主義の悪い面が出てきたような感じさえする」（山口信夫日本商工会議所会頭）「才あって，徳なし」と言われるようになった。

「時間外取引」は合法であって"テロ作戦"ではないが，"ゲリラ戦法"の一つだとは思う。日枝久会長のような正統派企業戦士にしてみれば，"堀江さん"（TOB 25%が成功しそうになると，"堀江くん"）は合法的野武士あるいは非合法のテロリストにすぎないのかもしれない。

堀江貴文社長は2005年2月8日（火曜日），東京証券取引所の立会が始まる前に，ゲリラ戦に撃って出て，ニッポン放送の発行済み株式総数の29.6％にあたる9,720,270株を取得した。時間外取引の正当性を巡っては政財界をはじめ，メディアを賑わせているが，本書は法律問題には第二義的にしか関心はなく，「ライブドア vs. フジ問題」の企業組織面やコーポレート・ファイナンス面に焦点をあてている。

2005年2月8日（火曜日），ライブドアグループはゲリラ戦の戦果を次のように伝えている。

株式買付けに関するお知らせ

当社は，本日，当社子会社である株式会社ライブドア・パートナーズ（代表取締役：堀江貴文）を通じて，ToSTNeT-1による時間外の市場内取引によって，株式会社ニッポン放送（証券コード4660・東証第二部）の株式の買付けを実施いたしましたので，下記の通りお知らせいたします。

記

1. 対象銘柄
   株式会社ニッポン放送の普通株式

東証2部（証券コード4660）
2．買付け枚数
9,720,270株（発行済株式総数の29.6%）
3．買付け日
平成17年2月8日
4．累計保有株数
株式会社ライブドア：1,756,760株（発行済株式総数の5.4%）
株式会社ライブドア・パートナーズ：9,720,270株（発行済株式総数の29.6%）
合計：11,477,030株（発行済株式総数の35.0%）

2　ニッポン放送はどんな会社なのか

「ライブドアvs.フジ問題」で株式争奪戦の対象になっている「ニッポン放送」はどんな会社なのであろうか。『会社四季報』で調べると，その「特色」項目で，ニッポン放送は「AMラジオ専業でAMでは売上高首位。音楽映像出版事業も。フジテレビの筆頭株主。」と書かれてあり，ニッポン放送はフジテレビジョンの筆頭株主であることが分かる。堀江社長が「ニッポン放送はフジテレビの親会社，フジテレビはニッポン放送の子会社なので，ニッポン放送を買収すれば，フジテレビを支配できる。」と言うのはこのためである。

ニッポン放送は1954年4月に株式会社として設立され，1996年12月から上場会社になっていた。上場会社とは証券取引所（東京証券取引所）に上場されている会社のことで，ライブドアの堀江社長は「ニッポン放送の株を買われるのが嫌であれば，はじめから上場しなければよい。上場している以上，株は誰に買われても文句は言えないはず。」と言っている。フジサンケイグループがニッポン放送を上場したのは，上場に伴う増資で創業者の鹿内一族の持ち株比率を下げ，影響力を薄める狙いからであった。上場できたからこそ鹿内一族の支配から逃れることができたのであるが，一連の株買い取り合戦では，上場しているためにライブドアに支配されかかったのである。

では，ニッポン放送の株式を誰がどのくらいもっているのであろうか。これは『会社四季報』の「株主」項目に次のように書かれている。つまり，株主は

第IV部　ライブドア vs. フジテレビ問題に学ぶ

2004年9月時点で5,314名いて，大口株主は次の人たちである。

㈱エム・エイ・シー	545万株	(16.6%)
フジテレビジョン	406万株	(12.3%)
ボストン・セーフ・デポジット・ビーエスディーティー	176万株	(5.3%)
日本マスター信託	163万株	(4.9%)
日本トラスティ信託	143万株	(4.3%)
鹿内厚子	143万株	(4.3%)
鹿内宏明	119万株	(3.6%)
ステート・ストリート・バンク＆トラスト	119万株	(3.6%)
サンケイビル	77万株	(2.3%)
第一生命保険	62万株	(1.9%)

また，外国17.6％，投信1.6％，浮動株1.1％，特定株60.0％といった株主のタイプ別構成比が書かれている。大口株主名を見て，第1にニッポン放送の筆頭株主は㈱エム・エイ・シー（村上ファンド）であること，第2にニッポン放送が親会社，フジテレビジョンが子会社という関係にあるにもかかわらず，子会社のフジが親会社の株式の12.3％を保有し，第2番目の大株主であること，第3に鹿内厚子，鹿内宏明といった個人が大株主であることが分かる。

鹿内厚子，鹿内宏明といった個人がなぜニッポン放送の大株主になっているのであろうか。フジサンケイグループを一大メディア集団に育てたのは鹿内信隆・春雄の親子であり，元日本興業銀行マンの鹿内宏明は信隆の次女の夫で，信隆の長男春雄が急死したあとグループ議長を務めた人である。鹿内宏明はワンマンぶりの不評から1992年にトップの座を追われ，その後はフジサンケイグループの持ち株会社のような存在であるニッポン放送の大株主として復権を伺ってきたと言われている。しかし，2005年1月，鹿内厚子・鹿内宏明は保有するニッポン放送のほぼ全株を大和証券SMBCに売却した。

鹿内厚子・鹿内宏明保有の株式については，「その株式は大和証券SMBCが

保有。同社は TOB に応じることを決めた。この 8 ％の株式について 6 日，鹿内氏らが取引に不適切な面があったとして大和 SMBC に返還を求めていると一部で報道された。大和 SMBC は『当社に法令違反は一切ない。売買契約が解除されることはない。公開買い付けの応募は公表通り行う』と表明した。」(『日本経済新聞』2005 年 3 月 7 日）と報道されている。大和証券 SMBC は 04 年 12 月中旬にフジテレビジョンから公開買い付け代理人を依頼されているが，そのために鹿内厚子・鹿内宏明からは，両氏がニッポン放送株の売却契約を結ぶ前に，大和証券 SMBC はフジの TOB を知っていたのではという懸念がもたれ，それはインサイダー取引規制に該当するのではと疑われている。

　フジテレビジョンの TOB（株式公開買い付け）というのは，フジテレビの保有するニッポン放送株の比率を 12.3 ％から 50 ％超（途中で 25 ％超に変更）へ増やすことであり，2 月 8 日，突如ライブドアとフジテレビジョンの間で株の買い取り合戦が始まったのは，ライブドアが市場内の立会外（時間外）取引で 9,720,270 株（発行済み株式総数の 29.6 ％）のニッポン放送株を取得したからである。04 年 9 月時点の筆頭株主はエム・エイ・シー（村上ファンド）であるが，05 年 2 月 8 日時点ではライブドアが筆頭株主である。

3　ニッポン放送買収合戦は株式市場にどのように映ったのか

　「マーケット（株式市場）は鏡である」と言われることがある。2005 年 2 月 8 日に始まったライブドアとフジテレビジョンのニッポン放送買収合戦は株式市場にどのように映ったのであろうか。まずは，2 月 7 日，8 日，9 日，10 日のニッポン放送（東証第 2 部），ライブドア（マザーズ），フジテレビジョン（東証第 1 部）3 社の株価の動きを見よう。11 日（金曜日：建国記念の日），12 日（土曜日），13 日（日曜日）の株式市場は休みであった。

　2 月 8 日の株価の動きからは，ライブドアとフジテレビのニッポン放送買収合戦の始まりは，ニッポン放送，ライブドア，フジテレビの株価をすべて上昇させ，2 月 9 日の株価の動きからは，ニッポン放送とライブドアの株価を上昇

第Ⅳ部　ライブドア vs. フジテレビ問題に学ぶ

		始値	高値	安値	終値
二月七日(月曜日)	ニッポン放送	6,000	6,040	5,990	5,990
	ライブドア	432	450	427	450
	フジテレビ	227,000	230,000	227,000	229,000
二月八日(火曜日)	ニッポン放送	6,030	6,990	6,030	6,800
	ライブドア	410	497	410	455
	フジテレビ	228,000	239,000	222,000	235,000
二月九日(水曜日)	ニッポン放送	7,800	7,800	7,700	7,800
	ライブドア	475	483	461	469
	フジテレビ	236,000	237,000	226,000	230,000
二月一〇日(木曜日)	ニッポン放送	8,800	8,800	7,840	7,840
	ライブドア	465	466	451	454
	フジテレビ	224,000	227,000	217,000	227,000

させ，フジテレビの株価を下落させていることが分かる。2月8日の株式市場の様子をまとめている『日本経済新聞』(2月9日朝刊)の「株式往来」項目では，「ライブドアグループによるニッポン放株の大量取得発表を受けて，ニッポン放の子会社化を目指しているフジテレビ株がめまぐるしい動きを見せた。午前中には『株式公開買い付け (TOB) に不利になる』との見方から前日終値を下回る水準まで下落。その後，『ニッポン放の株式取得の真の狙いはフジテレビを傘下に置くことではない』との見方が浮上，終値では2.6％高となった。」との報道があった。2月9日以降はニッポン放送やライブドアの株価にマーケットの関心が集中しているが，2月8日はニッポン放送のTOBを行っていたフジテレビの株価にマーケットの関心が集まっていた。

4　なぜフジはニッポン放送株のTOBを行っていたのか

2005年1月18日，フジテレビジョンは証券取引法によるニッポン放送株の公開買い付け (TOB) を実施する「公開買付開始公告」を新聞紙上に出した。そこには公開買付けの目的として「当社は，現在株式会社ニッポン放送(以下，

第11章 ライブドアのニッポン放送株買い付け

「ニッポン放送」)の発行済株式総数の12.39％(4,064,660株)を保有しておりますが，この度，ニッポン放送の経営権を取得することを目的に，全ての発行済株式(ニッポン放送の保有する自己株式を除く)の取得を目指して証券取引法に定める公開買付けを実施いたします。」と書かれている。

フジサンケイグループは中核企業のフジテレビジョンと，より規模が小さなニッポン放送との親子関係の逆転が続いていた。フジのニッポン放送株TOBは，「ニッポン放送が親，フジが子」を「ニッポン放送が子，フジが親」の資本関係への逆転を目指すものである。ここで，ニッポン放送がフジテレビジョンの筆頭株主，つまり「ニッポン放送が親，フジが子」の関係を確かめよう。これは『会社四季報』のフジテレビジョンの「株主」項目に次のように書かれている。株主は2004年9月時点で99,048名いて，大口株主は次の人たちである。

ニッポン放送	573千株（22.5％）
東宝	146千株（ 5.7％）
日本トラスティ信託	111千株（ 4.3％）
日本マスター信託	97千株（ 3.8％）
㈱文化放送	77千株（ 3.0％）
自社（自己株口）	59千株（ 2.3％）
ステート・ストリート・バンク＆トラスト505103	44千株（ 1.7％）
ヤクルト本社	39千株（ 1.5％）
ステート・ストリート・バンク＆トラスト505025	33千株（ 1.3％）
バンク・オブ・バミューダ（ハミルトン）	28千株（ 1.1％）

また，大口株主名の下に，外国17.8％，投信3.0％，浮動株15.4％，特定株47.8％といった株主のタイプ別構成比が書かれてある。フジはニッポン放送株を406万株（12.3％）もってはいるが，逆にニッポン放送はフジ株を573千株（22.5％）持ち，フジの筆頭株主であることが分かる。「ニッポン放送が親，フジが子」の関係にあるので，堀江社長は「ニッポン放送を買収できれば，フジ

195

第Ⅳ部　ライブドア vs. フジテレビ問題に学ぶ

テレビジョンを支配できる。」と言っているのである。

5　ライブドアは2月8日に何をしたのか

　ニッポン放送はAMラジオ専業会社である。メディアの歴史はラジオ，テレビの順番で，まず「ニッポン放送」が1954年4月設立され，「フジテレビジョン（当時は富士テレビジョン）」が57年11月ニッポン放送の子会社として設立された。メディアの歴史を振り返れば，「ニッポン放送が親，フジが子」という資本関係は不思議ではないのである。
　しかし，時代はラジオからテレビへと変わり，現在ではフジテレビジョンがフジサンケイグループの中核企業に位置づけられている。フジテレビは親会社のニッポン放送よりも大きくなり，扶桑社（出版社），産業経済新聞，ポニーキャニオンなどの子会社をもつようになっている。2004年3月期の売上高4,559億円のフジテレビが同1,094億円のニッポン放送の子会社というのもヘンなので，05年1月17日，フジテレビはニッポン放送の子会社化，つまり「ニッポン放送が親，フジが子」を「ニッポン放送が子，フジが親」の資本関係への逆転を目指して，ニッポン放送株のTOB（株式公開買い付け）を発表した。実質的な創業者である鹿内一族との確執でフジサンケイグループは再編が遅れていたが，05年1月鹿内一族が保有しているニッポン放送のほぼ全株を大和証券SMBCに売却したことから，フジテレビはグループ内の資本関係を是正するためにニッポン放送の子会社化を目指したのであった。
　ところが，「フジ，子会社化に誤算」「ライブドア，ニッポン放送株35％取得」「堀江社長　メディアと融合」という見出しの下で，「インターネット関連サービス大手ライブドアの堀江貴文社長は8日，記者会見し，35％を取得したニッポン放送株をさらに買い増す意向を示す一方で，フジサンケイグループに事業提携を申し入れたと述べた。最大1,700億円を投じて同放送を子会社化することを目指すフジテレビジョングループのグループ再編策は，思わぬ大株主の登場で見直しを迫られた。」（『日本経済新聞』2005年2月9日）との報道があっ

第11章　ライブドアのニッポン放送株買い付け

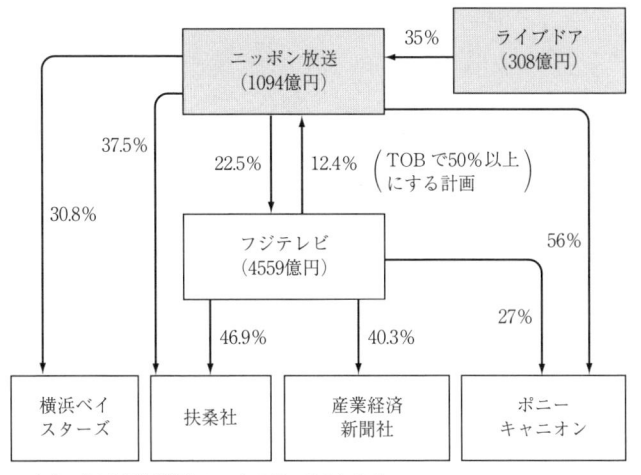

図11-1　フジサンケイグループの資本関係

```
                    ニッポン放送    35%    ライブドア
                    （1094億円）           （308億円）
            37.5%      22.5%  12.4%  ┌TOB で50％以上┐
                                     └にする計画　　┘
         30.8%
                    フジテレビ                  56%
                    （4559億円）
                                              27%
                    46.9%   40.3%
    横浜ベイ      扶桑社    産業経済       ポニー
    スターズ               新聞社       キャニオン
```

出所：『日本経済新聞』2005年2月9日より作成

た。

　ライブドアはニッポン放送株をなぜ2月8日に大量取得したのであろうか。上場企業の株式を5％以上取得した株主は取得翌日から5営業日以内に管轄の財務局（ここでは関東財務局）に大量保有報告書を提出する必要がある。保有比率がその後1ポイント以上増減しても同じである。ライブドアのニッポン放送株保有比率が5％を超え、5.06％（1,658,840株）になったのは2月4日であり、5営業日目の2月10日までの2月8日に立会外取引で一気に株式を大量取得したのは、大株主に名前が出てフジサンケイグループからの対抗策が打たれるのを防ぎたかったからである。

　2月8日は、1月17日から2月21日（さらに3月2日に延長、3月7日に再延長）までのフジのTOB期間中であり、ライブドアによるニッポン放送株35％取得は、「フジ　TOB練り直しも」という見出しの下で、「『まったく寝耳に水』（幹部）。フジテレビのグループ再編のアドバイザーである大和証券SMBCでは8日、発表を受けてパニック状態になった。フジも『事実を踏まえて株式公開買い付け（TOB）の取り組み方法について検討中』（広報部）と困惑を隠せ

ない。ライブドアがニッポン放送株を大量取得し，さらに買い進む意向を示したことは，フジにとって誤算となった。時価総額が小さいニッポン放送がフジの筆頭株主という資本関係のねじれの解消への障害になるばかりか，買収価格引き上げなどの対策が必要になれば，大幅なコスト増加要因になりかねないからだ。」(『日本経済新聞』2005年2月9日) と報道されている。

　2月8日の出来事については，「ライブドアこうして取引　事前に5％強買い付け　30分弱6回で29％取得」という見出しの下で，「2月8日午前7時，東京・六本木の本社でライブドアは臨時の取締役会を開催。立会外取引によるニッポン放送株取得と取得原資となる800億円の転換社債型新株予約権付社債 (CB) の発行を決めた。すぐ後，通常取引の開始前である8時22～50分の間，計6回の取引で972万株を取得。30分足らずで発行済み株式の29.63％の買い入れに成功した。ライブドアは前日の7日までに発行済み株式の5.36％に当たる175万株強を小刻みに買い付けており，8日午前8時20分にCB発行と同時に情報開示している。その開示から瞬く間に同社は，ニッポン放送に34.99％を出資する筆頭株主に躍り出た。」「ライブドアが29.63％分の株式の大量取得に利用したのは東京証券取引所の立会外取引システム『トストネット』。通常の売買が始まる9時前など，立会時間以外の時間帯に取引する。売り手と買い手が決めた価格で取引するもので，価格変動リスクを避けたい機関投資家の大口取引などに使われる。東証のコンピューターネットワークを使って取引するので，時間外取引ではあるが，市場内取引とみなされる。ライブドアは，前日終値の上下7％の範囲で取引価格を決める『単一銘柄取引』と呼ばれる手法でニッポン放送株を取得した。買い取り価格は，前日終値 (5,990円) を1％強上回る6,050円から6,100円だった。」(『日本経済新聞』2005年3月3日) と詳しく報道されている。

6　ライブドアはニッポン放送株を誰から取得したのか

　ニッポン放送の株主のタイプ別構成比は2004年9月時点，外国17.6％，投信

第11章　ライブドアのニッポン放送株買い付け

1.6％，浮動株1.1％，特定株60.0％である。フジサンケイグループ各社との持ち合いなどで安定しているはずのニッポン放送株が2月8日の1日でなぜ972万株（発行済み株式総数の29.63％）も動いたのであろうか。ライブドアがニッポン放送株を誰から，いくら取得したのかは正確なところ不明である。ライブドアが行った時間外取引は市場内取引で，一対一の相対取引ではないので分からないが，以下の新聞記事は推測を報道している。

「昨年9月末のニッポン放送の大株主リストでは，海外株主は最大でも持ち株比率5％程度。リストにある分を寄せ集めても3割にはとても届かない。ただ外国人が相当の株数を持っていたことは確かだ。今回一部を売ったことが明らかになった米テネシー州の資産運用会社『サウスイースタン・アセット・マネジメント』は，大株主リストに名前はないにもかかわらず，1月下旬時点で10.6％の株を保有していた。『フジテレビの大株主』との魅力に着目して少なくとも7年前から取得を開始，いったん株を手放した後，2001～02年に再び買い増していたようだ。放送会社については，放送法などの規定で，外国人の議決権比率が放送免許取り消し基準である20％に乗せそうな場合には『株主名簿への外国人の記載を拒否できる』と定めており，『実態と名義のかい離』が水面下で株式を集めやすい土壌を作った面もある。」（『日本経済新聞』2005年2月16日）と報道されています。ライブドアは海外の株主が名義書き換えをせずに証券保管振替機構名義で保有する分を含め，海外投資家などから取得したとみられています。

ライブドアが2月8日ニッポン放送株を誰から取得したのかについては，「関係者によると，8日の通常の株式取引がスタートする直前，立ち会い外取引で複数の大株主の売りに合わせてライブドアが買いを入れた。段取りを整えたのは，ライブドアの資金調達で主幹事を務めたリーマン・ブラザーズ証券などだ。市場関係者の読みのひとつは，外国人投資家の売りだ。昨年9月末の外国人持ち株比率は17.7％だが，電波法などは放送事業者の外国人保有株が議決権の20％を超えることを禁じており，名義書き換えをしていない株がほかにも存在していた可能性がある。一方，村上世彰が率いる投資ファンド，M&Aコ

ンサルティングの保有株（1月時点で18％）については，堀江氏は『意向は聞きに行っており，より高い値段であればいつでも売ると聞いている』と述べた。」（『日本経済新聞』2005年2月9日）と報道されている。これに関し，ニッポン放送は，堀江社長が村上世彰と事前に打ち合わせて，村上ファンドの保有株を時間外取引で取得したのではないかとして，それは証券取引法に違反していると主張している。

7　なぜライブドアはニッポン放送株を買い集めているのか

なぜライブドアはニッポン放送株を大量取得したのであろうか。「堀江社長はニッポン放送株の取得について『事業提携を基本に考え，長期保有でガッチリ提携していく』と語った。ただ，市場では『高値転売を目的としているのではないか』など様々な憶測が広がり，ライブドア株は8日，乱高下した。」「株取得の狙いが明確に見えないこともあり，報道陣からは『高値で売却し利益を出す狙いでは』との質問が相次いだ。堀江社長は『絶対に短期で売らないとは言えないが，今のところ長期保有が前提』と答えていた。」（『日本経済新聞』2005年2月9日）と報道されている。それに対して，「フジテレビ，提携否定」という見出しの下で，「フジテレビジョンの日枝久会長は9日，ニッポン放送の大株主になったライブドアについて『業務提携はしない』と述べ，ライブドアが求める業務提携に否定的な考えを示した。」（『日本経済新聞』2005年2月10日）と報道されている。

ライブドアから2月17日公表された「フジサンケイグループとの業務提携に関する当社の意向について」によれば，堀江社長は，ライブドアの有する「インターネット」メディアと，フジサンケイグループ各社の有する「ラジオ・テレビ・新聞・雑誌」という4大メディアとの連携を行い，情報メディアとしてのさらなる国民生活への貢献に寄与することを目指しているが，フジテレビジョンの日枝久会長には拒否されている。堀江社長は，「どんな結果でも譲れないものは」との問いに「ライブドアの株主利益だ。株価を上げるとか業績を

第11章 ライブドアのニッポン放送株買い付け

向上させるとか,株主が喜ぶことをする。……今後,中国など海外にもM&A（企業の合併・買収）を広げ,ライブドアを（報道から金融まで幅広い事業を持つ）メディア・ファイナンス・コングロマリットにしていきますよ。」（『日本経済新聞』2005年2月26日）と報道されている。ライブドアは,ニッポン放送などとの事業連携に備え,3月4日付けで「メディア事業戦略室」を新設している。

8 ライブドアのニッポン放送株買い付け資金はどこから出ているのか

「ライブドアは8日,発行済み株数の29.6％に当たる972万株を取得した。立会時間中も10万株程度を買い増したという。合計金額はざっと600億円。同社側の保有比率は昨年7月から市場で買い集めた分を合わせ35％に達した。ライブドアは同日,約50の大株主にニッポン放送株の買い取り意思を伝えた。ライブドア幹部によると,9日以降も市場での買いを継続し,同社のみで『51％の取得を目指す』という。」（『日本経済新聞』2005年2月9日）と報道されている。この新聞記事では,ライブドアが2月8日の時間外取引でニッポン放送の発行済み株式総数の29.6％に当たる972万株を大量取得し,さらに約50件の大株主に対して保有株全部を買い取る意思表明を行い,立会内取引で買い続けることを公言していることを伝えている。大株主に対して保有株全部を相対取引で買い取るという要請は法律違反ではないかとフジサンケイグループから指摘されているが,この買い取り資金はどこから出てくるのであろうか。2月8日の1日だけでニッポン放送株買い付け資金は600億円と報道されているが,この資金をライブドアはどこから調達したのであろうか。

ライブドアは2月8日,リーマン・ブラザーズ証券グループから588億円の融資（つなぎ融資）を受け,ニッポン放送株を大量取得したと報道されている。そして,同日ライブドアは次のような概要の「2010年満期ユーロ円建転換社債型新株予約権付社債発行に関するお知らせ」を出し,24日発行する800億円のCBでつなぎ融資分の返済資金とニッポン放送株買い付け資金（M&A資金）等

を調達するとしている。

2010年満期ユーロ円建転換社債型新株予約権付社債発行に関するお知らせ

平成17年2月8日開催の当社取締役会において，2010年満期ユーロ円建転換社債型新株予約権付社債の発行を決議いたしましたので，その概要につき，下記のとおりお知らせいたします。

記

1. 社債の名称
   株式会社ライブドア2010年満期ユーロ円建転換社債型新株予約権付社債（以下「本新株予約権付社債」といい，そのうち社債のみを「本社債」，新株予約権のみを「本新株予約権」という）
2. 社債の発行価額
   本社債の額面金額の100%（各本社債額面金額1億円）
3. 新株予約権の発行価額
   無償とする。
4. 払込期日及び発行日
   2005年2月24日
5. 募集の方法
   第三者割当の方法（海外における私募）により，全額を Lehman Brothers Commercial Corporation Asia Limited に割当てる。
6. 新株予約権に関する事項
   (1) 新株予約権の目的である株式の種類及び数
      本新株予約権の目的である株式の種類は当社普通株式とし，その行使により当社が当社普通株式を新たに発行又はこれに代えて当社の有する当社普通株式を移転する数は，行使請求に係る本社債の発行価額の総額を下記(3)記載の転換価額で除した数とする。
   (2) 発行する新株予約権の総数
      800個
   (3) 新株予約権の行使に際して払込をなすべき額
      ① 本新株予約権の行使に際して払込をなすべき額は，本社債の発行価額と同額とする。
      ② 本新株予約権の行使に際して払込をなすべき1株当たりの額（以下「転換価額」という。）は，当初450円とする。
      ③ 転換価額の修正
         本新株予約権付社債の発行後，毎週金曜日（以下「決定日」という。）の翌取引日以降，転換価額は，決定日までの3連続取引日の当社普通株式の毎日の売買高加重平均価格の平均値の90%に相当する金額（以下「修正後転換価額」という。）に修正される。但し，かかる算出の結果，修正後転換価額が157円（以下「下限転換価額」という。）を下回る場合には，修正後転換価額は下限転換価額とする。

(4) 新株予約権の行使請求期間
2005年2月25日から2010年2月23日まで
(5) 新株予約権の行使により株式を発行する場合の株式の発行価額中資本に組入れる額転換価額に0.5を乗じた金額とする。
7. 社債に関する事項
① 発行総額
800億円
② 社債の利率
本社債には利息を付さない。
③ 満期償還
2010年2月24日（償還期限）に本社債額面金額100％で償還する。

　CBはリーマン・ブラザーズ証券グループによって全額買い取られ，「株価が下落すると転換価格も下がり，リーマンが手にする株数も膨らむ仕組み。ライブドアにとっては事実上，公募増資で新株を発行し，資金調達するのと同じことになる。リーマンはCBを保有し続けても，投下資金を寝かせてしまうだけで利益にならない。このため償還までの5年間で，株価への影響を抑えるために，CBを少しずつ株式に転換し，市場で売却する契約となっている。リーマンは最終的に株式を売却しないと，利益を確定できず，投下資金を回収できない。このため大量のライブドア株を保有して支配権を握ることは考えにくい。また，リーマンが売却する株を特定企業がまとめ買いするのも難しそうだ。」（『日本経済新聞』2005年2月23日）と報道されている。

図11-2　ライブドアが発行するCBと貸株

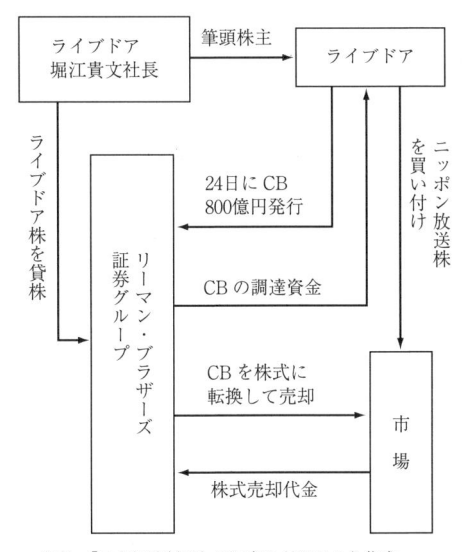

出所：『日本経済新聞』2005年2月23日より作成

第12章
フジテレビジョンのニッポン放送株 TOB

　ライブドアは2005年2月24日，東京地裁に，ニッポン放送のフジテレビジョンに対する新株予約権の発行差し止めを求めた仮処分申請を行い，この裁判は「企業価値」をめぐる日本ではじめての裁判と言われている。「法廷での論戦火ぶた　ライブドアvs.フジ側　初審尋　東京地裁　今月前半にも結論」「企業価値への影響焦点」という見出しの下で，『（ライブドア傘下入りによるニッポン放送の企業価値の棄損を防止するという大義名分の）根拠はニッポン放送がフジサンケイに事業面，人心面で大きく依存している点にある。同放送のラジオの営業利益は2004年3月期で2割に過ぎず，映像・音楽・出版事業が7割の利益を稼ぎ出す。同事業はフジの番組などをコンテンツ（情報の内容）として販売している。ライブドア傘下に入った場合，フジなどは取引中止を申し入れる意向。『グループ離脱で企業価値には甚大な悪影響が出る』（亀渕昭信ニッポン放送社長）という。一方，ライブドアはフジによる株式公開買い付け（TOB）以前の同放送の株価純資産倍率（PBR）が，1倍前後で維持していたことを指摘。『解散しても（フジサンケイグループの一員として）事業を継続しても価値は変わらないと市場が評価していた』（堀江貴文社長）と主張する。これはフジサンケイグループの傘下にあったニッポン放送の株価が，保有するフジ株などの資産価値の割に低かったことを意味する。株価を尺度に企業価値を判断すれば，ニッポン放送の企業価値を十分に高められていなかったことになる。ニッポン放送が新株予約権の発行の妥当性を訴えるには企業価値の議論は避けられない。ライブドア傘下に入ると，例えば収益やブランド力がどの程度減るかなどを示す必要があるとみられる。ただライブドアが掲げる『ネットとメディアの融合』も，

具体策は霧の中。それが音楽・映像など豊富な資産を持つフジ・ニッポン放送側を強硬な防衛策に走らせている面もあり，裁判所の判断が注目される。」(『日本経済新聞』2005年3月2日)と報道されている。

1 ニッポン放送の企業価値はいくらか

　ニッポン放送の「企業価値」はどれくらいなのであろうか。『会社四季報』のニッポン放送の「財務」項目に次のように書かれている。2004年9月時点の連結決算では，

総資産　　　　　229,816百万円
　株主資本　　　173,441百万円
　株主資本比率　75.5％
　資本金　　　　4,150百万円
　利益剰余金　　161,585百万円
　有利子負債　　15,701百万円

である。ニッポン放送はフジテレビジョンの株を573千株もっている。2004年9月のフジ株の高値247,000円，安値212,000円でそれぞれ計算すると，ニッポン放送が保有しているフジテレビジョン株の資産価値は，

247,000円×573,000＝1,415億3,100万円
　　　　　　　　＝141,531百万円（61.6％）
212,000円×573,000＝1,214億7,600万円
　　　　　　　　＝121,476百万円（52.9％）

である。ここでカッコ内はニッポン放送の総資産価値に占める割合である。ニッポン放送の「財務」項目で気づくことは，第1に保有しているフジ株の資産価値が総資産価値の50〜60％を占めており，ニッポン放送の価値の過半はフジ株の資産価値である。ニッポン放送の亀渕昭信社長は「フジサンケイグループに残ることが株主価値を高めるためのベストの方法だ」(『日本経済新聞』2005年2月24日)と語っているが，ニッポン放送の価値は，フジ関連の事業価値で

第Ⅳ部　ライブドア vs. フジテレビ問題に学ぶ

図12-1　ニッポン放送の企業価値

2004年1月まで

現　在
（依然，ニッポン放送の企業価値の半分以上はフジ株が占める）

フジに対するニッポン放送の出資比率が低下

1700億円
1400億円
1300億円
2200億円

買収問題でニッポン放送の株価が上昇
ニッポン放送の時価総額
ニッポン放送が持つフジテレビ株の時価総額

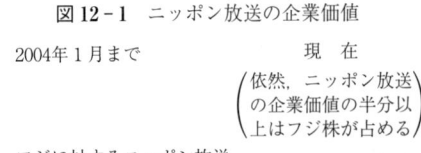

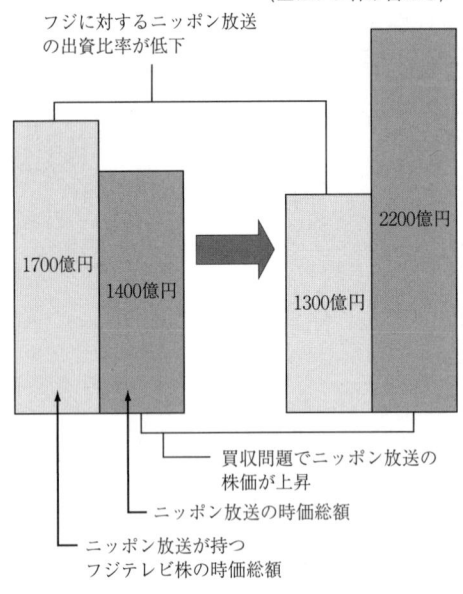

出所：『日本経済新聞』2005年3月3日より作成

はなく，フジ株の資産価値である。第2に利益剰余金が総資産価値の70.3％を占めていることである。利益剰余金＝株主資本－（資本金＋資本剰余金）であり，利益剰余金は利益の蓄積である。

「そもそも『企業価値』とは？　株主価値とかい離せず」という見出しの下で，「ニッポン放送のような上場企業の株式は日々市場で株価がつく。株価に発行済み株式数をかけた金額が株式時価総額だ。いわばその時の会社の値段で，株主にとっては株式を売って回収できる金額に当たるので『株主価値』とも言う。これが最もわかりやすい形で定量的に企業の価値を示したものとされる。」「株主資本はあくまで帳簿上での株主の保有分を示す。企業のブランド力や成長性など，会計基準では定量化できない要素は反映していない。企業価値はこれら目に見えない価値も含めて考える必要がある。ニッポン放送では，株式時価総額が帳簿上の株主資本を下回る時期が長く続いた。同放送の株式時価総額が同社が保有するフジテレビジョン株の時価を下回る逆転現象もかつて起きていた。」（『日本経済新聞』2005年3月3日）と報道されている。

2 フジのニッポン放送株 TOB 価格5,950円は妥当か

2月7日, 8日, 9日, 10日のニッポン放送（東証第2部）の株価は次のとおりであった。

	始値	高値	安値	終値
2月7日（月曜日）	6,000	6,040	5,990	5,990
2月8日（火曜日）	6,030	6,990	6,030	6,800
2月9日（水曜日）	7,800	7,800	7,700	7,800
2月10日（木曜日）	8,800	8,800	7,840	7,840

では，フジのニッポン放送株 TOB 価格5,950円は妥当なのであろうか。「現状では TOB 期限の21日までに目標株数の買い付けが難しくなったとの見方が強い。日枝会長は TOB 価格引き上げについて『今の時点では考えていない。価格競争のようなバカなことはやらない』と発言。『今ニッポン放送株は1株8,000円近いが，そんな価値があるのだろうか。今買っている人たちも買い続けるのか』と疑問を呈した。ただ，『企業は生き物』と述べ，状況が今後大きく変化すれば機動的に対応する可能性も示唆した。」（『日本経済新聞』2005年2月10日）と報道されている。

また，ライブドアの2月8日の立会外取引でのニッポン放送株取得価格について，「ライブドアは，前日終値の上下7％の範囲で取引価格を決める『単一銘柄取引』と呼ばれる手法でニッポン放送株を取得した。買い取り価格は，前日終値（5,990円）を1％強上回る6,050円から6,100円だった。」（『日本経済新聞』2005年3月3日）と報道されている。

フジテレビジョンは TOB 価格5,950円を，ニッポン放送株式の2005年1月14日までの3カ月間の終値平均値（4,937円）に約21％のプレミアムを加えた価格であると説明しているが，釈然としないのは，ライブドアという競合する買い手が2月8日突如現れ，ニッポン放送の株価がそれ以降 TOB 価格を上回ったままであるにもかかわらず，「価格競争のようなバカなことはやらない」という日枝会長発言に見られるように，TOB 価格を一度も引き上げなかったフジ

テレビの対応である。ニッポン放送を買収したいのはフジとライブドアで，ライブドアはフジのTOB価格を上回る価格で時間内取引でニッポン放送株を買い続けているのに，フジは時価を下回る5,950円で市場外取引（TOB）で株を売ってくださいと株主に頼み続けている。ニッポン放送の企業株主がフジのTOBに応じ，時価より安い5,950円で売却すると，応募した企業の取締役は株主代表訴訟を受けるかもしれない。長年の企業株主にこうしたリスクを負わせるフジテレビのTOBは批判されるべきだと思う。

また，ニッポン放送の取締役会がフジテレビジョンに対し，TOB価格の引き上げを要請しなかったことも，理屈が通らないように思う。亀渕昭信社長は「フジサンケイグループに残ることが，企業価値，株主価値を高めるベストの方法だ」と繰り返し主張しているが，それならば，自らが信じる企業価値を反映する水準までTOB価格を引き上げさせることは，経営者として責務ではなかったであろうか。

3　フジのニッポン放送株TOBはどうなったのか

TOB（Take Over Bid あるいは Tender Offer Bid）は「公開買い付け」と訳され，「証券取引法」第27条の2第6項には「不特定かつ多数の者に対し，公告により株券等の買付け等の申込み又は売付け等（売付けその他の有償の譲渡をいう）の申込みの勧誘を行い，取引所有価証券市場外で株券等の買付け等を行うことをいう。」と定義されている。投資家保護のために，買付会社は，買付目的・買付価格・買付予定株数・買付期間・公開買付代理人等を公告等により，事前に公表しなければならない。買付期間は20日以上，60日以内でなければならない。

ライブドアグループがニッポン放送株を大量取得した2005年2月8日の時点では，フジテレビジョンはニッポン放送株のTOB期間を1月18日から2月21日までに設定していた（TOB第1幕）。2月10日，ライブドアへの対抗策として，ニッポン放送とフジテレビジョンの親子関係を解消するためにTOB条件を変

更し，TOB 期間最終日を2月21日から3月2日へ延長した（TOB 第2幕）。2月23日，フジテレビジョンを親，ニッポン放送を子の資本関係にするために，フジを引受先とするニッポン放送の新株予約権の発行が決議され，それを周知させるために TOB 期間最終日を3月2日から3月7日へ再延長した（TOB 第3幕）。

4　TOB 第1幕（1月18日）——「フジが親，日本放送が子」への TOB

　フジテレビジョンのニッポン放送株 TOB は「ニッポン放送が親，フジが子」を「フジが親，ニッポン放送が子」の資本関係へ逆転しようとしたものである。ライブドアグループがニッポン放送株を大量取得した2月8日の時点までは，ニッポン放送がフジの発行済み株式数の22.5％を保有する筆頭株主であるのに対し，フジはニッポン放送の発行済み株式数の12.3％を保有しているにすぎない第2位の株主であり，「ニッポン放送が親，フジが子」の資本関係であった。フジは TOB（株式公開買い付け）により，ニッポン放送株の発行済み株式総数の50％超を取得しようとしていた。

　2月8日の時点では，「（ライブドアのニッポン放送株取得により）ニッポン放送株は810円高の6800円と急騰し，TOB 価格（5950円）を14％上回った。この水準が定着すれば TOB 自体が成立しなくなる可能性もある。仮にフジがニッポン放送株を買い進んでも『完全な買収』は難しくなる。ライブドアの持ち株比率が35％と重要案件を審議する株主総会特別決議への拒否権を持つ3分の1を超えるためだ。フジにとって考えられる対応は，買い付け価格を引き上げて対抗するか，ライブドアが提案する業務提携を進め，融和路線を敷くことだ。そうでなければ，取締役会で決められる資産処分などを進めて企業価値を減らしていくといった抵抗をするしかない。」「1990年代前半にグループ議長だった鹿内宏明氏が昨秋以降一族の保有株を売却。一方で株を買い集めていた村上ファンドが TOB に応じる意向を示し，懸案が片付いたとみられたばかりだったが，伏兵の登場で計画は暗礁に乗り上げた。」（『日本経済新聞』2005年2月9日）と報

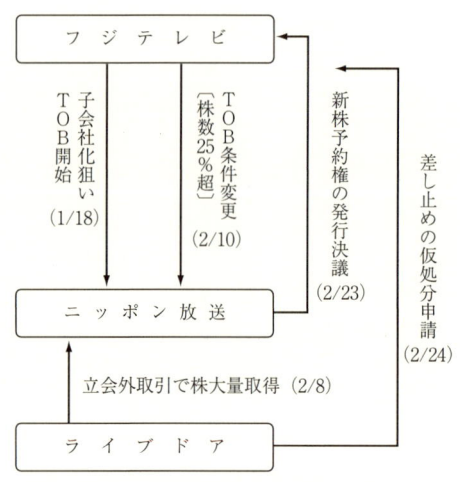

第Ⅳ部　ライブドア vs. フジテレビ問題に学ぶ

図12-2　ニッポン放送を巡る買収戦の経過

```
                    ┌─────────────────┐
                    │  フ ジ テ レ ビ  │←──────────┐
                    └─────────────────┘            │
                  │    │         ↑                 │
         子会社化狙い │ TOB条件変更  │ 新株予約権の    │ 差し止めの仮
         TOB開始  │ （株数25％超）│ 発行決議       │ 処分申請
           (1/18) │   (2/10)    │ (2/23)         │ (2/24)
                  ↓    ↓         │                 │
                    ┌─────────────────┐            │
                    │  ニッポン放送   │            │
                    └─────────────────┘            │
                          ↑                        │
              立会外取引で株大量取得 (2/8)          │
                          │                        │
                    ┌─────────────────┐            │
                    │  ラ イ ブ ド ア │────────────┘
                    └─────────────────┘
```

出所：『日本経済新聞』2005年2月27日より作成

道されている。

5　TOB 第2幕（2月10日）
　　　——子であるフジは親であるニッポン放送との縁を切る

　2005年2月10日，フジは，ライブドアへの対抗策として次のような「株式会社ニッポン放送株式の公開買付条件等の変更等のお知らせ」を発表した。

　　　　　　　　　　　　　　　会社名　株式会社フジテレビジョン
　　　　　　　　　　　　　　代表者名　代表取締役社長　村上光一
　　　　　　　　　　　　　　　（コード番号　4676　東証第一部）

　当社は，株式会社ニッポン放送（コード番号　4660　東証第二部）株式の公開買付けに係る買付条件等の変更及び公開買付けの目的の訂正を下記の通り行いますので，お知らせいたします。なお，下記変更及び訂正にかかる公告は平成17年2月15日付けで行われる予定です。
　今回の買付条件等の主たる変更内容は，①買付株式数の下限の引下げ（既保有株式を含めて株式会社ニッポン放送株式の発行済株式総数の50％超から25％超への引下げ）及び②買付期間の延長でございます。かかる変更の趣旨は，本公開買付けの開始後に発生した事象も踏

210

第12章　フジテレビジョンのニッポン放送株TOB

> まえて本公開買付けを確実に成功させるためのものであり，平成17年1月17日付けの「公開買付けの開始に関するお知らせ」にて発表した公開買付けの目的に記載した株式会社ニッポン放送の経営権の取得を始めとする今後の資本戦略及び事業戦略に関わる当社の方針については何らの変更もございません。
> 　特に外部企業との事業提携につきましては，既に公表いたしましたとおり，今後の放送と通信の融合の時代への転換を展望して，ブロードバンド・モバイル関連分野において積極的に推進してまいります。その際には，当社及びフジサンケイグループとしての今後のインターネット戦略を基軸にしつつ，提携候補先の有する事業ノウハウ，技術開発力，営業インフラ，人材等の諸要素，加えて当グループとの親和性とシナジー効果等につき総合勘案して主体的に決定していくことを方針としております。
> 　また，公開買付結果が既保有株式を含めて50％超に達しない場合においても，引き続き既定方針どおりの資本戦略と事業戦略を推進してまいります。
>
> 　公開買付条件等の主たる変更内容は，次のとおりです。
> ①　買付け期間（TOB期間）の延長
> 　1月18日から2月21日までが，1月18日から3月2日まで（44日間）に変更されました。
> ②　買付予定株式数の下限の引下げ
> 　12,335,341株から4,135,341株に変更されました。
> ③　買付予定株式に係る議決権数がニッポン放送の総議決権数に占める割合
> 　37.69％から12.64％に変更されました。
> ④　公開買付けの後における，ニッポン放送株式の既保有分を含めた所有割合
> 　50.12％から25.06％に変更されました。

　フジテレビジョンは，ニッポン放送のTOB株数50％超は難しくなったので，2月10日，50％超から25％超へ引き下げた。これについて，「買収攻防，思惑が激突」「支配権どうなる」という見出しの下で，「フジは一見，後退したようだが，確実な成功を狙う戦略だ。これまでは買い付けが50％に届かなければTOBは失敗だが，今回は25％でも成功となる。ただ，株価はTOB価格を依然上回っており，25％でも集まる保証はない。法律関係者の間では一部に証券取引法の解釈を巡る議論もある。TOBの買い付け価格引き下げや株数の減少などはできないと定めているからだ。フジは買い付け株数の『下限』を変更したのであって，どこまで買うかという『上限』の最終目標はあくまで100％のままとして，株主に不利益を与えないという法令解釈に立っている。」（『日本経済新聞』2005年2月15日）と報道されている。また，フジテレビジョンについては「フジテレビ　議決権消滅狙う」という見出しの下で，「商法の規定で，

A社がB社の議決権の4分の1超を持つ場合，B社が持つA社の議決権は行使できない。ニッポン放送はフジテレビ株の22.5％を持つ筆頭株主。これに対しフジもニッポン放送株12.4％を持つ。フジがTOBでニッポン放送の持ち株比率を25％に高めればニッポン放送のフジに対する議決権が消え，ライブドアの意向がフジに及ぶのを止められる。」（『日本経済新聞』2005年2月15日）と報道されている。

　50％超の取得を目指しているTOB第1幕では，「ニッポン放送が親，フジが子」を「フジが親，ニッポン放送が子」の資本関係へ逆転しようとしているフジの意図が分かる。では，25％超の取得を目指しているTOB第2幕では，フジは何を目指しているのであろうか。「商法」の規定についての上記報道記事中のA社をフジテレビジョン，B社をニッポン放送と解釈すると，それは「フジがニッポン放送の議決権の25％超を持つ場合，ニッポン放送が持つフジの議決権は行使できない。」を意味している。いわば，「フジが親，ニッポン放送が子」といったフジの主張と，「ニッポン放送が親，フジが子」といったニッポン放送の主張が互いに相殺され，両会社の親子の縁がなくなってしまうことを意味している。これは子供としてのフジテレビが，親であるニッポン放送の介護を行わないようなものであろう。TOBで25％超を目指すことは，フジは親であるニッポン放送の介護をライブドアにしてもらい，みずからは親の介護を行わないことを意味しているようなものである。フジがニッポン放送との縁を切れば，ライブドアがニッポン放送を完全買収しても，ライブドアはニッポン放送を通じてフジを支配できなくなる。

6　TOB第3幕（2月23日）——親子関係のねじれの解消

　2005年2月23日，ニッポン放送は，フジサンケイグループ内の「ニッポン放送が親，フジが子」を「フジが親，ニッポン放送が子」の資本関係へ変えるためにフジテレビジョンを引受先として4,720万株分の新株予約権を発行することを決めた。それを受けて，フジテレビはニッポン放送株主への周知のために

TOB期間最終日を3月2日から3月7日へ再延長した。これについては「ニッポン放送は23日、フジに対する新株予約権の発行を決めた。証券取引法などにより重要事項などで訂正届書を出す場合、公告してから10日間、買い付け期間を延長しなければならない。フジはニッポン放送による新株予約権の発行などを重要事項と判断、株主に周知させるため25日に公告を出す予定。これに伴い期間を延長する。」(『日本経済新聞』2005年2月24日)と報道されている。

TOBに応募したい株主は、期日までに公開買付け代理人(大和証券SMBC)の本支店で、申込書を提出しなければならない。ただし、ニッポン放送株の時価がTOB価格(5,950円)よりも高くなり、TOBに応じることが割に合わなくなった場合などには、株主はTOBの期間中ならいつでも応募を取り下げることができる。

フジのニッポン放送株TOBの結果については、「ニッポン放送株 フジ、36.47％取得」「TOB成立発表 拒否権を確保」という見出しの下で、「公開買い付けには、285の株主から7,896,354株(発行済み株式の24.07％)の応募があった。フジが従来保有していた4,064,660株(同12.39％)と合わせ、TOBの成立条件としていた25％を上回った。議決権ベースでは39.26％になる。応募があった株式をすべて買い取る。買い付け額は470億円。個別株主の応募状況は明らかにしなかった。」(『日本経済新聞』2005年3月8日夕刊)と報道されている。TOBの結果はフジが目標としていた25％を上回り、フジはA社がB社の議決権の25％超を持つ場合、B社が持つA社の議決権を行使できないという商法の規定によりニッポン放送との縁を切ることができた。つまり、ライブドアが発行済み株式の過半数を上回るニッポン放送株を確保できたとしても、フジはライブドアが保有するニッポン放送株を通じ経営に間接的影響を受ける状況を回避することができた。さらに、フジは発行済み株式数の3分の1超を上回る36.47％を取得できたので、株主総会での「特別決議」を必要とする議案(定款の変更、営業権の譲渡、資本減少、新株・新株予約権・新株予約権付社債の有利発行、取締役・監査役の解任、会社の解散・継続・合併・分割、株式交換、株式移転など)で拒否権を発動できるようになった。つまり、ニッポン放送の経営にかかわる重

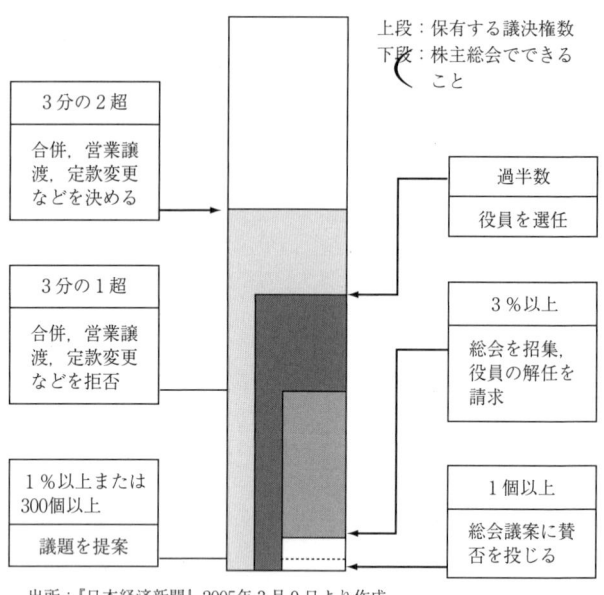

第Ⅳ部　ライブドア vs. フジテレビ問題に学ぶ

図12-3　議決権と経営への発言力

上段：保有する議決権数
下段：株主総会でできること

保有議決権	株主総会でできること
3分の2超	合併，営業譲渡，定款変更などを決める
3分の1超	合併，営業譲渡，定款変更などを拒否
1％以上または300個以上	議題を提案
過半数	役員を選任
3％以上	総会を招集，役員の解任を請求
1個以上	総会議案に賛否を投じる

出所：『日本経済新聞』2005年3月9日より作成

要事項は，議決権を持つ株主の3分の1以上が総会に出席し（定足数），その議決権の3分の2以上の賛成がなければ決めることができないので，議決権ベースで39.26％の株式を保有するフジテレビジョンが"NO"と言えば，何も決めることはできない。

議決権ベースで，ライブドアが50％超，フジテレビジョンが39.26％をそれぞれ確保し，互いに"NO"とは言えても，いずれかだけで"YES"とは言えなくなった。ライブドアとフジテレビジョンの2つの大株主が話し合わないと，ニッポン放送の前向きの経営は何らできなくなった。

ニッポン放送株の3月7日の終値は6,600円であった。それはフジが提示している買い付け価格5,950円を11％を上回り，TOBに応じると，市場で売った場合に比べ売却額は小さいにもかかわらず，取引関係を重視する企業はTOBに"渋々"応募したもようである。反面，東京ガスのように「株主利益を考慮すると，TOBに応じるのは適切ではない」として，当面は継続保有するとこ

ろも少なくなかった。また，宝ホールディングスのように「経済合理性と取引関係の両方を勘案し」(『日本経済新聞』2005年3月8日)保有株をTOBと継続保有に半分ずつ振り分けた企業もあった。米国ではTOB価格が時価を下回った場合，TOBに応募する投資家はいない。フジのTOBが成立したところに，「日本の常識は世界の非常識である」が見られるように思う。

7　フジを引受先とするニッポン放送の新株予約権はどうなったのか

「フジ反撃，窮余の裏技」「ニッポン放送　新株予約権」「ライブドア法廷闘争で対抗」という見出しの下で，「フジテレビジョンとニッポン放送が23日，ニッポン放送株を買い増してきたライブドアへの新たな対抗策を打ち出した。両社は株主総会ではなく取締役会での決議で可能な手法を総動員，フジがニッポン放送を子会社化することで決着させる考えだが，ライブドアは法廷闘争で対抗する考えで，先行きはなお不透明だ。」「しかしライブドアはすでに議決権ベースで約40%の株式を取得，さらに目標の50%超に向け買い増しを進めている。ライブドアがニッポン放送を子会社化すれば，フジのTOBが成功しても，ライブドアがフジサンケイグループ全体の経営に関与できるようになる。フジはTOBだけでは抜本的な対抗策にはならないと判断。新株予約権という金融手法を駆使して同放送の株式数を一気に2.4倍に拡大。TOBの成功いかんにかかわらず，同放送を子会社化し，買収戦に勝つ『裏技』に出た。」「ライブドア幹部は予約権発行について『一部株主と(ニッポン放送の)経営陣による事実上の買収であり，株主総会による特別決議が必要』としている。ライブドアは同放送の議決権の3分の1超を持っており，株主総会で重要事項の決議に『拒否権』を行使できる。」(『日本経済新聞』2005年2月24日)と報道されている。

「新株予約権」はあらかじめ決められた価格で株式を取得できる権利のことで，ニッポン放送が2月23日に決議したフジテレビジョンを引受先とする新株予約権の発行は，「ニッポン放送がライブドアの子会社ではなく，フジテレビジョンの子会社になりたい」というフジテレビに対する提案である。ライブド

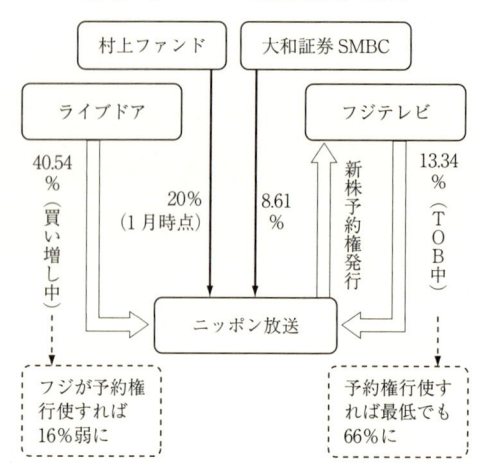

第Ⅳ部　ライブドア vs. フジテレビ問題に学ぶ

図12-4　ニッポン放送買収戦の構図

- 村上ファンド
- 大和証券SMBC
- ライブドア
- フジテレビ
- 40.54％（買い増し中）
- 20％（1月時点）
- 8.61％
- 新株予約権発行
- 13.34％（TOB中）
- ニッポン放送
- フジが予約権行使すれば16％弱に
- 予約権行使すれば最低でも66％に

出所：『日本経済新聞』2005年2月24日より作成

図12-5　新株予約権がすべて行使されると……

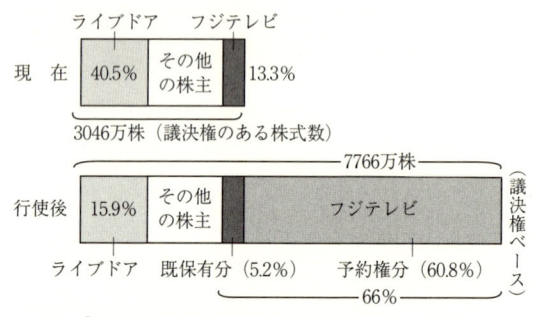

現　在　ライブドア 40.5％　その他の株主　フジテレビ 13.3％
3046万株（議決権のある株式数）

行使後　ライブドア 15.9％　その他の株主　フジテレビ
7766万株（議決権ベース）
既保有分（5.2％）　予約権分（60.8％）
66％

出所：『日本経済新聞』2005年2月24日より作成

アはニッポン放送を子会社にするために議決権ベースで50％超の株取得を目指しているのであるから，ニッポン放送のこの決定に納得できるはずはない。ライブドアは2月24日，東京地裁に，ニッポン放送のフジテレビジョンに対する新株予約権の発行差し止めを求めた仮処分申請を行い，「ライブドア vs. フジ問題」は法廷の中へ持ち込まれることになった。ライブドアとフジテレビの法廷闘争の論点は，次のようにまとめられているが，この裁判は「M&A時代」を迎えようとしている日本経済にとってきわめて関心の高いものとなっている。

第12章　フジテレビジョンのニッポン放送株TOB

表 12-1　ライブドアとフジテレビの法廷闘争の論点

論　点	ライブドアの主張	フジ・ニッポン放送の主張
新株予約権の発行条件	フジだけを優遇。株主総会で未承認	TOB決定前3カ月間の平均株価より2割高く妥当
発行目的	フジによるニッポン放送の支配権維持	ライブドア傘下入りによる企業価値の棄損防止
資金需要の有無	ニッポン放送に資金調達の必要ない	臨海副都心スタジオ計画など
株価下落の意図	TOB期間中の発表でニッポン放送株下落を意図したことは否定できず	市場動向はコメントできない
ニッポン放送の企業価値	ネットとの融合で高められる	フジサンケイグループに残ることが価値を守る
ライブドアの立会外取引	市場取引で売り手との事前合意もなく適法	公開買い付け規制の趣旨に反し、違法の疑いも

出所：『日本経済新聞』2005年3月2日より作成

　フジテレビのニッポン放送株TOBが成立し，発行済み株式数の36.47％を取得できた時点でも，ライブドアは発行済み株式数の過半数を上回るニッポン放送株の取得を目指して買い増している。「フジを引受先とするニッポン放送の新株予約権」は，フジとライブドアのいずれが発行済み株式数の過半数を上回るニッポン放送株を取得できるかといった攻防の問題である。フジは新株予約権の行使で，ライブドアは市場での買い増しでそれぞれ過半数取得を目指している。これについて，「過半数巡る攻防　新株予約権が焦点」という見出しの下で，「ニッポン放送株の過半数取得を巡る攻防を大きく左右するのは，同放送が発行を決議している新株予約権の行方だ。……フジは今回の株式公開買い付け（TOB）で36％超の株式を確保し，同放送を子会社化するには，発行済み株式数の27％超の新株を取得するだけですむ。現実に想定する株式の増加数が明確になったことが，司法判断にどう影響するか見逃せない。ライブドアは新株予約権の発行を差し止めたいが，司法闘争の長期化は好ましいシナリオではない。」（『日本経済新聞』2005年3月8日）と報道されている。

　東京地裁での主文は「債務者（ニッポン放送）が平成17年2月23日の取締役会決議に基づいて現に手続き中の新株予約権4,720個の発行を仮に差し止め

る。」というものであり，東京地裁での判断結果については，「ニッポン放送増資認めず」「東京地裁仮処分決定　ライブドア主張通る」「『新株予約権は不公正』」「ニッポン放送　異議申し立て」という見出しの下で，「ライブドアがニッポン放送のフジテレビジョンに対する新株予約権の発行による増資差し止めを求めた仮処分申請で，東京地裁（鹿子木康裁判長）は11日，『フジサンケイグループ経営陣の支配権維持が主目的で，不公正発行に当たる』として，予約権の発行を差し止める決定をした。ライブドアは株式の買い増しを進め経営権獲得を狙う。一方，ニッポン放送は決定を不服として，同地裁に即日，保全異議を申し立てた。フジ・ニッポン放送側は司法闘争を含め抗戦する構えで，同放送の経営権をめぐる争いはなお波乱含みだ。」（『日本経済新聞』2005年3月12日）と報道され，東京地裁仮処分の骨子は次のとおりである。

① 　ライブドアが5億円の担保を供託することを条件に，ニッポン放送のフジテレビジョンに対する新株予約権の発行を差し止める。
② 　新株予約権の発行はフジサンケイグループ経営陣の支配権維持が主目的で不公正である。
③ 　ライブドアが支配権を得ても企業価値が低下するかは明らかでない。
④ 　ライブドアの支配下になっても放送の公共性は失われない。
⑤ 　新株予約権の発行価格は特に有利とはいえない。
⑥ 　立会外取引によるニッポン放送株の大量取得は現行の証券取引法では違反に当たらない。
⑦ 　ニッポン放送がライブドアの名義書き換えを拒否できる理由は特にない。

　ニッポン放送の保全異議申し立てで，仮処分命令の当否は再び東京地裁で審理されることになったが，ニッポン放送の新株予約権発行を差し止めた東京地裁の仮処分決定はこれまで判例がなかっただけに歴史的な意義をもち，フジサンケイグループに残ることが「企業価値」を高めるとしたニッポン放送の主張の根幹を否定した判断は重く，さらに東京高裁，最高裁にすすんでも，仮処分決定がひっくりかえることはまずないと思われる。

　3月16日，東京地裁はニッポン放送の異議申し立てを退け，「誰を経営者に

第12章　フジテレビジョンのニッポン放送株TOB

表12-2　高裁と地裁の判断

論点		東京高裁（23日）	東京地裁（11日）
新株予約権の発行目的		フジによる経営支配権確保の目的は明白	支配権維持が目的で不公正
ニッポン放送の企業価値	フジによる取引打ち切り	独占禁止法に違反する不公正取引に該当する恐れもある	個々の取引関係を詳細に検討すべきだ
	グループ離脱の影響	グループ内取引に拘束されない利点が生じる可能性もある	回復しがたい損害をもたらすことは明らかでない
	野球放送契約の解除条項	係争の有利な展開を狙って意図的に合意した疑いが強い	球団側が解除権を行使するかは不明
	TOB中のフジの行為	TOB価格を上回る株価を引き下げるようなマイナス情報を流す行為は，公正を疑われる	言及なし
ライブドアの立会外取引		証取法違反ではない	証取法違反ではない

出所：『日本経済新聞』2005年3月24日より作成

するかは，株主総会での取締役選任を通じて株主が決定すべき問題」という理由で，ライブドアの申請を受けて発行を差し止めた仮処分命令を認める決定をした。ニッポン放送は同日，東京高裁に保全抗告を行った。

そして，「新株予約権　高裁も認めず」「ニッポン放送，増資断念」「ライブドア　経営権ほぼ手中」という見出しの下で，「ニッポン放送のフジテレビジョンに対する新株予約権発行を巡り，東京高裁（鬼頭季郎裁判長）は23日，ライブドアの申請を受けて発行を差し止めた東京地裁の仮処分命令を支持，同放送の保全抗告を棄却する決定をした。同放送は新株予約権の発行中止を表明。一連の法廷闘争はライブドアの全面勝利に終わった。」（『日本経済新聞』2005年3月24）と報道されている。東京高裁決定の骨子は次のとおりである。

① 経営支配権の維持・確保を主要な目的とした新株予約権の発行は差し止めるべき「著しく不公正な発行」に当たる。
② 今回の新株予約権発行はフジテレビの経営支配権の確保を主な目的としており，株主一般の利益を害する。
③ 新株予約権発行は株式の敵対的買収者が会社を食い物にしようとしている

場合などに許されるが，今回はその確たる証拠がない。
④　ライブドアによるニッポン放送の経営支配が企業価値を損ねるかどうかは経営判断の問題で，裁判所の判断に適さない。
⑤　ライブドアの立会外取引は証券取引法に違反しない。

　ニッポン放送は一連の法廷闘争の中で「ライブドアによるニッポン放送の経営支配は企業価値を損ねる。」と主張しつづけ，東京地裁では「ライブドアが支配権を得ても企業価値が低下するかは明らかでない。」という決定が行われたが，東京高裁ではニッポン放送のこの主張は株式市場の判断で裁判所が行うべきものでないとして門前払いされている。東京高裁はただ単にニッポン放送の新株予約権の発行は経営支配権の維持・確保を主要な目的とした「著しく不公正な発行」に当たるとだけ判断し，東京地裁よりもニッポン放送に対しては厳しい決定を行っている。

第13章
ライブドアとフジテレビジョンの和解

　ニッポン放送株の買い取り合戦は泥仕合化し，一般株主にとってはウンザリするものであるかもしれないが，「TOB」「時間外取引」「企業価値」「M&A」「ポイズンピル」「ホワイトナイト」などのファイナンス用語が茶の間に浸透しつつある。企業組織やコーポレート・ファイナンスの理論を学ぶ者にとっては，ライブドア vs. フジテレビ問題ほど身近で格好の生きた教材はない。フジサンケイグループとライブドアグループの両グループはともに多角化企業グループである。多角化企業グループのまったく異なる部門同士が，お互いの事業戦略（例えば，ネットとメディア）について建設的な議論を戦わせるのは容易なことではない。つまり，日枝久会長と堀江貴文社長が建設的に話し合うのは簡単なことではない。多角化企業の全社戦略が，各事業部が作成した事業戦略を束ねただけのものになりがちなのは，このような事情があるからである。これに対し，コーポレート・ファイナンス理論は，キャッシュフローという共通の，中立的なモノサシで事業を見るので，多角化企業の全社戦略を考えるときに，きわめて有効である。

　「戦略」は軍事学から生まれた概念であり，ビジネスはマーケットにおける戦争であるので，経営戦略論の根底には，「どのようにすればライバル企業に勝てるのか」という課題がある。しかし，マーケットにおける戦争においては，企業は「ライバル企業に勝利」するだけでは不十分であり，「価値を創造」しなければならない。フジテレビジョンとライブドアのいずれがニッポン放送の企業価値を高めることができるのであろうか。日本の経済社会では「才能」だけではうまくいかず，"ホリエモン"に「才能はあるが，人徳はない」とすれ

ば，堀江社長がニッポン放送を支配し，さらにフジサンケイグループを支配したとしても，「企業価値の創造に失敗する」という理由で"ライブドア vs. フジテレビ問題"の敗者になるかもしれない。

1　ライブドアのニッポン放送株買い集めはどうなるのか

「商法」では3分の1超の議決権を持つと，株主総会で他企業との合併など経営の重要事項を決める議案に反対できる（特別決議の否決），50％超の場合は取締役選任や利益処分などの議案について単独で可決または否決できる，3分の2以上を握ると特別決議事項を単独で可決できる，と規定されており，ライブドアは議決権ベース50％超のニッポン放送株取得を目指している。

ライブドアの堀江社長は2005年3月11日夜，ニッポン放送の新株予約権の発行を差し止める東京地裁の仮処分決定を受けて記者会見し「今後もニッポン放送株を買い進める」と，議決権の50％超の取得を目指す方針をあらためて示した。フジテレビは，ニッポン放送株TOBに成功したといっても，発行済み株式数の36.47％，議決権の39.26％を有しているだけで，50％超ではないのである。フジは50％超目標のTOBを行い，「ライブドア vs. フジ問題」になってからは25％超目標のTOBに変更したが，「ニッポン放送の新株予約権の発行」により50％超をふたたび目指している。

3月11日ニッポン放送の新株予約権の発行は差し止められ，フジはニッポン放送株の買い取り合戦だけで見るとライブドアに敗れたように思う。ライブドアの「フジサンケイグループ支配」あるいは「フジサンケイグループとの事業提携」は議決権ベース50％超が前提であるので，ライブドアは，期末株主名簿に登録できる3月25日までは引き続きニッポン放送株を立会内（時間内）取引で買い続けるであろう。

3月26日『日本経済新聞（朝刊）』は「ライブドア　ニッポン放送株保有50.12％　議決権ベース」という見出しの下で，「ライブドアが25日に関東財務局に提出した臨時報告書から，同社が保有するニッポン放送株は同日時点で約

第13章　ライブドアとフジテレビジョンの和解

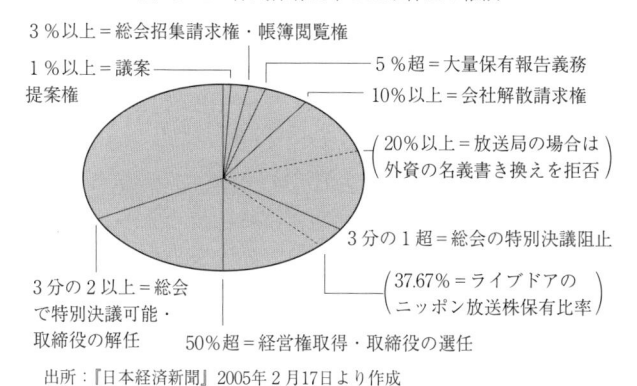

図13-1　株式保有比率と主な株主の権限

- 3％以上＝総会招集請求権・帳簿閲覧権
- 1％以上＝議案提案権
- 5％超＝大量保有報告義務
- 10％以上＝会社解散請求権
- 20％以上＝放送局の場合は外資の名義書き換えを拒否
- 3分の1超＝総会の特別決議阻止
- 37.67％＝ライブドアのニッポン放送株保有比率
- 3分の2以上＝総会で特別決議可能・取締役の解任
- 50％超＝経営権取得・取締役の選任

出所：『日本経済新聞』2005年2月17日より作成

1,530万株と，昨年9月末時点の議決権株数の50.12％になったことが明らかになった。発行済み株式ベースでは47％弱。信用取引で取得した株式について，一部に決済代金を払い込んでいないため議決権が発生していないものがあり，実質の保有比率はこの数字より大きいとみられる。ニッポン放送の発行済み株式数は3,280万株。このうち名義書き換えを拒否されたことで議決権にない『失念株』が存在するため，昨年9月末時点で議決権のある株式は約3,047万株だった。直近の議決権数は，これより増えている可能性が高い。同報告書の中でライブドアは，昨年9月末の議決権をベースにした保有比率が50％を超えたためニッポン放送を子会社として位置づけている。」と報道している。

2　ライブドア vs. フジ問題はどのように決着するのか

2005年2月8日以降のニッポン放送株争奪戦で，ライブドア，フジテレビジョンのいずれが勝者で，いずれが敗者であろうか。ニッポン放送買い付け合戦だけに限れば，両社が「勝利宣言」する可能性も出てきたと言われているが，「両社が勝利した」と言えなくもないが，「両社が敗北した」と言うこともできるであろう。両社はニッポン放送の2大株主になったのであるが，ライブドア，フジテレビジョンのいずれも経営の重要事項については決定権がないのである。

223

経営の重要事項について拒否権をもつことができるようになったという点では「勝利宣言」であろうが，経営の重要事項について決定権をもたないのは「敗北宣言」であろう。

　ライブドアはニッポン放送がフジサンケイグループの持ち株会社のような存在であるから，ニッポン放送株の買い集めをしているのであり，発行済み株数の50％超を取得できて，ニッポン放送を子会社化できれば，次はフジサンケイグループの1つひとつの企業を「支配」しにかかるであろう。ニッポン放送はポニーキャニオンの発行済み株数の56％を保有しているのであるから，ライブドアがニッポン放送を支配できた段階で，ポニーキャニオンを支配できる。ニッポン放送は扶桑社の発行済み株数の37.5％を保有しているのであるから，ライブドアはニッポン放送を通じて扶桑社に対する特別決議の拒否権をもつことになり，扶桑社はライブドア抜きに重要事項を決定できなくなる。さらに，ニッポン放送はフジサンケイグループの中核企業，日枝久氏が会長を務めるフジテレビジョンの発行済み株数の22.5％を保有しているのであるから，特別決議の拒否権をもつことのできる3分の1超を目指してライブドアグループとニッポン放送でフジ株を買い集めれば，フジテレビジョンはライブドア抜きに重要事項を決定できなくなる。このようにすれば，ライブドアは日本最大のメディアグループであるフジサンケイグループと事業提携を行うことができ，ライブドアの企業価値を高めることができるであろうし，堀江社長はそれを目指しているように思う。

　逆に，フジサンケイグループにとって考えられる対応は，1つはライブドアと業務提携を進めるか，もう1つはニッポン放送をフジサンケイグループから切り捨てることである。ライブドアの子会社になってしまおうとしているニッポン放送はいまやフジサンケイグループのいわば"ホリエモン・ガン"であり，"ホリエモン・ガン"がグループ全体に転移しないようにするには切除しかないであろう。つまり，グループの持ち株会社のような存在であるニッポン放送が保有しているフジサンケイグループ株式を売却して，持ち株会社でないようにするしかないであろう。これはニッポン放送の企業価値を低下させるので

第13章　ライブドアとフジテレビジョンの和解

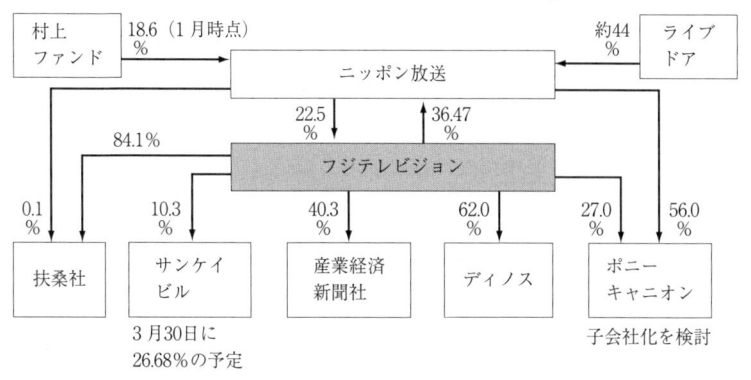

図13-2　フジサンケイグループの資本関係

```
村上ファンド ──18.6%(1月時点)──→ ニッポン放送 ←──約44%── ライブドア
       │                          │↑
       │84.1%            22.5%│ │36.47%
       │                          ↓│
       │              フジテレビジョン
       │        │       │      │      │      │
      0.1%   10.3%   40.3%  62.0%  27.0%  56.0%
       ↓     ↓       ↓      ↓      ↓      ↓
      扶桑社 サンケイビル 産業経済新聞社 ディノス ポニーキャニオン
              3月30日に                        子会社化を検討
              26.68%の予定
```

出所：『日本経済新聞』2005年3月15日より作成

「焦土作戦」（逃げるときに町を焼き尽くすこと）と呼ばれているが，それは日枝会長率いる大軍「フジサンケイグループ」が合法的野武士あるいはテロリストとみなされていた"堀江社長"のライブドア軍との戦いに敗れて，撤兵するときに，ニッポン放送をしんがりにして犠牲にするようなものである。

買収企業が入り込む前に資産価値を減らす防衛策は「クラウン・ジュエル」（宝石のついた王冠から宝石をとり，王冠としての価値をなくさせること）と呼ばれているが，それを防ぐために，3月12日，ライブドアはニッポン放送の全役員あてに，ニッポン放送が自社の重要資産を他者へ売却せず保有し続けるよう求める文書を発送した。ニッポン放送が重要資産を売却した場合，ライブドアは大株主としてニッポン放送の役員を相手に株主代表訴訟を起こすと思われるが，3月14日の『日本経済新聞』夕刊には「ニッポン放送株の買収問題で，フジサンケイグループのポニーキャニオンがフジテレビジョンを引受先とする第三者割当増資の検討を進めていることが14日明らかになった。ニッポン放送が重要資産であるポニーキャニオン株を売却した場合に，ライブドアが同放送の役員を相手に株主代表訴訟を起こす可能性があるため。ポニーキャニオンでは同日午後，役員らが対応策を検討する。」という報道があった。

また，同日，フジテレビのTOBに応じた東京電力が株主代表訴訟を起こさ

れるかもしれないというニュースがあり，市場のルールを無視しているフジサンケイグループの日枝会長，亀渕社長は非難されるべきだと思う。日枝会長はなぜTOB価格を上げなかったのか。亀渕社長はなぜTOB価格の引き上げを要求しなかったのか。なぜ重要資産を売却してニッポン放送の企業価値を損ねるのか。日枝会長・亀渕社長の行動は経済合理性に反することばかりであり，市場規律を守るためには，この種の経営者は早く退陣すべきだと思う。

フジサンケイグループとライブドアとの業務提携については，「ライブドアとフジ役員協議」という見出しの下で，「ニッポン放送の経営権争奪戦を繰り広げているフジテレビジョンとライブドアは提携を巡る協議を始めたことが18日，明らかになった。」(『日本経済新聞』2005年3月19日) と報道されているが，提携協議は堀江社長と日枝会長のトップ会談がないと進展しないように思う。

3 フジを支配しようとしたライブドアはリーマンによって支配されるのか

「ライブドアの立会外取引 リーマン，手法考案否定」「ニッポン放送『間接支配考えぬ』」という見出しの下で，「ライブドアが発行した転換社債型新株予約権付社債 (CB) を引き受けたリーマン・ブラザーズ証券の在日代表，桂木明夫氏が日本経済新聞の取材に応じた。桂木氏はライブドアのニッポン放送株の大量取得で，協力を依頼されたのは『(取得日の約10日前の) 1月末』とし，立会外取引を使う手法の考案やニッポン放送株の売り手探しを『我々がしたわけではない』と述べた。」「リーマンは24日，ライブドアCBの全額払い込みに応じた。今後は多数の投資家を探し，株式に転換したうえで市場で時間をかけ売却する方針。ライブドアの経営に大株主として影響力を及ぼしたり，ニッポン放送を間接所有する意向は『全くない』と述べ，『外資によるメディアの間接支配』という一部の見方を否定した。ライブドアCBを保有するリーマンは現在，同社の債権者という立場。ニッポン放送を巡るM&A劇に今後，ライブ

第13章　ライブドアとフジテレビジョンの和解

ドア側のアドバイザーとして関与する可能性については『(CB保有者としての立場と) 利益相反の恐れが強く，ありえないだろう』と語った。ただ，インターネットとメディアを早期に融合させるというライブドアの構想には『共感しており成功してほしい』と期待をにじませた。」「ライブドアのCBは転換価格が株価下落に応じて下がる『下方修正条項』が付いており，同条項が株式相場を混乱させているとの批判も強い。桂木氏は『ニッポン放送株の大量取得と業務提携の提案という行動が）ライブドアの株価にどんな影響を与えるか見極められない部分も残り，下方修正条項をつけたのは資金提供者として損失を避けるための当然の判断だった』と反論した。」(『日本経済新聞』2005年2月27日) と報道されている。

また，「ライブドアCB　半分を株式転換　リーマン」という見出しの下で，「ライブドアがニッポン放送買収のため発行した800億円の転換社債型新株予約権付社債 (CB) のうち，引受先のリーマン・ブラザーズ証券グループが半分の400億円分を株式に転換したことが18日明らかになった。この結果，ライブドアの発行済み株式数は約7億8,000万株と，CB発行前に比べ約2割増えた。」(『日本経済新聞』2005年3月19日) と報道されている。さらに，「ライブドアがニッポン放送買収のため発行した800億円の転換社債型新株予約権付社債 (CB) のうち，引受先のリーマン・ブラザーズ証券グループが18日に150億円分を株式に転換したことが明らかになった。累計では550億円分が株式へ転換された。この結果，ライブドアの発行済み株式数は約8億3000万株となった。」(『日本経済新聞』2005年3月26日) と報道されている。リーマンがこの株式をマーケットで売却すれば，ライブドアはリーマンによって支配されることはなく，リーマンはマーケットで売却するであろう。

4　3月25日がニッポン放送株取得最終日，あとは6月の株主総会

　株主はつねに変動するので，発行会社は特定の日 (基準日) の名簿に載った株主を「権利行使可能な株主」として認めることにしている。3月期決算の企

業は一般に3月末が基準日で、中間配当などを実施する企業は9月中間期末も基準日である。株式の購入代金と現物株式の受け渡し決済は通常、売買が成立した日を含め4日目であるが、決算期末・中間決算期末は5日目です。ニッポン放送は3月期決算企業であり、3月31日時点で「権利行使可能な株主」になるためには、ライブドアは3月25日までにニッポン放送株を購入しなければならない。3月25日は「権利付き最終売買日」と呼ばれ、3月25日までにニッポン放送株を購入すれば株主としての権利を主張できる。ニッポン放送はライブドアが取得した同社株について、名義書き換え拒否を検討したと言われているが、企業は株主が名義書き換えを要求すれば、原則として応じなければならない。東京地裁もライブドアが取得したニッポン放送株の書き換え拒否に関し「拒否できる理由は特にない」と言及している。

「ニッポン放送株　ライブドア『49.8％獲得』　議決権50％超は確実に」という見出しの下で、「ライブドアは15日、保有するニッポン放送株が同日時点で議決権ベースで49.8％に達したことを明らかにした。3月末までに買収成功の節目となる50％超を確保することは確実な情勢。日本を代表するメディアグループの有力企業への絶対的買収が事実上、実現することになる。（中略）50％超の議決権を確保し、月末の名義書き換えに間に合わせるには、25日までに残り約7万株を追加取得する必要がある。15日の終値で計算すると、必要資金は概算で5億円。」（『日本経済新聞』2005年3月16日）と報道されている。

では、4月1日以降からライブドアはニッポン放送の経営権を握ることができるのであろうか。これについては、「6月株主総会　取締役派遣へ」という見出しの下で、「議決権の過半数を握った後も6月下旬に開催が予定される株主総会までは、ニッポン放送の取締役は亀渕昭信社長らによる現体制が続く見通し。経営に大きな変化はないもようだ。今年は19人の全取締役が改選期を迎える。ライブドアは株主総会で堀江貴文社長ら幹部を同放送に送り、取締役の過半数をライブドア側で固める考えだ。取締役の過半数を握れば、ニッポン放送による増資などを決議できるほか、保有資産の売却を防ぐことが可能になる。ニッポン放送はフジが25％超の株主となったことで、フジ株への議決権を失っ

ている。だが，ニッポン放送の増資などでフジの出資比率を25％以下に落とせば，議決権を復活できる。」(『日本経済新聞』2005年3月16日) と報道されている。

ライブドアはニッポン放送の保有しているフジ株をねらって，ニッポン放送を買収したのであり，ライブドアのニッポン放送を軸足としたフジ買収戦略は6月株主総会から本格化するであろう。

5　ライブドアがフジを買収するのか，フジがライブドアを買収するのか

「ライブドアがフジを買収するのか，フジがライブドアを買収するのか」といったことがマスコミを賑わしはじめたのは2005年3月15日である。というのは，翌16日の『日本経済新聞』に「買収戦1カ月新局面に」「ニッポン放送株　議決権49.8％」「ライブドア　役員会支配狙う　6月株主総会　取締役派遣へ」「フジテレビ『本体』の防衛急ぐ　大幅増配　市場のイメージ改善」といった見出しの下で，「ニッポン放送株の50％超を握ることがほぼ確実になったライブドア。同放送を突破口にフジサンケイグループ全体への影響力行使を視野に入れる。大幅増配で『本体』の守りを固めるフジテレビジョン。一般株主も味方につけることを狙う。両陣営の攻防は買収戦開始以来1カ月余りで新しい局面に入った。」と報じられているからである。

ライブドアがニッポン放送の議決権の50％超を取得することがほぼ確実になったので，ニッポン放送はライブドアの子会社になったと言える。しかし，ライブドアの堀江社長は，ニッポン放送の事業価値ではなく，フジ株などの非事業資産価値をねらってニッポン放送を買収したのであるから，次はいかに「フジ株」を処分するかである。堀江社長はフジ株を売却するのではなく，さらに買い増してフジサンケイグループの「本丸」フジテレビジョンを支配することを考えていると思う。「フジサンケイグループ城」のたとえで，ニッポン放送は同グループの外堀，フジテレビジョンは本丸とそれぞれ言われている。

現状の資本関係では、ニッポン放送が「フジサンケイグループ城」の本丸で、その本丸「ニッポン放送」はライブドアによって陥落した。

ライブドアのフジ買収について、「ライブドア　フジ株買い増し検討」という見出しの下で、「ライブドアはニッポン放送を傘下に収めた後、フジテレビジョン株も買い増す検討に入った。」(『日本経済新聞』2005年3月18日) と報道されている。ライブドアとフジテレビジョンの企業規模 (連結　ライブドアは2004年9月期、フジテレビジョンは2004年3月期) は次のとおりである。

	売上 (百万円)	経常利益 (百万円)	総資産 (百万円)
ライブドア	30,868	5,034	100,219
フジテレビジョン	455,945	45,564	640,236

ライブドアがフジテレビジョンを買収することは「小が大を飲む」ようなものである。そのようなことがなぜできるのであろうか。ニッポン放送はすでにフジテレビ株の22.5%を保有しているので、ライブドアがフジテレビ株の過半数を取得するには残り27.5%超の株を買い増さなければならない。フジテレビの3月17日の時価総額は7,200億円であるので、7,200×0.275＝1,980億円のフジ株買い付け資金が必要である。これはニッポン放送株を取得する際に発行した転換社債型新株予約権付社債 (CB) 800億円を上回る買収資金である。これについて、「資金調達の方法はいろいろある。例えばニッポン放送に公募増資をさせる。フジテレビのニッポン放送に対する出資比率を下げられるのに加え、株主を増やすことで上場廃止回避につなげられる期待もある。ただそれだけでは足りない。ニッポン放送株や堀江貴文社長の持つライブドア株、さらには買収を狙うフジテレビの現金収支 (キャッシュフロー) や資産をあらかじめ担保とし、資金を取り入れる方法がある。LBO (レバレッジド・バイアウト) と呼ばれる手法だ。」(『日本経済新聞』2005年3月18日) と報道されている。

LBOは、ライブドアが、買収しようとしている企業、つまりフジテレビジョンのキャッシュフローや資産を担保に、フジ株買い付け資金を金融機関などから調達することであり、ライブドアが調達する資金は、買収されるフジテレビの借入金になる。レバレッジは「梃子」の英語であるが、それはライブドアの

第13章 ライブドアとフジテレビジョンの和解

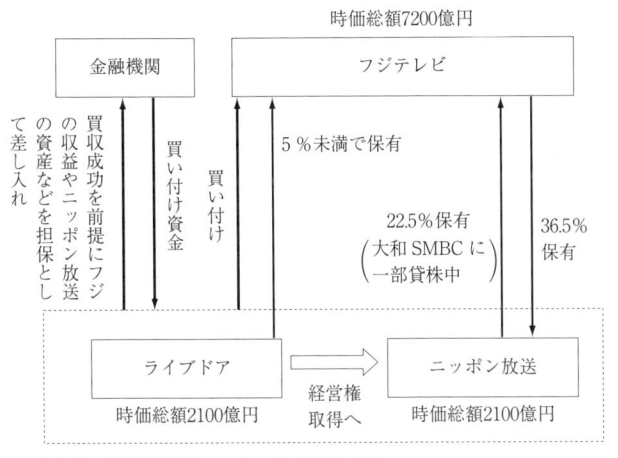

図13-3 ライブドアがフジにLBOを仕掛けた場合のイメージ

時価総額7200億円

金融機関／フジテレビ

5％未満で保有

22.5％保有
（大和SMBCに一部貸株中）

36.5％保有

ライブドア　経営権取得へ　ニッポン放送

時価総額2100億円　　時価総額2100億円

買い付け資金／買い付け

買収成功を前提にフジの収益やニッポン放送の資産などを担保として差し入れ

出所：『日本経済新聞』2005年3月18日より作成

ような小規模企業がフジテレビのような大規模企業を買収するという意味である。

しかし、「大が小を飲む」ことのほうが容易そうに見えるので、逆にフジがライブドアを買収する戦略はいかがであろうか。これは「パックマンディフェンス」と呼ばれているものであるが、そうなるとフジがライブドアを買収する前に、ライブドアは一体どのような企業であるかを調べないといけない。ライブドアは、インターネット上でポータル（玄関）サイトを運営する情報技術（IT）企業として知られているが、果たしてメディア企業であるフジテレビの買収対象になるのであろうか。フジがライブドアを買収しようとすると、フジの株主からはフジテレビジョンの企業価値を低下させるということで買収反対の株主代表訴訟を起こされるであろう。

とすれば、フジの防衛策はフジの株価を高くし、買収されにくいようにすること以外にないように思われる。これについて、「フジ、配当5倍に　今期5000円　株価上げて買収防ぐ」という見出しの下で、「フジテレビジョンは15日、2005年3月期の年間配当を1株5000円と、前期の実質5倍に増やすと発表した。配当性向は約50％となり、単体の税引き利益の半分を株主に配分する。

231

大幅増配で株価を上げ，ニッポン放送争奪戦で対立するライブドアがフジ株を買いにくくする。同時に株主重視の姿勢を明確に示し，ライブドアとの攻防戦で一般株主の支持を集める狙いがある。」（『日本経済新聞』2005年3月16日）と報道されている。日本の上場企業の配当性向の平均が20％台というなかで，フジの50％超は大企業では突出している。フジテレビは2005年2月にニッポン放送株取得のために，転換社債型新株予約権付き社債で800億円を調達したばかりであるので，その直後に増配で資金の社外流出を増やすのは，資本政策の軸足がぶれているように思われる。これに関し，「フジ『本体』の防衛急ぐ」「大幅増配　市場のイメージ改善」という見出しの下で，「フジの日枝久会長は15日夜『増配はフジテレビの利益を株主に還元するという趣旨で決めた』と述べた。増配により株価を上げフジテレビ自体の敵対的買収を防ぐ目的なのかとの質問に対しては『どうでしょう』と明言を避けたが，否定はしなかった。」（『日本経済新聞』2005年3月16日）と報道されている。フジは2004年5月に1株を2株にする株式分割を行っているが，株価を引き上げるために株式分割を今後行うかもしれない。

　3月22日の『毎日新聞』の朝刊に「フジテレビが1,000億円の第三者割当増資を行う」ということが報道され，当日はフジテレビジョンの株価は下落した。フジの防衛策は株価を高くすることしかないと思っていたので，第三者割当増資はありえないと思っていた。そうすると，3月22日の夕方，フジテレビから次のような「新株式発行に係る発行登録に関するお知らせ」が出てきた。

当社は，平成17年3月22日，新株式の発行についての発行登録を行うことを決定いたしました。

記

1. 募集有価証券の種類：普通株式
2. 発行予定期間：発行登録の効力発生予定日から2年を経過する日まで（平成17年3月20日から平成19年3月29日）
3. 募集方法：株主割当
4. 発行予定額：50,000百万円
5. 手取金の使途：設備投資，投融資，運転資金へ充当する予定です。

第13章　ライブドアとフジテレビジョンの和解

　フジテレビは、「株主割当増資も、このような株主の利益・企業価値を守るためのひとつの選択肢であると認識しております。(中略)なお、当社は、平成17年3月15日、利益配当につき大幅増配を決定いたしましたが、今後も株主還元の充実を図るとともに、株主の利益・企業価値の向上の実現に向けて、安定的な経営体制の構築を推し進めてまいります。」と述べ、機動的な株主割当(時価を下回る発行価額の可能性は大いにある)による新株発行が行われうることを明らかにすることにより、ライブドアによる敵対的買収を防ごうとしている。新株式「発行登録」とは、財務局に事前に発行枠を届け出ることで、一定期間は届け出などの手続きを簡略化して、新株発行を決めてから2週間くらいで新株を発行できる制度である。フジテレビはTOB（株式公開買い付け）をかけられても、ライブドアがTOB（「証券取引法」により買い付け期間は20日以上と規定）で株式の買い集めを終了する前に、新株を発行して発行済み株式数を増やし、TOBを阻止できる。フジの新株発行枠は500億円で、発行価格を極端に低い水準、例えば1株当たり15,000円（3月22日の終値は302,000円）に設定すると、新株345万株（現状の発行済み株式数は254万株程度）を既存株主に割り当てることができる。これがTOB期間中に行われたとき、既存株主は株式を保有し続けることで新株1株を15,000円で買えるので、ライブドアのTOBには応じないであろうか。理論上は、株主割当による新株発行は、新株を取得したあとは株価が下がるので、既存株主に対して必ずしも有利とは断定できない（新株発行前の株価が30万円とすると、1.5万円払えば1株入手できるが、新株発行後の株価は理論上は$(30+1.5)/2=15.75$万円になり、2株の合計金額は31.5万円である）。ライブドアが3月22日の終値より高い例えば40万円のTOB価格を設定していれば、既存株主は新株発行後の株価予想を行いながら、新株を得るために株式を保有し続けるか、ライブドアのTOBに応じるかを判断しなければならない。したがって、株主割当による新株発行はフジの株価上昇要因であるべきで、株価が上昇する、あるいは上昇しそうでなければ効力はない。

　さあ、ライブドアはTOBを実施すると、新株発行という「ポイズンピル（毒薬）」を飲まされるかもしれない。これは"ホリエモン"の想定内のことで

第Ⅳ部 ライブドア vs. フジテレビ問題に学ぶ

あろうか。「ライブドア vs. フジ問題」はつまるところニッポン放送をめぐる話でなく，フジテレビジョンをめぐる問題であったのである。フジの新株発行枠500億円は，フジの株価が上昇しないのであれば，理論上は「500億円×フジ株の取得パーセント」だけ新たに負担を増加させるにすぎず，"ホリエモン"の想定外であったとしても，さほど強力な敵対的買収防衛策ではないように思われる。

翌23日には「ライブドア幹部は22日夜，『友好的な形でニッポン放送やフジサンケイグループと業務提携したいと考えており，フジに対して敵対的買収にみえるような行為は現時点で考えていない』と話し，当面はTOBも含めてフジ株の買収をしない方針を明らかにした。」(『朝日新聞』2005年3月23日夕刊) という報道がなされているが，フジ株をめぐる「ライブドア vs. フジ」はフジテレビの株価をめぐるものになっている。フジの株価を，フジは上げようとし，ライブドアはいずれ行うであろうTOBを成功させるために下げようとするであろう。フジをめぐる最終決戦はニッポン放送の6月の株主総会を経て，ライブドアがニッポン放送の経営権を掌握してからであろう。ただし，フジテレビジョンの6月の株主総会で「ポイズンピル」の導入が決定される可能性もあることから考えると，ライブドアはそれを防ぐための「特別決議の拒否権」をもちうる1/3超までフジ株を買い集めるかもしれない。ライブドアが「現時点で」「当面は」TOBをしないというところの行間を読む必要があるであろう。

本書のメッセージは，ライブドア・フジの両社に，「企業同士の戦いは企業価値の創造をめぐるものでなければならない」ことを認識してもらいたいというものである。第Ⅳ部は「ライブドア vs. フジ問題」を時間の経過とともに書いたものであり，金融経済学者として折々の予測を行っている。事後解説であれば何とでも言えるのであるが，読者に「ライブドア vs. フジ問題」の臨場感を味わっていただくために，あえて事前予測をそのときそのときに行っている。"ホリエモン"の想定内発言に見られるように，堀江社長はニッポン放送株の大量買い付けを始める前に，フジサンケイグループの支配といったゴール地点までの見取り図を描いているはずである。「ライブドア vs. フジ問題」の教訓

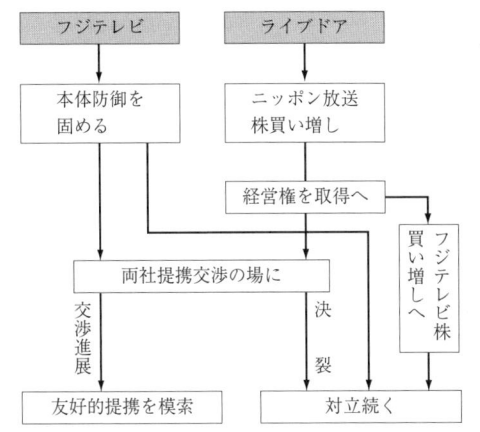

図13-4 今後予想されるライブドアとフジテレビの動き

```
        フジテレビ              ライブドア
           │                       │
           ▼                       ▼
        本体防御を            ニッポン放送
         固める               株買い増し
                                   │
                                   ▼
                              経営権を取得へ ─────┐
           ┌───────────────────┤              │
           ▼                   ▼              ▼
                          両社提携交渉の場に   フジテレビ株
         交渉                  決             買い増しへ
         進展                  裂
           ▼                   ▼
        友好的提携を模索      対立続く
```

出所：『日本経済新聞』2005年3月24日より作成

は株主に目を向けない経営者は駄目だということである。というのは，マーケットでの戦いは「勝ち負け」だけでなく「企業価値の創造」が求められるのであり，株主に目を向けない経営者は「企業価値の創造」を行っていないからである。

6　ソフトバンクグループはフジサンケイグループのホワイトナイトか

　2005年3月23日に東京高裁の決定がなされ，翌日の朝刊には「新株予約権高裁も認めず」「攻防，司法から交渉へ」「フジ　ライブドア　思惑に隔たり」という見出しの下で，「ニッポン放送の経営権を巡るフジテレビジョンとライブドアの攻防は，第一ラウンドの司法闘争でライブドアの全面勝利となった。これを受けてフジ側はライブドアとの提携交渉の土俵に上がることになった。ただ，ライブドアが早期にメディアとの相乗効果を期待しているのに対し，フジ側は長期戦も視野に交渉を有利に運びたいとの思惑があり双方の立場に隔たりは大きい。交渉決着までには曲折も予想される。」「高裁決定を受けて，優良

第IV部　ライブドア vs. フジテレビ問題に学ぶ

資産の切り売りなど『焦土作戦』が難しくなったフジ側にとって，ライブドアが仕掛けてきたフジ本体への買収に対抗する手段は限られている。フジ側が模索するのは，ライブドアから一気に本体に株式公開買い付け（TOB）をかけられる事態を防ぎつつ，本体の経営が侵食されないようなライブドアとの提携の形やライブドア以外の安定株主作りの可能性など。」（『日本経済新聞』2005年3月24日）との報道があった。マスコミは「ライブドア vs. フジ問題」の攻防が「司法から交渉へ」と伝えているが，フジテレビがライブドアと事業提携をするようには思えない。つまり，日枝会長が堀江社長と仲良くするようには思えない。

マスコミの報道とは異なった印象をもっていた3月24日の夕方に，ソフトバンク・インベストメント（SBI），フジテレビジョン，ニッポン放送の3社でメディア関連の新興企業に投資するベンチャーキャピタルファンド「SBIビービー・メディア投資事業有限責任組合（SBIビービー・メディアファンド）」を共同設立し，ニッポン放送が保有し，ライブドアが目をつけているフジ株をソフトバンク・インベストメントに貸し出すというテレビ・ニュースが出てきた。株券消費貸借期間は2005年3月24日〜2010年4月1日と長期であるので，フジ株の貸借というものの，「ライブドア vs. フジ問題」では，ニッポン放送保有のフジ株をソフトバンク・インベストメント（アセットマネジメント・ブローカレッジ・インベストメントバンキングをコアビジネスとした総合金融サービス業）に売却したようなものである。翌朝「ソフトバンク系が筆頭株主」「フジ，新たな防衛策」「ニッポン放送保有株貸す」「ライブドア影響力排除」という見出しの下で，「フジテレビジョンは24日，ソフトバンク系のベンチャーキャピタル，ソフトバンクインベストメント（SBI）がフジの議決権の14.67％を握る筆頭株主になったと発表した。ニッポン放送が保有するフジ株をSBIに貸すことで，同放送は実質的にフジの株主ではなくなる。ニッポン放送の経営権を握ったライブドアの影響力が，フジに及ぶのを防ぐ狙いとみられる。ソフトバンクの登場で，フジとライブドアの攻防は一段と激しさを増す。」（『日本経済新聞』2005年3月25日）との報道があった。

第13章　ライブドアとフジテレビジョンの和解

　フジテレビは議決権ベースで25％超のニッポン放送株をもっているので，ライブドアはニッポン放送保有のフジ株を通してフジテレビに対する議決権を行使できない状態にあったが，フジサンケイグループはIT界の巨人「ソフトバンクグループ」を巻き込んで，ニッポン放送の「クラウン・ジュエル」作戦に出てきた。しかし，フジサンケイグループにとってライブドアは「前門の虎」であろうが，ソフトバンクグループは「ライブドア以外の安定株主」「ホワイトナイト（白馬の騎士）」でなく「後門の狼」かもしれない（「前門の虎後門の狼」は一難をのがれて，すぐまた，別の災難に遇うたとえ）。北尾吉孝SBI最高経営責任者は，フジ株を保有することについて「関係強化が狙いで（買収への防衛を）意図したものではない」（『日本経済新聞』2005年3月25日）と言うものの，逆にソフトバンクグループが将来フジサンケイグループを「支配」することになるかもしれない。本書のはしがきでは堀江社長が「才あって，徳なし」と評されていることを紹介したが，ジュエル（フジ株という宝石）のなくなったクラウン（王冠：ニッポン放送）しか買えなかったということになると「才も徳もない」ということになりかねない。日本で一番のM&A専門家と自称している北尾吉孝CEOは"堀江君"を「他人の家に土足のままで上がって『仲良くしようや』と言っているように映るが，あまり好ましいものじゃない。」と評しているが，『荘子』には「道は言うべからず，言えばすなわち非なり」とある。口でいえるような道はまやかしものであるかもしれない。北尾吉孝はライブドアグループとフジサンケイグループの仲裁役を事実上買って出たようなものであるが，SBIがフジの筆頭株主になったやり方（貸株・借株）は堀江社長の「時間外取引」と同程度，あるいはそれ以上にマーケットの"モラル"に反していると思う。北尾CEOの行っていることは「毒を以て毒を制す（悪いものに，別の悪いものを向けて，抑える）」ように見え，日枝会長・亀渕社長・堀江社長のみならず，北尾CEOにも「何か重要なものをお忘れでないでしょうか。」と言いたい。

　北尾CEOがライブドアとフジテレビの仲介役を担うといっても，北尾は中立の立場でなく，フジサンケイグループの代理人のような立場（というよりは，

第Ⅳ部　ライブドア vs. フジテレビ問題に学ぶ

フジテレビの筆頭株主）であり，果たして仲介役が担えるかははなはだ疑問である。堀江社長と北尾CEOが会談する3月28日の『日本経済新聞』朝刊は「ライブドア幹部は同日，『2社間で直接協議しており，北尾氏が仲介しなくても提携交渉は可能』と発言した。28日にライブドアの堀江貴文社長との会談を調整している北尾氏をけん制する狙いもあるようだ。」と伝えている。

　さらに，「ライブドア以外の安定株主作りの可能性」については，「フジ，株保有50社に要請」「ソニー日立など　買収防御固める」という見出しの下で，「フジテレビジョンがソニー，日立製作所，伊藤忠商事など約50社に同社の株式を新規または追加で保有するよう要請していることが25日，明らかになった。ニッポン放送が，保有するフジテレビ株をソフトバンク・インベストメント（SBI）に貸株することを決めたのに続き，フジテレビ自らが安定株主工作を進め，ライブドアによるフジ本体買収への防御を固める。実現すればフジ本体の買収は難しくなるが，要請を受けた企業の中には回答を留保しているところも多く，先行き不透明な部分もある。」「フジが株式の安定保有を要請しているのは主に機器・サービスの購入先企業，取引金融機関など。1社につき数億‐数十億円相当のフジ株を市場を通じて早期に買い入れ，長期保有するよう要請している。」（『日本経済新聞』2005年3月26日）と報道されている。これは安定株主作りと，フジの株価上昇をねらったものだと思う。フジサンケイグループの日枝会長・亀渕社長は「ライブドア vs. フジ問題」がニッポン放送をめぐる問題であったときはマーケット原理に合わない，経営者としての資質を疑いたくなる防衛策をしていたように思うが，フジテレビをめぐる問題になったときには，立て続けにマーケット原理に合致した防衛策が打たれているように思う。さあ，これは"ホリエモンの想定内"のことであろうか。M&Aはスピードが重要と言われているが，ライブドアは長期のゲリラ戦でフジテレビジョンを支配できるのであろうか。

　本書のメッセージは「M&A」の勝敗の行方ではなく，ソフトバンクグループが登場してきても，やはり最重要課題は「企業価値の創造」が問われなければならないということである。「ソフトバンク社長　フジと提携に含み　『放送

への参画は考えず』」という見出しの下で，「ソフトバンクの孫正義社長は26日午前，福岡市内でフジテレビジョンとの提携について記者団の質問に答え，『互いにメリットがあるという機運が盛り上がれば是々非々で考えたい』と語り，前向きな姿勢を示した。」(『日本経済新聞』2005年3月26日夕刊) と報道されているが，ソフトバンクグループとフジサンケイグループの両グループは，企業価値をいかに高めるのかが問われるべきであり，それを評価するのは「ライブドア vs. フジ問題」が始まった2月8日でも，いつになるかわからないがいずれこの問題が決着する日でも，株式市場だと思う。「株主も問われている」(「会社とは何か：第1部大買収時代を生きる②」の中で「株式会社の法的な所有者は株主だが，上場会社の株主はいつでも株を売れ有限責任しか負っていない。その株主に強すぎる権利を与える矛盾を克服するには，上場会社が責任を負う相手を『株主予備軍』を含む証券市場全体に広げる必要がある。株主資本主義時代に必要なのは，経営者と投資家の双方を規律ある行動に導く公正な証券市場の確立である。」(『日本経済新聞』2005年3月26日) と論じられているが，この指摘はまさにその通りだと思う。

7 フジはライブドアとついに和解した

2005年2月8日に始まった「ライブドア vs. フジ問題」は4月18日に和解で決着した。「ニッポン放送 フジが完全子会社化」「和解発表 ライブドアに1470億円」という見出しの下で，「ニッポン放送の経営権を巡って争っていたフジテレビジョンとライブドアは18日午後，資本・業務提携などで合意したと発表した。フジがライブドアの保有するニッポン放送株全株を買い取るなどで同放送を完全子会社にするほか，第三者割当増資の引き受けでライブドアに12.75％出資する。フジ側からライブドアへの支払いは合計1473億円になる。産業界を揺るがせた敵対的買収の攻防戦は，金銭面で歩み寄ることにより双方が妥協点を見いだした。」(『日本経済新聞』2005年4月19日) との報道があった。

4月18日，フジの日枝久会長，村上光一社長，ニッポン放送の亀渕昭信社長，

第Ⅳ部　ライブドア vs. フジテレビ問題に学ぶ

図13-5　フジテレビ, ライブドア, ニッポン放送の資本関係

→は出資比率(%)

【現状】

その他の株主 ──13.5→ ニッポン放送 ←50.0── ライブドア
フジテレビ ──36.5→ ニッポン放送

【提携実現後（9月予定）】

フジテレビ ──12.75→ ライブドア
業務提携
フジテレビ ═══ ニッポン放送
ニッポン放送 ┄┄0(※)┄┄ ライブドア

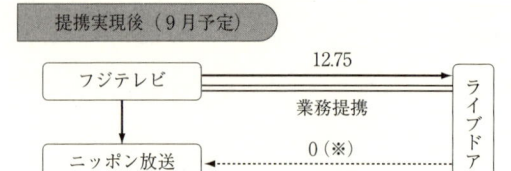

※フジテレビ・ニッポン放送が株式購入

出所：『日本経済新聞』2005年4月19日より作成

表13-1　フジテレビとライブドアの損得勘定

買収防衛, 双方の損得勘定		

（○は収入・メリット, ●は支出・デメリット）

ライブドア（プラス443億円）			フジテレビジョン（888億円負担増）	
●ニッポン放送株取得金額	1030億円	金銭面	●同株買い取り（TOB分含む）及びライブドア・パートナーズの買収	1780億円
○同株の売却額	1033億円		●ライブドアへ出資	440億円
○フジからの出資分	440億円		●増配	100億円
差し引き443億円のプラス			●進ファンドなどその他の防衛策	273億円
●株主価値の希薄化。株式数62％増, 株価2割安に（2月1日比）			合計2593億円支出（当初計画は1705億円）差し引き888億円マイナス	
○フジと業務提携実現 ●フジ本体への出資を断念 ○知名度向上 ●グリーンメーラーの汚名懸念		金銭以外	●ニッポン放送を子会社化 ○フジ本体を防衛 ●イメージ低下	

出所：『日本経済新聞』2005年4月19日より作成

ライブドアの堀江貴文社長は共同記者会見を開き, 同日フジテレビジョンとライブドアは次の「基本合意のお知らせ」を公表した。

第13章 ライブドアとフジテレビジョンの和解

平成17年4月18日

基本合意のお知らせ

　株式会社フジテレビジョンおよび株式会社ライブドアは、ライブドアの完全子会社である株式会社ライブドアフィナンシャルホールディングス（代表：羽田寛）の完全子会社である株式会社ライブドア・パートナーズ（代表：堀江貴文）の全株式のフジテレビへの譲渡、フジテレビによるライブドアへの資本参加およびフジテレビとライブドアとの業務提携について、本日、基本合意に至り、最終契約を締結しましたので、下記の通りお知らせいたします。

記

1. 基本合意の趣旨

　本日現在、ライブドアおよびフジテレビは、それぞれニッポン放送の第一位および第二位株主であります。フジテレビは、平成17年1月18日より平成17年3月7日まで実施した株式会社ニッポン放送に対する公開買付けの結果、ニッポン放送の発行済株式総数（32,800,000株）の36.47%（11,961,014株）を保有しており、ライブドアはライブドア・パートナーズおよびその他の子会社を通じた保有分を含めて、ニッポン放送の発行済株式総数の過半数（16,400,180株）を保有しております。

　本公開買付けは、平成17年1月17日に公表された通り、フジテレビがニッポン放送株式の100%の取得を目指して開始したのに対し、ニッポン放送取締役会が同社の事業発展に寄与するものであると判断し賛同意見を表明した、いわゆる友好的公開買付けとして実施されたものです。フジテレビおよびニッポン放送は、「フジサンケイグループ」の中核企業として、これまで相互の資本関係を維持しながら、夫々、自主経営の下、独自の経営方針と戦略に基づき、TV・ラジオ業界のリーダー企業としての地位を確立しながらグループ経営を営んでまいりましたが、今後も21世紀のメディア業界での勝ち組として生き残っていくためには、フジテレビおよびニッポン放送ならびにフジサンケイグループの経営資源の選択と集中を機動的且つ効率的に行えるグループ経営体制への転換が急務であり、また、マスコミという高い公共性を有する事業を営むフジサンケイグループに要請される社会的使命と責任を果たしていく上でも、長期的に安定したグループ資本政策および経営体制の確立が必須であることを経営課題として認識しておりました。フジテレビは、このような新経営体制移行のための第一ステップとして、ニッポン放送の賛同を得て本公開買付けを実施したものであり、将来においては、フジテレビを中核とするグループ経営体制の構築を目指す方針については、現時点でも変更はありません。

　一方、ライブドアはニッポン放送の株式を取得し資本参加を果たしたことを足がかりに、ニッポン放送ならびにフジサンケイグループ各社との友好的な業務提携を呼び掛けてまいりました。これは、ライブドアの有する「インターネット」メディアと、フジサンケイグループ各社の有する「ラジオ・テレビ・新聞・雑誌」といった4大メディアとのシームレスな連携

第Ⅳ部　ライブドア vs. フジテレビ問題に学ぶ

を実現することが，情報メディアとしての更なる国民生活への貢献と，両グループ株主価値向上に大いに寄与するものであるとの考えに基づくものでありました。しかしながら，ライブドアがニッポン放送の株式を発行済株式総数の過半数を超えて取得した状態での業務提携は，ニッポン放送の子会社化によりフジテレビおよびニッポン放送ならびにフジサンケイグループの安定した資本政策および経営体制の確立を目指すフジテレビの経営方針と相反するものでありました。

　このような状況に鑑み，フジテレビおよびライブドアは，鋭意協議を重ねてまいりました。その結果，フジテレビの当初の経営方針であるニッポン放送の子会社化と，ライブドアが本来目指していたフジテレビおよびニッポン放送との業務提携関係の構築とを同時に達成することが，フジテレビおよびライブドアにとって最善の経営判断であり，両社の株主利益にかなうものであることを相互に認識し，このたび，ライブドア・パートナーズの全株式のフジテレビへの譲渡，フジテレビのライブドアへの資本参加およびフジテレビとライブドアとの業務提携を軸とする基本合意に至ったものであります。

　なお，本基本合意に加え，フジテレビは，別途，ニッポン放送と「完全子会社化に関する基本合意書」を締結し，フジテレビがニッポン放送を完全子会社とする一連の取引について基本合意しております。これらの基本合意に従って実施される一連の取引の検討に当たり，フジテレビおよびライブドアは，特に以下の4点を考慮し，それぞれの事業戦略と株主利益にかなう合意形成を目指したものです。

① フジテレビがニッポン放送の6月の定時株主総会の過半数の議決権を速やかに確保すること。
② フジテレビとライブドアとの業務提携関係を構築すること。
③ ニッポン放送の少数株主の利益に配慮すること。
④ フジテレビによるニッポン放送の完全子会社化のための株式交換を迅速に実施し，これによる両社の事業シナジーの早期実現を図ること。また，フジテレビの既存株主の価値の希薄化を避けるため，フジテレビによる新株発行を抑制すること。

2．基本合意の概要
(1) ライブドア・パートナーズの全株式のフジテレビへの譲渡
　フジテレビとライブドアは，ライブドアの完全子会社であるライブドアフィナンシャルホールディングスの完全子会社であるライブドア・パートナーズの全株式のフジテレビへの譲渡について下記の通り基本合意いたしました。なお，本株式譲渡は，後述の「(2) フジテレビによるライブドアへの資本参加」がなされることを前提として実行されます。

　　日程：　平成17年4月18日　基本契約締結
　　　　　　平成17年5月23日　受渡し
　　株式譲渡価額：　21億円
　　　（注1）　ライブドア・パートナーズ株式の買取りと同時に，フジテレビは，ライブドア（子会社等を含む）のライブドア・パートナーズに対する貸付金債権を買い受け，または弁済することに合意しておりますので，買収価額の総額は670億円となります。なお，株式譲渡価額および買収価額の総額は現時点での予定額であり，受渡

第13章 ライブドアとフジテレビジョンの和解

日(平成17年5月23日)におけるライブドア・パートナーズの財務状況に応じて合理的な修正がなされる予定です。

(注2) ライブドア・パートナーズはニッポン放送の発行済株式総数の32.40%(10,627,410株)を保有しております。

(注3) 株式譲渡価額は,フジテレビとライブドアの交渉を経て合意されたものです。なお,本合意に先立ち,フジテレビは,ライブドア・パートナーズについて,財務状況および営業状況,その他の会社情報等の精査ならびに第三者算定人(デロイトトーマツコーポレートファイナンス株式会社)による株式価値評価等を実施しております。

ライブドア・パートナーズの概要:
① 商号　株式会社ライブドア・パートナーズ
② 所在地　(中略)
③ 代表者の氏名　代表取締役　堀江貴文
④ 事業の内容　投資事業
⑤ 従業員数　0名
⑥ 資本の額　1,000万円

社名変更等: 本株式譲渡完了後,ライブドア・パートナーズは速やかに臨時株主総会を開催し,「株式会社LFホールディングス」(仮称)への社名変更,フジテレビが指名する取締役の選任等を実施する予定です。

その他:

本株式譲渡の結果,フジテレビは「株式会社LFホールディングス」を通じた間接保有分を含めて,ニッポン放送の発行済株式総数の68.87%(22,588,424株)を保有する第一位株主となり,また,ライブドアはニッポン放送の発行済株式総数の17.60%(5,772,770株)を保有する第二位株主となります。また,フジテレビおよびライブドアは,平成17年3月末時点におけるニッポン放送の議決権を,それぞれ69.03%,17.64%保有する株主として,本年6月のニッポン放送の定時株主総会において,ニッポン放送の取締役会が提案する議案に対して賛成の議決権を行使することにつき合意しております。

(注) 発行済株式総数32,800,000株から議決権を有しない株式として平成16年9月30日現在の自己株式数75,820株および単元未満株式数30株を控除した株式数を基準とした総株主の議決権の数から保有割合を算出しました。

(2) フジテレビによるライブドアへの資本参加

フジテレビとライブドアは,ライブドアが実施する第三者割当増資をフジテレビが引き受けることにつき,下記の通り基本合意いたしました。なお,本資本参加は,前述の「(1)ライブドア・パートナーズの全株式のフジテレビへの譲渡」がなされることを前提として実行されます。

第Ⅳ部　ライブドア vs. フジテレビ問題に学ぶ

資本参加の目的：
　本資本参加は，後述の「(3)フジテレビおよびニッポン放送とライブドアとの業務提携」の一環として実施されるものです。今後，フジテレビおよびライブドアは，様々な業務提携の可能性等を模索してまいりますが，この際，フジテレビがライブドアに対して一定の資本関係を保持していることが，業務提携の効果を引き出すために必要であると判断しました。なお，本資本参加により，ライブドアにおいては，現在進行中の具体的プロジェクトを含む資金需要に対応することが可能となり，これらプロジェクトの迅速な遂行による業績成長・企業価値増大を通じて，フジテレビが保有することになるライブドア株式の価値の増大も期待されます。

資本参加の内容：
　証券取引法に基づく諸手続を経て，フジテレビはライブドアが実施する第三者割当増資を引き受ける予定です。基本合意された第三者割当の内容は下記の通りですが，払込期日までに実施されるフジテレビによるライブドアのデューディリジェンスの結果によっては，当該内容は変更または本資本参加は中止される可能性があります。

ライブドアが実施する第三者割当増資の概要
　① 株式の種類　普通株式
　② 割当株数　133,740,000株
　　（注）ライブドア発行済株式数（平成17年4月15日現在915,322,809.53株）の14.61%
　　　　　（増資完了後の発行済株式数1,049,062,809.53株の12.7%）
　③ 割当先　株式会社フジテレビジョン
　④ 発行価格　1株につき金329円
　⑤ 発行総額　金440億円
　⑥ 申込期日　平成17年5月23日
　⑦ 払込期日　平成17年5月23日
　⑧ 配当起算日　新株の配当起算日は平成17年4月1日とする
　⑨ その他　フジテレビは，平成19年9月末日までは，ライブドアの自己株式取得による場合，ライブドアの事前の書面による同意がある場合を除き，第三者に譲渡せず，貸株その他の処分を行わないことに合意しております。

(3) フジテレビおよびニッポン放送とライブドアとの業務提携
　フジテレビおよびニッポン放送とライブドアは，今後の業務提携の構築に関して，下記の通り基本合意いたしました。

業務提携の目的：
　フジテレビおよびライブドアは，放送・通信融合領域での個別の業務提携に向けて友好的な協議を開始します。この協議には，ニッポン放送の参加を求め，ニッポン放送とライブドア間のかかる業務提携の可能性も協議する予定です。

委員会の設置：
放送・通信融合領域での個別の業務提携の方向性を探るため、「業務提携推進委員会」を設置し、プロジェクトチーム毎に定期的な協議を行ってまいります。

(4) 産業活力再生特別措置法の認定を前提とするフジテレビによるニッポン放送の株式交換の実施

本株式譲渡（ライブドア・パートナーズの全株式のフジテレビへの譲渡）の結果、フジテレビは、間接保有分を含め、ニッポン放送の発行済株式総数の68.87％（22,588,424株）を保有する親会社となります。なお、ライブドアはニッポン放送の発行済株式総数の17.60％（5,772,770株）を保有する大株主となります。

別添プレスリリースの通り、フジテレビは、経営資源の選択と集中を機動的且つ効率的に行えるグループ経営体制を整え、生産性向上および企業価値増大を図るため、ニッポン放送を完全子会社化します。かかる目的の下に、フジテレビおよびニッポン放送は、完全子会社化を迅速に行うことができる等の利点を有する法制度である産業活力再生特別措置法による認定を前提に、フジテレビをニッポン放送の完全親会社とする株式交換を実施することにつき基本合意いたしました。産活法による支援措置として、金銭交付による簡易株式交換等を内容とする計画を、フジテレビおよびニッポン放送は認定申請する予定であり、当該計画が認定された場合、本株式交換は、同法に基づく簡易・迅速な手続および金銭交付により実施されます。また、本株式交換に際してニッポン放送株主に対して交付される金銭の額は、ニッポン放送の少数株主の利益に配慮し、1株当たり6,300円となる予定です。なお、当該交付金銭の額については、フジテレビおよびニッポン放送がそれぞれデロイトトーマツコーポレートファイナンス株式会社および株式会社KPMG FASへ適正金額の算定を依頼し、その算定結果を参考に、両社で交渉のうえ合意されたものであります。

ライブドアは、ニッポン放送の大株主の立場において、本株式交換および本株式交換に付随して実施される可能性のあるニッポン放送を当事者とする一切の取引（ニッポン放送と株式会社LFホールディングスとの合併等を検討しております）に関して、その実行に賛成し、反対の意思を通知せず、いかなる場合も株式買取請求権を行使しないことにつき合意しております。

上記の株式交換により、フジテレビによるニッポン放送の完全子会社化を迅速に実施し、これによる両社の事業シナジーの早期実現を図り、また、フジテレビの既存株主の価値の希薄化を避けるため、フジテレビによる新株発行を抑制することが可能となります。これは、フジテレビによるニッポン放送の公開買付けの開始時（平成17年1月17日）にフジテレビが公表した方向性（可能な限り現金買収によりニッポン放送の子会社化を目指すこと）と合致するものでもあります。

3. 今後の見通し
本基本合意締結にともない業績見通しの変更等が生じる場合には、確定次第、各社よりお知らせいたします。

以上

第Ⅳ部　ライブドア vs. フジテレビ問題に学ぶ

さて、「ライブドア vs. フジ問題」の4月18日の和解決着は株式市場にどのように映ったのであろうか。以下には「ライブドア vs. フジ問題」の始まった2月8日と、終わった4月18日のそれぞれの前後の株価の動きを書いておく。

		始値	高値	安値	終値
二月七日（月曜日）	ニッポン放送	6,000	6,040	5,990	5,990
	ライブドア	432	450	427	450
	フジテレビ	227,000	230,000	227,000	229,000
二月八日（火曜日）	ニッポン放送	6,030	6,990	6,030	6,800
	ライブドア	410	497	410	455
	フジテレビ	228,000	239,000	222,000	235,000
二月九日（水曜日）	ニッポン放送	7,800	7,800	7,700	7,800
	ライブドア	475	483	461	469
	フジテレビ	236,000	237,000	226,000	230,000
二月一〇日（木曜日）	ニッポン放送	8,800	8,800	7,840	7,840
	ライブドア	465	466	451	454
	フジテレビ	224,000	227,000	217,000	227,000
四月一四日（木曜日）	ニッポン放送	6,050	6,070	5,700	5,830
	ライブドア	333	337	323	324
	フジテレビ	240,000	242,000	234,000	238,000
四月一五日（金曜日）	ニッポン放送	5,730	6,010	5,720	5,950
	ライブドア	327	341	323	329
	フジテレビ	236,000	237,000	229,000	230,000
四月一八日（月曜日）	ニッポン放送	5,990	6,180	5,800	5,880
	ライブドア	349	359	336	350
	フジテレビ	228,000	229,000	220,000	222,000
四月一九日（火曜日）	ニッポン放送	6,290	6,280	6,260	6,260
	ライブドア	350	356	341	342
	フジテレビ	224,000	227,000	222,000	225,000

2月9日の新聞報道では、堀江社長は「絶対に短期で売らないとは言えないが、今のところ長期保有が前提」と述べていたが、結局は2カ月間の保有でニッポン放送株をフジテレビに売却することになった。日本経済新聞には「『2

カ月戦争』が残したもの」「みんな，企業を考えた」という見出しの下で，「最も学習したのは経営者だ。日本の経営は進化してきたとはいえ，商法の精神どおりではない。取締役は株主の利益を代表し，経営陣は取締役会の監督下にあるという基本も時としてあいまいだ。それが保身のための買収阻止は司法から明確に否定され，経営権の源泉は株主という当たり前のことが再認識された。」（2005年4月19日）と評され，世間では誰が勝ち，誰が負けたかが話題になっている。ライブドアグループとフジサンケイグループの間での「放送・通信融合領域での個別の業務提携」はこれからの協議ということで「ライブドア vs. フジ問題」は決着した。

　ライブドアが3月16日の市場取引でニッポン放送株を追加取得し，議決権ベースで50％を超えたときに，マスコミは堀江社長に「いつ勝利宣言をされるのですか」と聞き，それに対して堀江社長は「勝ち負けではありません。まあ，フジサンケイグループと業務提携の契約を交わすことができたときが勝利宣言でしょうか」と答えている。4月18日のライブドアとフジテレビジョン両社による「基本合意のお知らせ」は業務提携の協議を開始するということだけを書いているので，その意味では"ホリエモン"の勝利宣言はまだ先であろう。"ホリエモン"は「和解内容は想定内であった」と言ってるが，「絶対に短期で売らないとは言えないが，今のところ長期保有が前提」（『日本経済新聞』2005年2月9日）と答えていた堀江社長は最終的にはニッポン放送株を短期に売り抜け，業務提携が具体化しなければ，合法的野武士の堀江社長と正統派企業戦士の日枝久会長のバトルはたんなるマネーゲームに終わったのではないであろうか。「企業価値の創造」という一番大事なところが欠落している決着ではないであろうか。

参考文献

Milgrom, P. and J. Roberts, *Economics, Organization & Management*, Prentice Hall, Inc., 1992（奥野正寛・伊藤秀史・今井晴雄・西村理・八木甫『組織の経済学』NTT出版, 1997年11月）．

神戸大学経営学COE企業統治グループ「資本コスト（ゼミナール　新時代の企業統治⑱）」『日本経済新聞』2007年6月27日．

神戸大学経営学COE企業統治グループ「投下資金の使途（ゼミナール　新時代の企業統治⑱）」『日本経済新聞』2007年6月28日．

滝川好夫『「大買収時代」のファイナンス入門——ライブドア vs. フジテレビに学ぶ』日本評論社, 2005年6月．

滝川好夫『チャートでわかる　入門ファイナンス理論』日本評論社, 2007年4月．

日本経済新聞「買収手法　株高で変質——検証　ライブドア」『日本経済新聞』2006年1月22日．

日本経済新聞「時価総額増加で恩恵広く——ライブドア・ショックを超えて①（投資を考える）」『日本経済新聞』2006年2月15日．

日本経済新聞「資本配当率に2％の壁——ライブドア・ショックを超えて②（投資を考える）」『日本経済新聞』2006年2月16日．

日本経済新聞「さらば矛盾の親子上場——ライブドア・ショックを超えて③（投資を考える）」『日本経済新聞』2006年2月17日．

日本経済新聞「株主資本は高くつく——ライブドア・ショックを超えて④（投資を考える）」『日本経済新聞』2006年2月18日．

日本経済新聞「揺れる　親子上場　上」『日本経済新聞』2006年10月6日．

日本経済新聞「北越製紙（企業価値を探る①）」『日本経済新聞』2006年10月11日．

日本経済新聞「ソフトバンク（企業価値を探る②）」『日本経済新聞』2006年10月12日．

日本経済新聞「花王（企業価値を探る③）」『日本経済新聞』2006年10月13日．

日本経済新聞「100％出資化の波：揺れる親子上場　上」『日本経済新聞』2006年10月6日．

日本経済新聞「阪急阪神HD（企業価値を探る④）」『日本経済新聞』2006年10月14日．

日本経済新聞「ニッポン株式会社の大株主（株主とは）」『日本経済新聞』2006年10月25日．

日本経済新聞「内部統制」『日本経済新聞』2006年10月26日．

日本経済新聞「資本と負債，境界の魔術（検証　新ファイナンス　上）」『日本経済新聞』2006年11月2日。
日本経済新聞「劇場型から日常型へ（M&A　連鎖の構図　上）」『日本経済新聞』2006年11月16日。
日本経済新聞「巨大企業も『全力疾走』（M&A　連鎖の構図　中）」『日本経済新聞』2006年11月17日。
日本経済新聞「敵対買収に備え急ぐ（M&A　連鎖の構図　下）」『日本経済新聞』2006年11月18日。
日本経済新聞「『お目付』にも『お飾り』にも（検証　社外取締役　上）」『日本経済新聞』2006年11月30日。
日本経済新聞「『株式通貨』の品質を問う（一目均衡）」『日本経済新聞』2006年12月12日。
日本経済新聞「規律のコスト　企業に負荷（迫る内部統制）」『日本経済新聞』2006年12月18日。
日本経済新聞「新配当ルールで波紋（試練の新興株市場　尊重されぬ株主利益⑤）」『日本経済新聞』2006年12月19日。
日本経済新聞「内部統制プレミアム（一目均衡）」『日本経済新聞』2006年12月19日。
日本経済新聞「内部統制ABC　①〜⑧」『日本経済新聞』2006年12月20日〜29日。
日本経済新聞「非製造業の投資意欲上向く（2005年度上場企業キャッシュフロー分析）」『日本経済新聞』2006年9月2日。
日本経済新聞「たくましくジャパン2.0　軽やかしたたか中小企業」『日本経済新聞』2007年1月1日。
日本経済新聞「銀行積極融資，案件は不足（膨張する買収ファンド　上）」『日本経済新聞』2007年1月5日。
日本経済新聞「トヨタ（会社研究　成長戦略を探る①）」『日本経済新聞』2007年1月5日。
日本経済新聞「敵対的『日本では難しく』（膨張する買収ファンド　下）」『日本経済新聞』2007年1月6日。
日本経済新聞「キャノン（会社研究　成長戦略を探る②）」『日本経済新聞』2007年1月6日。
日本経済新聞「コマツ（会社研究　成長戦略を探る③）」『日本経済新聞』2007年1月10日。
日本経済新聞「ホンダ（会社研究　成長戦略を探る④）」『日本経済新聞』2007年1月11日。
日本経済新聞「住友商事（会社研究　成長戦略を探る⑤）」『日本経済新聞』2007年1月12日。

日本経済新聞「東京急行電鉄（会社研究　成長戦略を探る⑥）」『日本経済新聞』2007年1月13日。

日本経済新聞「資産運用　M&Aされやすい会社」『日本経済新聞』2007年1月14日。

日本経済新聞「セブン＆アイ（企業価値を探る　再編の通信簿①）」『日本経済新聞』2007年1月17日。

日本経済新聞「ポッカ（企業価値を探る　再編の通信簿②）」『日本経済新聞』2007年1月18日。

日本経済新聞「ウィルコム（企業価値を探る　再編の通信簿③）」『日本経済新聞』2007年1月19日。

日本経済新聞「日本板硝子（企業価値を探る　再編の通信簿④）」『日本経済新聞』2007年1月20日。

日本経済新聞「MBO（スイッチオン・マンデー）」『日本経済新聞』2007年1月29日。

日本経済新聞「資金繰り　なお視界不良（離陸できるか日航⑦）」『日本経済新聞』2007年2月9日。

日本経済新聞「試される規模拡大路線――イオン（会社研究　M&Aの奔流②）」『日本経済新聞』2007年3月1日。

日本経済新聞「かく乱要因の『のれん』（企業価値を探る　落とし穴はどこに㊤）」『日本経済新聞』2007年3月22日。

日本経済新聞「高収益の裏側（企業価値を探る　落とし穴はどこに㊥）」『日本経済新聞』2007年3月23日。

日本経済新聞「買収価格の前提（企業価値を探る　落とし穴はどこに㊦）」『日本経済新聞』2007年3月24日。

日本経済新聞「M&A攻防水面下で始動（三角合併　解禁前夜　上）」『日本経済新聞』2007年4月17日。

日本経済新聞「制度面の障壁は低く（三角合併　解禁前夜　中）」『日本経済新聞』2007年4月18日。

日本経済新聞「守りを固める企業（三角合併　解禁前夜　下）」『日本経済新聞』2007年4月19日。

日本経済新聞「ニュースがわかる　三角合併解禁　緊急アンケート」『日本経済新聞』2007年5月1日。

日本経済新聞「企業価値を計る①市場株価法（目からウロコの投資塾）」『日本経済新聞』2007年9月4日。

日本経済新聞「企業価値を計る②類似会社比較法（目からウロコの投資塾）」『日本経済新聞』2007年9月5日。

日本経済新聞「企業価値を計る③収益還元法（目からウロコの投資塾）」『日本経済新

聞』2007年9月6日。
日本経済新聞「企業価値を計る④DCF法（目からウロコの投資塾）」『日本経済新聞』2007年9月7日。
日本経済新聞「無議決権株を追う㊦」『日本経済新聞』2008年7月19日。
日本経済新聞「コマツ——点検不況抵抗力　難局に挑む」『日本経済新聞』2008年10月22日。
日本経済新聞「内需企業——収益悪化　データで読む」『日本経済新聞』2009年2月21日。
日本経済新聞「ニトリ——逆風下の健闘企業⑥」『日本経済新聞』2009年3月5日。
日本経済新聞「ホンダ㊦——会社研究」『日本経済新聞』2009年3月12日。
日本経済新聞「新社会人のためのニッポン株式会社④」『日本経済新聞』2009年4月4日。
日本経済新聞「紙・パルプ——リストラ診断④」『日本経済新聞』2009年4月15日。
日本政策投資銀行設備投資研究所『2008年版産業別財務データハンドブック』日本経済研究所，2008年12月。

索　引

アルファベット

CAPM →資本資産評価モデル
DCF 法→割引キャッシュフロー法
DE レシオ→負債資本倍率
DOE →株主資本配当率
EBITDA　148
EPS → 1 株当たり当期純利益
EVA →経済付加価値
FCF （フリーキャッシュフロー）　18, 142, 143
IRR →内部収益率
LBO （レバレッジド・バイアウト）　100, 164, 230
LBO 協会　70
LLC →合同会社
M&A →合併・買収
　　株式交換による——　91
　　垂直的——　83
　　水平的——　83
　　多角化型——　83
　　——時代　216
　　——レシオ　85
MBO →経営陣による企業買収　97, 99, 164
MM 命題　151
MVA →市場付加価値
NPV →正味現在価値
PBR →株価純資産倍率
PER →株価収益率
ROA →総資本事業利益率
ROE →自己資本純利益率
TOB →株式公開買い付け
　　——価格　207
　　——プレミアム　90
WACC →加重平均資本コスト

あ 行

相手の欠点の補完　86
安全余裕度　43
安全余裕率　39
アンレバード・ベータ・リスク　144
委任状獲得競争　109
インサイダー取引規制　193
インセンティブ　56, 74
　　——契約　69
　　——制度　69
　　——報酬　73, 74
インタレスト・カバレッジ・レシオ　39
インフルエンス・コスト　79, 80
インフルエンス活動　80
売上総利益　8
営業活動　14
　　——からのキャッシュ・フロー　16
営業譲渡　88
営業利益　8
営業レバレッジ　43
親会社　57
親子上場　58

か 行

会社分割　83, 89
借入による資本再構成　33
格付け　44
貸株　238
貸付型投資　160
加重平均資本コスト　129, 134, 145, 152
カストディアン　108
課税所得　22
課税の繰り延べ　96
合併・買収　3, 59, 83

253

——の会計処理 61, 89
合併比率 62
『ガバナンス報告書』 68
株価 26
　——の理論値 146
　——収益率 145, 146
　——純資産倍率 149, 204
　——倍率法 147
株式移転 83
株式益回り 128
株式買付けオファー 109
株式買取請求権 97
株式公開買い付け 90, 188, 208
株式交換 83, 88
株式市場 193
株式取得 88
株式所有比率 116
株式通貨 92
株式の持ち合い 118
株式保有比率 223
株高の魔術 94
株主 26, 106, 114, 115, 191
　——の権限 223
　——のモニタリング・インセンティブ 70
　——への利益配分 71
　公開企業の—— 106
株主価値 206
株主決議 109
株主資本 181
　——コスト 129, 133, 142
　——配当率 169
　——利益率 169
株主総会 213
株主配分基準 167
株主名簿 110
株主持分計算書（株主資本等変動計算書） 3, 11
株主利益 200
株主割当 233
借入型投資 160

借入によるレバレッジ効果 168
間接法 16
完全子会社 239
完備契約 105
管理職 106
企業改革法（サーベンス・オクスレー法） 66
企業価値 138, 204
　——の創造 235
　——の理論値 139
　公開企業の—— 138
企業結合会計 59
企業結合の会計処理 59
企業提携 52
企業の安全性 36
企業の資金運用 174
企業の資金調達 176
企業の社会的責任 111
企業買収価値 85
企業文化 76
議決権 222
希薄化後1株当たり当期純利益 29
規模の経済 86
規模の経済性 53
逆選択 65
キャッシュ・フロー計算書 14
キャッシュ・フロー比率 39
吸収合併 83
強制清算 112
業績評価 73
業務レバレッジ 44
共有 59
共有地の悲劇 104
金庫株 168
近視眼的経営 120
近視眼的市場 120
金融商品取引法 66
クラウン・ジュエル作戦 237
グリーン・メーラー 94
グリーン・メール 102
繰延税金資産 23

索 引

繰延税金負債　24
グループ企業の再編　91
グループ内の資本関係　188
経営参加型アプローチ　80
経営支配権　220
経営者　115
　——のインセンティブ　117
経営陣による企業買収　97, 99, 164
経済付加価値　155
経常利益　8
継続価値　137
継続企業の前提　138
系列　53
決算短信　4
限界利益　43
限界利益率　43
現金及び現金同等物　14
現金による株式取得　83
減配　166
コア・コンピテンス　53
効果的な資本構造　174
合同会社　69
効率性賃金　74
コーディネーション　49, 56
コーポレート・カレンシー　92
コーポレート・コントロール　108
ゴールデン・パラシュート　102
子会社　57
　——の上場　164
固定長期適合率　38
固定費用　40
個別財務諸表　4
コベナント　72

さ　行

債権者　26, 114
　——のモニタリング・インセンティブ　72
最適資本構成　153
財務活動　14
　——からのキャッシュ・フロー　18

財務構造の健全性　36
財務上の余裕　179
財務諸表　3
債務の株式化　165
財務のリストラクチャリング　163, 165
債務不履行　112
財務リスク　153
財務レバレッジ　33
サステイナブル成長率　167
三角合併　84, 94
残余コントロール権　104
残余利益　104, 158
時間外取引　190
事業価値　141
事業証券化　180
事業譲渡　83, 88
事業提携　200
事業分離　89
事業リスク　153
資金繰りの健全性　36, 39
シグナル効果　168
自己資本　127, 151
自己資本コスト　129
自己資本純利益率　31
　——の3指標分解　34
　——の5指標分解　35
自己資本当期純利益率　32
事後の情報の非対称性　65
資産の証券化　163
資産の部　5
自社株買い　165, 167
自社株消却　167
市場株価法　140
市場内取引　199
市場付加価値　158
事前の情報の非対称性　65
実際の負債コスト　129
実質株主　106, 108
シナジー効果　86
自発的破産　113

255

四半期開示 4
資本構成 127
　——の変更 165
資本構造 155, 172
資本コスト 127, 142
資本資産評価モデル 130
資本連結手続き 60
社外取締役 67
ジャンク・ボンド 100
従業員 106
　——持ち株制度 117
集権的意思決定 49
集中 81
取得 59
純資産の部 5
純粋持株会社 164
準レント 78
証券取引所 191
勝者の災い 88
上場会社 191
少数株主損失 9
少数株主持分 11
少数株主利益 9
焦土作戦 236
焦土戦術 102
商法 222
情報の非対称性 65, 178
正味現在価値 125, 126, 158
所有権の取引 106
新M&A基準 62
新会計基準 8
新株発行 233
新株予約権 212
新設合併 83
新配当ルール 181
垂直統合の経済 86
ステークホルダー 70
ストックオプション（株式購入権） 168
スピンオフ 166
税効果会計 22

清算価値 137
成熟企業 169
成長企業 169
静的安全性 36
セール・アンド・リースバック 163
セグメント情報 20
セグメントの含み益 150
節税効果 153
潜在株式調整後EPS 29
選択 81
戦略的投資 161
戦略的な資産破壊 113
総還元性向 171
総キャッシュ・フロー比率 39
増資 178
総資産当期純利益率 33
総資本事業利益率 31
総配分性向 171, 172
組織のデザイン 80
損益計算書 3, 8
損益分岐点売上高 39
損益分岐点生産比率 39
損益分岐点比率 39, 43
損益分岐点分析 39

た 行

第三者割当増資 239
貸借対照表 3, 4
タイム・アンド・モーション・スタディ 73
他人資本 127, 151
他人資本コスト 129
短期的安全性の指標 36
担保融資 72
超過利益 155
長期的安全性の指標 36
長期リース 72
調達コスト 128
直接法 16
定率成長配当割引モデル 130
敵対的買収（テイクオーバー） 90, 188, 239

索引

手元資金　176
デュポン・システム　34
転換社債の潜在株式の調整　29
テンダー・オファー　109
店舗形態　56
投下資本　156
当期純利益　8, 22
統合比率　62
倒産コスト　153
投資活動　14
　　――からのキャッシュ・フロー　17
投資の価値計算　126
動的安全性　36, 39
特殊的資産　55
取締役　106
取引価格　50

な 行

内部収益率　159, 160
内部統制　66
　　――関連費用　67
　　――ルール　64
内部留保　176
のれん　60
のれん償却額　9

は 行

パーチェス法　59
買収コスト　85
買収ファンド　101, 102
買収プレミアム　87
買収防衛策　101
配当　172, 231
　　――性向　167, 169
　　――政策　166
　　――利回り　128
ハイブリッド証券　176
破産の宣言　113
破産費用　112
発行済株式総数　195

バリュエーション　126
範囲の経済性　53
非公開企業の企業価値　143
ビジネスリスク　33
非自発的破産　112
1株当たり当期純利益　27
評判　75
ファイナンシャルリスク　33
負債　135
　　――の部　5
負債コスト　129, 142
負債資本倍率　38
負債比率　140
附属明細書　3
負ののれん　60
　　――償却額　10
フランチャイズ制度　54
フランチャイズ方式　163
プリンシパル=エージェント関係　64
フローバック　96
分権的意思決定　49
米国会計基準　3, 4
米国在住株主　3
ベータ・リスク　128, 132, 133
ペッキング・オーダー理論　179
ベンチャー・キャピタリスト　70
ベンチャー企業　179
変動費用　40
ポイズン・ピル　101
法人税等調整額　24
法定実効税率　24
ホワイトナイト　237

ま 行

マーケットリスク・プレミアム　131, 1332
マルチプル法　147
無配株　71
名義書き換え　199
メイン・バンク　72
持ち株会社　50

持株プーリング法　59
持分の結合　59
持分法による投資損失　10
持分法による投資利益　10
モニタリング　67
　　――費用　67
モラルハザード　65, 162

や　行

役員持ち株会　117
要求収益率　159

ら　行

ラチェット効果　73
リース取引　8
利益相反　227
　　――の禁止　99
リスク　128

　　――・シェアリング　74
　　――・プレミアム　131, 133
リストラクチュアリング　101, 102
利払い前税引き償却前利益　148
理論株価　142
劣後ローン　177
レバード・ベータ・リスク　144
レバレッジド・リキャピタリゼーション　33
連結売上高営業利益率　54
連結財務諸表　3, 4
連結調整勘定　60
レント　78
レント・シーキング　79

わ　行

ワラントの潜在株式の調整　30
割引キャッシュフロー法　140, 149

《著者紹介》

滝川　好夫（たきがわ・よしお）

1953年　兵庫県に生まれる。
1978年　神戸大学大学院経済学研究科博士前期課程修了。
1980-82年　アメリカ合衆国エール大学大学院。
1993-94年　カナダブリティシュ・コロンビア大学客員研究員。
現　在　神戸大学大学院経済学研究科教授（金融経済論，金融機構論）。
主　著　『現代金融経済論の基本問題──貨幣・信用の作用と銀行の役割』勁草書房，1997年7月。
　　　　『ミクロ経済学の要点整理』税務経理協会，1999年3月。
　　　　『マクロ経済学の要点整理』税務経理協会，1999年4月。
　　　　『経済学の要点整理』税務経理協会，2000年1月。
　　　　『経済記事の要点がスラスラ読める「経済図表・用語」早わかり』PHP文庫，2002年12月。
　　　　『ケインズなら日本経済をどう再生する』税務経理協会，2003年6月。
　　　　『ミクロ経済学の楽々問題演習』税務経理協会，2007年2月。
　　　　『マクロ経済学の楽々問題演習』税務経理協会，2007年2月。
　　　　『ケインズ経済学を読む──「貨幣改革論」・「貨幣論」・「雇用・利子および貨幣の一般理論」』ミネルヴァ書房，2008年3月。
　　　　『たのしく学ぶ金融論』ミネルヴァ書房，2008年4月。
　　　　『たのしく学ぶマクロ経済学』ミネルヴァ書房，2008年4月。
　　　　『たのしく学ぶミクロ経済学』ミネルヴァ書房，2009年7月。
　　　　『サブプライム危機──市場と政府はなぜ誤ったか』ミネルヴァ書房，2010年10月。
　　　　『図解雑学 ケインズ経済学』ナツメ社，2010年11月。
　　　　『サブプライム金融危機のメカニズム』千倉書房，2011年3月。

企業組織とコーポレート・ファイナンス

2012年5月15日　初版第1刷発行　　　　　〈検印廃止〉

定価はカバーに表示しています

著　者　滝　川　好　夫
発　行　者　杉　田　啓　三
印　刷　者　坂　本　喜　杏

発行所　株式会社　ミネルヴァ書房
607-8494　京都市山科区日ノ岡堤谷町1
電話代表　(075)581-5191番
振替口座　01020-0-8076番

©滝川好夫，2012　　　富山房インターナショナル・新生製本

ISBN 978-4-623-05723-8
Printed in Japan

金融契約の経済理論
───宇恵勝也 著　Ａ５判上製カバー　250頁　本体5000円

●最適貸付契約の設計とインセンティブ　契約理論の金融取引への応用を行い，金融契約の理論を統一的テーマとして扱う。

入門経済学（オイコノミカ）
───森田雅憲 著　4-6判美装カバー　280頁　本体2500円

豊かさを経済学がどこに見出してきたかを縦糸に理論を解説。理論の必要性と改めて学ぶ点はどこかを探る。

たのしく学ぶ金融論
───滝川好夫 著　Ａ５判美装カバー　288頁　本体2800円

金融の基本を，現実の経済から題材をとり，各項目を見開きでわかりやすく解説。初学者が抵抗感無く読み始めることの出来る，理論と現実のギャップを埋める入門書。

サブプライム危機
───滝川好夫 著　4-6判上製カバー　304頁　本体2800円

●市場と政府はなぜ誤ったか　リーマンショックを発端に，全世界に混乱をもたらしたサブプライム危機。本書はこの経済危機のプロセスを追いかけ，原因を分析するとともに，何を学ぶべきかを考え，これからの経済のあり方を模索する。

コーポレート・ファイナンス
──木村俊一 監修／澤木勝茂・鈴木淳生 著　Ａ５判上製カバー　192頁　本体3800円

企業が直面する財務上の問題を幅広く取り上げ，その問題解決のための財務的意思決定の手法を平易に解説した入門書。伝統的テーマから現代的テーマであるオプション取引，Ｍ＆Ａおよび企業の社会的責任まで網羅している。

ファイナンス数学
───木村俊一 著　Ａ５判上製カバー　284頁　本体3800円

現実の問題を解決するためのツールとしてファイナンスを捉え，ファイナンス数学を学ぶ上で必須のツールである確率・確率過程などの確率モデルに重点を置く。ファイナンスに係る例や例題を多用しており，ファイナンスを学ぶ学部学生必読のテキストである。

───── ミネルヴァ書房 ─────
http://www.minervashobo.co.jp/